东南大学"985工程"三期重点学科建设项目资助

周易·修养·管理

尚晓春 著

东南大学出版社
·南京·

内 容 提 要

形成于殷周之际的《周易》是中国文化最古老的典籍之一,经过历史的演变,已仁者见仁、智者见智。笔者经十余年的潜心研习,认为《周易》古经是在当时的语境(占筮决策)下写就、致力于培育王族子弟的政治教科书。

本书介绍了《周易》古经的形成、结构、术语,着重解读各卦爻辞及其中蕴含的管理与修养智慧,并就《周易》文化现象提出自己的见解,通过对《周易》各卦主题的还原,从全新的角度探索其哲学与教诲意义。

本书可作为人文社科选修课和企业管理培训教材,亦可供文史研究与爱好者参考。

图书在版编目(CIP)数据

周易·修养·管理/ 尚晓春著.—南京:东南大学出版社,2016.6(2023.3重印)

ISBN 978-7-5641-6543-7

Ⅰ.①周… Ⅱ.①尚… Ⅲ.①《周易》—研究 Ⅳ.①B221.5

中国版本图书馆 CIP 数据核字(2016)第 111575 号

东南大学出版社出版发行
(南京四牌楼 2 号 邮编 210096)
出版人:江建中
江苏省新华书店经销 江苏凤凰数码印务有限公司印刷
开本:700mm×1000mm 1/16 印张:17.75 字数:350 千字
2016 年 6 月第 1 版 2023 年 3 月第 2 次印刷
ISBN 978-7-5641-6543-7
定价:29.00 元

(凡因印装质量问题,可直接向营销部调换。电话:025-83791830)

前　言

　　《周易》贵为五经之首，大道之源。十多年前，我在负责学校高级管理培训中心的管理工作时，曾邀请一些大师给企业家学员讲"中国式管理""易经的智慧"等，自己也受益颇多，并开始研究《周易》，逐渐萌生自己主编一本普及型《易经》培训用书的想法，拟在经典之后附上修养与管理方面的故事，计划在2006年交稿。

　　然而，在整理"经典"时发现，各家的译文也类似天书，貌似接地气的多与原典不相关。随着学习和研究的深入，原拟定的编书框架根本做不下去，编书的想法只好放在一边，先研习再写书。于是，从"乾"卦开始，逐字逐句，查阅不同的文献，并通过培训seminar课程，让学员参与研讨，试图对"经典"作一准确的解读；后又大胆地决定，把"易传"与古经分离开来，仅研究古经。十余年的努力，才有了这本书。仍觉得有很多不成熟的地方，如有些解释是自圆其说，甚至牵强附会……虽如此，为了能得到更多的读者帮助，还是先付梓出版。

　　将本书冠以《周易·修养·管理》书名是基于这样的研究心得：《周易》古经不是占筮之书。它是以当时的语境写就，以历史积累的经验与智慧来诠释帝王之道，用于家国管理和培养储君的政治教科书，先秦时的《吕氏春秋》、宋代的《资治通鉴》、明代的《帝鉴图说》等与其可谓一脉相承。虽然过去了三千多年，但古经中蕴含的很多教诲至今仍有现实意义，这些闪光的智慧不应被埋没。本书力图还原古经的面目，发掘智慧宝藏，希望能为读者学习《周易》古经提供一些思路，为后续的研究起到抛砖引玉的作用。

　　为便于普通读者学习，本书分上下两篇。上篇分别整理和归纳了三十个有关修养和管理的主题；下篇对《周易》古经进行解读，每卦开头，用"导读"概述该卦教诲主旨(卦辞)、各爻辞大意及相互的联系，然后对卦爻辞进行断句、翻译和注释，再附上针对该条卦爻辞的解读。

　　很多人把卦爻辞看成是用来占卜的术语或占卜的原始记录，生涩难懂、支离破碎。其实每个卦都有一个主题，卦辞往往提炼出本卦的要点，各爻辞之间存在文意、逻辑、时间上的有机联系。如"大畜"卦，其中的"不家食""舆说輹""良马逐""日闲舆卫""童牛之牿""豮豕之牙""何天之衢"看似毫无关联,其实是通过日常生活中常见的事例来阐述如何珍惜、培养和储备人才的主题。

在《周易》成文的时代,文字简略,往往一字多义,况且年代久远,有些字义已发生转变,这些是解读《周易》的难点之一。如在《周易》中,"勿"有二十六见,大都被译为"不",而笔者认为:在泛指群体行为时,"勿"作"聚众"解,如"潜龙勿用""勿用取女""小人勿用""勿用师""勿用有攸往"等,因此,相应的解读就与众不同。

由于对《周易》古经的认识和具体卦爻辞的判读不同,本书在继承先贤对古经认知的基础上,在解读中有很多"标新立异"之处,如很多学者受《易传》影响,把"巽"卦的主旨解为"顺从"。而笔者认为:"巽"卦是关于如何用"筮"的教诲,卦辞开宗明义:筮卦求策的作用有限,做大事,要靠主观能动性。在各爻中则分述应用筮卦求策时的注意事项。再如,对"复""震""既济""蛊""巽"卦中的"七日来复""七日得""先甲三日,后甲三日""先庚三日,后庚三日"等,以往的文献中对此有不同的解释;而笔者认为,这些均是用天文现象中的"七日律"来打比方。诸如此类,在各卦的解读中均有体现。与前人的观点相比,有的是词句相左,有的连卦义都大相径庭。对此,笔者已做好被"拍砖"的心理准备。本书与其说是专著,不如说是笔者的学习心得,期待得到更多专家的点评,以便更臻完善。

十余年来,点点滴滴,来之不易。在浩如烟海的文献中淘金,在培训中教学相长、受益颇多,在此一并表示感谢。

凭着一腔热情动笔,阴差阳错,本书的体系与最初的设计已相去甚远。还有几个月,我将离开教学岗位,本书既作为退休时学习传统文化的一份作业,也打算作为我研究《周易》的开题报告,赋闲之后将有更多的时间去学习经典,与友切磋,以此为乐。

尚晓春

2016年5月于南京九龙湖

目　　录

上篇　《周易》基础知识

一、古老神秘的《周易》 ………………………………………… 3
　　(一) 从《三字经》说起 ………………………………………… 3
　　(二) 三易 ……………………………………………………… 3
　　(三) 群经之首，大道之源 …………………………………… 4
二、《周易》的成书时间和作者 ………………………………… 6
　　(一) 人更三圣，世历三古 …………………………………… 6
　　(二)《周易》的成书时间与作者 ……………………………… 7
三、《易》《周易》《易经》的名称及内涵 ………………………… 8
　　(一) 名称由来 ………………………………………………… 8
　　(二) 教科书、教辅书及其合订本 …………………………… 8
　　(三)《周易》的性质——《周易》是部什么书 ……………… 10
四、《周易》古经的结构和卦爻辞写作特征 …………………… 15
　　(一) 爻、八卦、六十四卦 …………………………………… 15
　　(二) 卦爻辞的结构和写作特征 …………………………… 18
五、《周易》卦爻辞的时代背景 ………………………………… 27
　　(一) 祭祀、天文 ……………………………………………… 27
　　(二) 宗法政治、家庭 ………………………………………… 29
　　(三) 战争、赏罚 ……………………………………………… 32
　　(四) 渔猎、畜牧、农作、商旅、修饰 ………………………… 34
六、《周易》古经中蕴含的人生修养教诲 ……………………… 38
　　1. 自强不息 …………………………………………………… 38
　　2. 锲而不舍 …………………………………………………… 38
　　3. 慎独慎微 …………………………………………………… 39
　　4. 修身齐家 …………………………………………………… 39
　　5. 天道酬勤 …………………………………………………… 39

- 6. 利见大人 …… 39
- 7. 以诚为本 …… 40
- 8. 厚德载物 …… 41
- 9. 如履薄冰 …… 41
- 10. 谦谦君子 …… 41
- 11. 韬光养晦 …… 42
- 12. 持之以恒 …… 42
- 13. 临危不惧 …… 42
- 14. 戒浮戒躁 …… 42
- 15. 敬天法祖 …… 43
- 16. 抽丝剥茧 …… 43
- 17. 躬行节俭 …… 43
- 18. 洁身自好 …… 44
- 19. 躬身垂范 …… 44
- 20. 君子好逑 …… 44
- 21. 秦欢晋爱 …… 45
- 22. 红装素裹 …… 45
- 23. 舍短取长 …… 45
- 24. 让人三尺 …… 46
- 25. 迁善改过 …… 46
- 26. 生财有道 …… 47
- 27. 以德报怨 …… 47
- 28. 无往不复 …… 47
- 29. 处变不惊 …… 47
- 30. 感恩于心 …… 48

七、《周易》古经中蕴含的管理教诲 …… 49
- 1. 率马以骥 …… 49
- 2. 兢兢业业 …… 49
- 3. 批判继承 …… 49
- 4. 燮理阴阳 …… 50
- 5. 伯乐相马 …… 50
- 6. 养贤育才 …… 50
- 7. 知人善任 …… 51

8. 纳谏如流 …… 51
9. 说教有方 …… 52
10. 授权制衡 …… 52
11. 循序渐进 …… 52
12. 师出以律 …… 53
13. 当断则断 …… 53
14. 民惟邦本 …… 53
15. 情系民生 …… 54
16. 让利于民 …… 54
17. 自力更生 …… 55
18. 鸣琴而治 …… 55
19. 节度有常 …… 55
20. 持盈守成 …… 56
21. 聚众修好 …… 56
22. 以和为贵 …… 57
23. 求同存异 …… 57
24. 防微杜渐 …… 57
25. 急流勇退 …… 58
26. 东山再起 …… 58
27. 明德慎罚 …… 58
28. 维稳治乱 …… 59
29. 革故鼎新 …… 59
30. 同舟共济 …… 60

下篇　《周易》古经解读

第一卦　乾——自强不息，王者之路 …… 63
第二卦　坤——厚德载物，成人之美 …… 67
第三卦　屯——打好基础，开创未来 …… 71
第四卦　蒙——德智体美，启蒙有方 …… 74
第五卦　需——保障民生，千方百计 …… 78
第六卦　讼——祸福相依，免争少讼 …… 81
第七卦　师——出师有名，取胜有道 …… 85

第八卦　比——和睦相处，诚信无价 …………………… 88
第九卦　小畜——迁善改过，修身养德 ………………… 91
第十卦　履——诚惶诚恐，化险为夷 …………………… 94
第十一卦　泰——舍得付出，才有回报 ………………… 97
第十二卦　否——阿谀奉承，小来大往 ………………… 101
第十三卦　同人——聚众修好，开创伟业 ……………… 104
第十四卦　大有——持盈保泰，吉无不利 ……………… 107
第十五卦　谦——恪守谦德，善始善终 ………………… 110
第十六卦　豫——戒骄戒躁，长盛不衰 ………………… 113
第十七卦　随——随机应变，与时偕行 ………………… 116
第十八卦　蛊——勇于批判，开拓创新 ………………… 119
第十九卦　临——君临天下，亲民有方 ………………… 122
第二十卦　观——调查研究，决策前提 ………………… 125
第二十一卦　噬嗑——小惩大诫，攻心为上 …………… 128
第二十二卦　贲——美化修饰，恰如其分 ……………… 131
第二十三卦　剥——千里之堤，溃于蚁穴 ……………… 134
第二十四卦　复——迷途知返，改过从善 ……………… 137
第二十五卦　无妄——理性思考，处变不惊 …………… 140
第二十六卦　大畜——十年树木，百年树人 …………… 143
第二十七卦　颐——以农为本，自力更生 ……………… 146
第二十八卦　大过——矫枉过正，化险为夷 …………… 149
第二十九卦　坎——保存实力，走出困境 ……………… 152
第三十卦　离——人尽其才，悉用其力 ………………… 156
第三十一卦　咸——两情相悦，天长地久 ……………… 159
第三十二卦　恒——锲而不舍，金石可镂 ……………… 162
第三十三卦　遯——审时度势，急流勇退 ……………… 165
第三十四卦　大壮——维稳治乱，用法术势 …………… 169
第三十五卦　晋——百尺竿头，更进一步 ……………… 172
第三十六卦　明夷——韬光养晦，明哲保身 …………… 175
第三十七卦　家人——修身齐家，再治天下 …………… 178
第三十八卦　睽——遇变不惊，安之若素 ……………… 181
第三十九卦　蹇——虚怀若谷，纳谏如流 ……………… 185
第四十卦　解——让利于民，取信于众 ………………… 188

第四十一卦	损——投我以桃,报之以李	191
第四十二卦	益——心系国计,情牵民生	194
第四十三卦	夬——勇敢果断,避其锋芒	198
第四十四卦	姤——窈窕淑女,君子好逑	201
第四十五卦	萃——筑巢引凤,荟萃群英	204
第四十六卦	升——步步高升,大展宏图	207
第四十七卦	困——傲雪梅花,香自苦寒	210
第四十八卦	井——治国有常,民生为本	214
第四十九卦	革——权衡利弊,革故鼎新	217
第五十卦	鼎——创新求实,基业常青	220
第五十一卦	震——雷厉风行,国泰民安	223
第五十二卦	艮——当断则断,不受其乱	227
第五十三卦	渐——不积跬步,难致千里	231
第五十四卦	归妹——化戈为帛,血浓于水	235
第五十五卦	丰——尾大不掉,君所知也	239
第五十六卦	旅——人在旅途,生财有道	243
第五十七卦	巽——兼听助明,顺理而行	246
第五十八卦	兑——动之以情,晓之以理	250
第五十九卦	涣——力挽狂澜,中流砥柱	253
第六十卦	节——日月之行,节度有常	256
第六十一卦	中孚——以诚取信,以信取胜	259
第六十二卦	小过——虚怀若谷,拿捏有度	262
第六十三卦	既济——创业难,守成则更难	265
第六十四卦	未济——同舟共济,勇登彼岸	268

参考文献 ·· 271
后记 ·· 272

上篇
《周易》基础知识

一、古老神秘的《周易》

（一）从《三字经》说起

中国文化源远流长，博大精深。那浩如烟海的历代典籍，不仅向我们展示了一幅幅壮丽的历史画卷，同时也给我们构筑了一个个扑朔迷离的神秘殿堂。最典型的莫过于《周易》这部古代典籍了。《易传·系辞上》说其："仁者见之谓之仁，知者见之谓之知，百姓日用而不知……"可见，早在两千多年前，《周易》就已经流传并广为应用，但对其究竟是本什么书，认识上已经有了分歧。

成书于宋代的《三字经》中有一段话："有连山，有归藏，有周易，三易详"。这段话应该源于《周礼·春官宗伯》："大卜，掌三易之法：一曰连山，二曰归藏，三曰周易"。这就是说，三千多年前，君王在决策时，还借助于占卜，当时常用的占卜方法有三种。只不过，仅《周易》流传至今。当时的占卜方法、《周易》的作用等，在同时代的文献中还未发现记载。现在形形色色打着《周易》旗号的所谓占卜与预测之流，有些是源于《易传》中的推测[①]，但更多的是与《周易》风马牛不相及。

（二）三易

在有关《周易》的文献中，常提到以下两个"三易"：

1. 三个"易"版本

三字经中提到的"三易详"是指西周时的三个占卜方法，《连山》《归藏》和《周易》。《连山》是神农时代的筮书，神农亦称"连山氏"；《归藏》是黄帝时代的筮书，黄帝一称"归藏氏"。按《周礼》之说，三易之法有很多相似之处，就卦的数目来看，其基本卦都是八个，两两相重而得的重卦都是六十四个。有学者认为，"三易"的名称和它们各自的卦序以及卦序所要表达的内容有关。如东汉郑玄在《易赞》中说：《连山》者，象山之出云，连绵不绝。《归藏》者，万物莫不归藏于其中。《周易》者，言易道周普，无所不备。唐代贾公彦疏："《连山易》，其卦以纯艮为首，

[①] 比《周易》晚近千年的《易传·系辞上》曰："大衍之数五十，其用四十有九。分而为二以象两，挂一以象三。揲之以四，以象四时，归奇于扐以象闰，五岁再闰，故再扐而后挂"，这成为后世术士占筮时的演算依据。

艮为山,山上山下是名连山,云气出内(纳)于山,故名易为《连山》。《归藏易》以纯坤为首,坤为地,故万物莫不归而藏于中,故名为《归藏》也。"

2."易"的三层寓意

自西汉时,易学家始认为"易"包括三层意思:① 简易,易涵盖万事万物,以简驭繁,故谓简易。② 变易,以卦爻的变化预示吉凶祸福,故谓变易。③ 不易,易道不变,即不易(《周易乾凿度》)。

(三) 群经之首,大道之源

自古以来,人们对《周易》的评价,始终是大相径庭,形成了许多各有千秋的学派。在古代就有人将其视为一部神圣的无所不包的万世经典。如《四库全书总目提要·易类小序》所说:"《易》道广大,无所不包,旁及天文、地理、乐律、兵法、韵学、算术,以逮方外之炉火,皆可援《易》以为说,而好异者又援以入《易》,故《易》说愈繁。"

汉代,《周易》被奉为儒家经典,为"五经"(《易》《书》《诗》《礼》《春秋》)之首,魏晋时道家又以其为"三玄"(《老》《庄》《易》)之一。故《周易》有群经之首、大道之源的美誉,在中国文化中的地位和价值自不待言。

唐太宗为统一经学,诏令孔颖达等主持撰修《五经正义》,对南北朝以来的义疏①进行整合。贞观十六年(642)书成,永徽四年(653)颁行,作为科举取士的标准。

历史上,作为科举考试标准用书的还有:南宋朱熹在程颐《伊川易传》的基础上撰成的《周易本义》,明永乐时纂的《周易大全》,清康熙时御纂的《周易折中》,乾隆时御纂的《周易述义》。

明清以来,程、朱《易》是影响最大的版本,不仅是参加科举的人必读,一般学《易》的人,也多是以《伊川易传》和《周易本义》为读本。

笼罩在奇异光晕之下的《周易》,吸引了众多的人为之孜孜矻矻,探赜索隐。历代为其作注解疑之书,可谓层出不穷。古今中外的《易》类著作,多达几千种,研究《周易》成了一门丰富多彩的专门学问——"易学"。

在中国传统文化的历史氛围中,《周易》是儒、道、佛、医等共同推崇的经典著作。同时,《周易》也被三教九流所供奉。因为被视作卜筮之书,秦始皇焚书坑儒时唯其有幸逃脱厄运,以至于到了西汉初年,"天下但有《易》卜,未有它书"(《汉书·刘歆传》),因而"传者不绝"(《汉书·艺文志》)。几千年来,《周易》这部传奇

---

① 义疏:疏解经义的书。其名源于六朝佛家解释佛典,后泛指补充和解释旧注的疏证。

之书历经风霜,不断被引申、比附、演绎和发挥,变幻莫测。

近年来,易学大兴,人气超旺,与其相关的专著文章,可谓连篇累牍。但大江东去,泥沙俱下,沉渣泛起,鱼龙混杂。在网络上用"周易"为关键词搜索,亿余条结果多与算命有关,冠以《周易》的"××泰斗"满天,"××大师"遍地,其实大多是打着《周易》的幌子,或谋利,或求名。

二、《周易》的成书时间和作者

(一) 人更三圣,世历三古

关于《周易》的作者与创作时代众说纷纭、莫衷一是,在先秦时代就已经是个疑案,至今尚无定论。

关于卦画,相传始于伏羲。伏羲是传说中的神话人物、华夏人文始祖。传说是他开天辟地,太极开而生八卦。又相传神农氏、夏禹将八卦演为六十四卦(《易传·系辞下》)。司马迁《史记·周本纪》说周文王"益《易》之八卦为六十四卦",上述传说或记载,并没有多少可靠的根据。

最早的认定来自班固,他在《汉书·艺文志》中说:"易道深矣,人更三圣,世历三古",即《周易》是三位圣人在三个不同的时间完成的,经历了三四千年,跨越三个历史时期。

三圣就是指:伏羲、周文王、孔子。

相传,五六千年前,伏羲教民结网,从事渔猎。"仰则观象于天,俯则观法于地。观鸟兽之文与地之宜,近取诸身,远取诸物,于是始作八卦(《易传·系辞下》)"。

周文王姓姬名昌,是商朝晚期的诸侯王,时称西伯候。周文王是周朝的开创者,他及他的儿子周武王,领导曾是商王朝管辖之下的周部落,并联合周边其他诸侯,打败了残酷暴虐的商纣王,从而建立了周王朝。

相传周文王在位时遵祖训,创基业,施行仁政,礼贤下士,尊老爱幼,招贤纳士,使周部落逐渐强盛。殷纣王听信谗言,担心其谋反,将其囚于羑里(今河南安阳市南)。姬昌虽身陷囹圄,但胸怀宽宏、自强不息,将伏羲八卦演绎成六十四卦,并配上卦爻辞,遂成《易经》。

周文王拘羑里,演周易,为历代帝王将相、文人学士所称颂。明嘉靖十八年(1539年),嘉靖皇帝在祭文中说:周文王为民立极,功德惟厚。清乾隆十五年(1750年),乾隆亲来致祭,说周文王"忠厚孝慈仁敬",并挥笔写就《演易台谒周文王祠诗》一首。

传说中《周易》的第三位作者就是圣人孔子。春秋时,《周易》成书已有千年,文字随时代演变,当时,能读懂的人可能已不多。据载:孔子周游列国回来后,有点心灰意冷,于是专心典籍,笔削《春秋》,整理《诗》,使雅颂各得其所。到晚年时,反复揣摩《周易》,把编竹简的熟牛皮条都弄断好几次。《史记·孔子世家》曰:"孔子晚而喜《易》,序《彖》《系》《象》《说卦》《文言》,读《易》韦编三绝。"汉儒认为:孔子的这些言论集从各个侧面对《易经》进行了广泛的探讨,揭示了深奥的易理,发展了《周易》的重要观点与思想。它不仅是《周易》成书之后,最有价值的解经专著,还是后人认识《周易》的基础,合称之为《易传》,后学认为《易传》犹如"经"的"羽翼",因有十篇,所以又称《十翼》,又称《周易大传》,反映了孔子及其后学对《易经》卦名、卦辞和爻辞的研究水平,是我们认识《易经》的最重要文献。

在安徽阜阳、湖北江陵以及长沙马王堆出土的易简与帛书,无论卦序或卦爻辞,都与今本有不同程度的差异。这说明在传承过程中,《周易》经历了一个漫长的衍化过程,有后人不断的筛选和改造的痕迹。

(二)《周易》的成书时间与作者

笔者在综合多家研究后认为:实际上,将《周易》的成书,归之于伏羲、周文王,并无确切依据。三圣,应该是人格化了的时代概念。《周易》是经过了长达数千年的经验积累而结出的丰硕成果。

现代对一些原始部落的研究表明:人类拥有语言后,最初是依赖口头叙事传承的;当文字出现且发展到一定时期,人类开始用文本记事。中国最早的文字应该算是与占卜有关的殷商甲骨卜辞。

古代人以为,在冥冥之中有一种神奇的决定性力量在支配自然界和人世间事物的发展变化,人可以通过卜筮而预知吉凶。所以,每当遇事不知如何处理时,常以龟甲占卜,以蓍(shī)草(锯齿草)占筮,根据卜筮的结果判断如何趋吉避凶。近代安阳殷墟出土的甲骨文中很多都是以龟甲占卜的记录。

参考众多历史学家、考古专家的成果和观点,笔者比较认同以下观点:《周易》古经与甲骨文有继承关系,其成书的时间应在商末周初,周文王、周武王等君王贵族可能与这本书的诞生有直接或间接的关系。

三、《易》《周易》《易经》的名称及内涵

（一）名称由来

《周易》又称《易》或《易经》。

关于"易"字的由来，许慎的《说文解字》解："易"原为蜥蜴之类爬行动物。古代的先哲圣人们因该书与蜥蜴针对不同环境变换不同颜色来保护自己的特点有异曲同工之妙，故用"易"来命名，强调是一种变化之书。

东汉魏伯阳在《参同契》中认为"日月之谓易"，"易"上为"日"，下为"月"，象征阴和阳。"日月为易"，可能是远古先民认识自然的一种非常古老的观念。在出土的甲骨文中，"易"字已具备了日月交替的意思和初形。从汉字进化的轨迹看，商、周时期的青铜器铭文，也反映了这一嬗变。

东汉郑玄在《易论》中认为"周"是"周普"的意思，即无所不备，周而复始。而唐代孔颖达《周易正义》认为"周"是指岐阳地名，是周朝的代称。有人认为《易》流行于周朝而称《周易》；也有人依据《史记》的记载"文王拘而演周易"，认为因周文王所著，故称《周易》。

现代认为"易"是变化之义、"周"是朝代之义的文献较多。

汉武帝采纳董仲舒建议"罢黜百家、独尊儒术"，设五经博士，以通经作为遴选人才的标准，《周易》和《易传》始被尊称《易经》。

（二）教科书、教辅书及其合订本

早期的《周易》是"经"与"传"各自成篇，不相统属。可能因为"经"过于深奥，后人出于便于研习的目的，把教科书与教辅书合二为一，编成经传参合本了。

一般认为，最早的合编本是由东汉的郑玄编订的。到了魏晋时期，王弼著《易注》，首次将《易传》中的《彖传》《象传》内容按六十四卦分开，分别配在每卦的卦辞和爻辞后面，将《文言传》分成两部分，附于《乾》《坤》两卦之后，使《易传》成了《周易》不可缺少的组成部分。

现传世版本主要有两个：一是通行的《十三经注疏》收的《周易》①本,分上、下经,上经始于乾卦,终于离卦,共三十卦；下经始于咸卦,终于未济卦,共三十四卦。二是长沙马王堆三号汉墓出土的抄写于汉文帝初年的帛书本,首卦为乾,次卦为否,终于益卦,经、传分开,与传世各家《周易》均不同,是现存《周易》中最早的别本。

古今解《易》者多达数百家,影响较大和具有特色的注本有：三国魏王弼、晋韩康伯《周易注》,唐孔颖达《周易正义》,唐李鼎祚《周易集解》,宋程颐《伊川易传》,宋朱熹《周易本义》等。自唐始,《周易》经传的参合本首次作为科举取士的标准用书。

我们现在通常所说的《周易》,多是成书于三千多年前的《易经》和两千多年前的《易传》合二为一本,亦称《易经》或《易》。

为区别起见,有人把成书于三千多年前的《易经》称为狭义《周易》或《周易》古经,《易经》和《易传》合二为一本称为广义《周易》。有关《周易》的形成、内涵、名称演变见表1,笔者主要是对狭义《周易》进行解读,所以本书后面提到的《周易》均是指古经。

传说中的《易》名称演变如表1所示。

表1　传说中的《易》名称演变

易名	编纂代表	社会形态	朝代	起止年代
《八卦》	伏羲	原始社会	三皇五帝	公元前6000—前5000年
《连山》	炎帝(神农)	奴隶社会		公元前4500年左右
《归藏》	黄帝			
《周易》(狭义)	周文王、周武王		殷商、西周	公元前1600年—前771年
《易传》	孔子	封建社会	春秋	公元前770年—前476年
《易经》(广义)②	董仲舒		西汉	公元前206年—公元25年
《周易》(广义)	郑玄、王弼		东汉、魏晋	公元25年—420年

---

① "十三经"是十三部儒家经典的总称,包括《周易》《尚书》《诗经》《周礼》《仪礼》《礼记》《左传》《公羊传》《穀梁传》《论语》《孝经》《尔雅》《孟子》等十三种,历代被尊为儒家经典,故称为"经"。其成书年代各不相同,上自上古,下迄秦汉。其内容极其广泛,包括哲学、文学、历史、政治、经济、语言文字、伦理、民俗、地理、科技、典章制度等,是研究中国古代文化的重要参考资料。《十三经注疏》共四百六十一卷,自南宋以后开始合刻,明嘉靖、万历年间曾刊行。"十三经"各注释版本中,以清代学者阮元主持校刻的《十三经注疏》最为完善,其中的《周易》系采用魏王弼、晋韩康伯注本及唐孔颖达等正义本。

② 《周易》(广义)=《周易》古经(狭义)+《易传》,亦称《周易》《易经》《易》。

(三)《周易》的性质——《周易》是部什么书

1. 认为《周易》为占筮之书者居多

撰《周易本义》①的南宋理学大师朱熹认为,《周易》古经是周朝人算命用的典籍,不是讲哲理的著作。朱熹此说,影响很大。

现代哲学大师朱伯崑在其主编的《周易知识通览》中多次表述:"《周易》原本占筮典籍""编纂此书的目的是便于算命时检查,作为判断吉凶的依据"。他在另一部影响很广的著作中说:"《周易》的素材,虽然来于占筮的卦象和筮辞,但其内容和结构是经过加工而编纂成的。编纂的目的是企图将卦象和筮辞系统化,作为占筮的依据。但是,就《周易》全书的情况看,大部分内容仍属于筮辞的堆砌,多数卦的卦爻辞之间缺乏甚至没有逻辑的联系。所以《周易》还不是《诗经》一类的文学作品,也不是哲学著作,而是一部占筮用的迷信典籍""《周易》最初是占筮用的一部迷信的书,可是后来随着对它的解释,演变为一部讲哲理的书"(朱伯崑著《易学哲学史》)。

原中国社会科学院专家、中国周易学会副会长余敦康先生说:"《周易》的那一套由六十四卦、三百八十四爻所组成的符号体系,反映了这个时期受原始思维支配的巫术文化的特色。如果说这套符号体系蕴含着某种智慧,至多也只能肯定其中蕴含着一种神人交感的观念,表现了人类试图掌握客观事物因果联系的努力,除此以外,不会再有什么更高深的意义,因为处于蒙昧状态的原始人是不可能产生高深的哲学思想和科学思想的……拿《易经》来与原始的筮占相比,最显著的差别就是《易经》除了那套并无高深意义的抽象的卦爻符号以外,又增加了一套由卦辞和爻辞所组成的文字表意系统,其卦爻符号是继承了原始的筮占而来的,其文字表意系统则是一个创造性的发展"(余敦康著《易学今昔》第3页)。

在这些权威的影响下,一般都认为:《周易》是一部筮书,与现代寺院庙堂中的"灵签簿"没有本质的不同,是孔子和儒家所作的《易传》十篇"点铁成金",使《周易》由一部专注于人事吉凶与祸福的低层次蓍筮占问之书,变成了一部"极天地之渊蕴,尽人事之终始"的高层次哲学著作,给《周易》思想注入了新的生机和活力。

几千年来,"正义""本义""易传"等阐释《周易》的"易学"著作多如牛毛,但大

---

① 《周易本义》是朱熹历经二十余年完成的重要著作,一度成为科举考试标准用书,为元、明、清三代官学所用,在易学史上影响极大。在四卷本中,他将《彖传》与《象传》分附于各条经文之下。

多"我注六经""六经注我"。如潘雨廷先生所言:"两千多年来注《易》者极多,能深合卦爻辞内容者极少。较有名者,如王弼与程颐之注卦爻辞,至少有一半以上与卦爻辞的内容风马牛不相及,遑论他家之注"(徐道一著《周易科学观》第26页)。

2.《周易》古经最可贵之处是其政治教科书属性

在采众家之长的基础上,笔者对《周易》的内涵有以下几点粗浅认识:

(1)《周易》古经源于占卜,高于占卜

占卜是中华先民们的一种普遍行为,他们通过占卜来认识世界。在距今五千年至七千年的仰韶文化中就发现有占筮的痕迹。上古时,举凡军国大事,莫不求神问卜。从史书可知:西周设有大卜、龟人、占人、筮人等卜筮官职[①],其官种之繁、人数之多在历史上可以说是空前绝后。考古表明,甲骨文多是当时卜筮的记录,专职人员把这些刻有前辞、命辞、占辞、验辞的甲骨按照一定规则收藏起来,如YH127坑中按一定次序收藏的万余片甲骨,记载了君王家族十五至三十年的重大决策事项[②]。经过漫长的历史积累,这些"国家档案"可能很丰富。

在《易》产生之前,巫师们通过口耳相传的法术,并参照前人的实践,根据随机得到的占筮卦象而作出预测。久而久之,当历史发展到一定的时期,某个或某几个有丰富的政治阅历、对人生哲理有透彻了解和极强表述能力的卜官受命或出于实用、研究的目的,将记录在甲骨上和记忆中的卜筮案例进行归纳总结、提炼,最终编纂而成《连山》《归藏》与《周易》,这些书源于占卜,高于占卜。《连山》《归藏》现已失传,所以,可以说《周易》:上,承载千古;下,流传万世。

(2)《周易》古经,不单是占筮工具书

毋庸置疑,把原始的占卜时得到的花纹升华为卦象,原始的占辞与哲学与科学(天文历算、医学等)的萌芽,加上编撰者的智慧,通过归并、提炼、抽象成卦爻辞,其目的之一仍是占筮。从仅靠史巫凭经验的临时发挥到有书可依或有书可鉴,这是历史的进步。当然,由于使用习惯或其他原因,《易》成书后,并没有取代原有的占筮法,也许是为了互为验证,当时多种占术并存。其后,春秋时的《左传》《国语》等文献中有使用《周易》占筮的具体案例,但具体的占筮方法还未见确

---

① 《周礼·春官宗伯》载:大卜,掌三兆之法,一曰玉兆,二曰瓦兆,三曰原兆。其经兆之体,皆百有二十,其颂皆千有二百。掌三易之法,一曰连山,二曰归藏,三曰周易。其经卦皆八,其别,皆六十有四。掌三梦之法:一曰致梦,二曰觭梦,三曰咸陟。其经运十,其别九十。以邦事作龟之八命,一曰征,二曰象,三曰与,四曰谋,五曰果,六曰至,七曰雨,八曰瘳。以八命者赞三兆、三易、三梦之占,以观国家之吉凶,以诏救政。凡国大贞,卜立君,卜大封,则视高作龟。大祭祀,则视高命龟。凡小事,涖卜。国大迁、大师,则贞龟。凡旅,陈龟。凡丧事,命龟。

② 宋镇豪.纪念YH127坑甲骨室内发掘70周年学术研讨会总结发言.甲骨天地,2006,3.

切的记载。

学者对《国语》《左传》中记载的二十二个《易》用进行过多角度的考证,发现:有的是筮占用《易》,但也有不少直接引《易》[①]。这些起码说明,《周易》古经在成书之后,其作用并不仅限于是解卦的字典,《易传·系辞上》中所述大衍之数起卦法和朱熹在《易学启蒙》中提出的断卦原则也未见。难能可贵的是,在诠释卦义时,古人也会根据具体情况,因时因地而论,最典型的就是《左传》中记载的穆姜占筮的故事。

(3)《周易》是政治教科书

金景芳先生早就指出:"古往今来说《易》之书,总有二蔽。一蔽于单纯地视《周易》为卜筮之书,而不承认《周易》里边有深邃的哲学思想。二蔽于只斤斤于一词一句的诠释,而无视《周易》六十四卦的结构中存在着完整的思想体系""《周易》既有卜筮的形式,又有哲学的内容。卜筮不过是它死的躯壳,哲学才是它的本质"(金景芳《周易讲座》序,吕绍纲整理,吉林大学出版社1987年10月版)。笔者受其启发,在学习《易传》和各位大家著作的基础上,参照近年来的考古成就,对《周易》古经的内涵有了一些全新的认识。

笔者认为:编撰《易》的目的,不仅仅是为了占卜所用,《周易》最主要的用途可能是当时统治者的政治教科书。先秦时的《吕氏春秋》、宋代的《资治通鉴》、明代的《帝鉴图说》等与其是一脉相承的。《周易》是用当时的文字,以历史积累的经验与智慧来诠释帝王之道,教育王族成员,以古为鉴,"视其善者,取以为师";"视其恶者,用以为戒"(明·张居正语),这是笔者解读《周易》的立论所在。

当然,因古经毕竟是先民占筮活动长期经验积累的结晶,是先民抽象思维能力尚未得以开发情势下的产物,所以,经过加工而写定的古经之卦爻辞,仍带有先民当时筮问各种具体事项的明显痕迹,某些卦爻辞看上去就像当时一些具体筮问事项的"实录",形象化、诗化的色彩也相当浓厚,凸显出一种具象思维的特征,有浓厚的时代烙印[②],对后学的研究产生了很大的影响,造成众多的误读。

现今,不应该把《周易》古经再当作筮书来用,而应把它当作古老的哲学著作和珍贵的社会史料,从中了解古代智慧与社会人生,汲取营养。

综上:笔者大胆尝试,将《易经》和《易传》分开,先对《易经》进行解读,还其作为政治教科书的本来面目,力争发掘其中蕴含的修养与管理智慧。

(4)经传有别,不应合二为一

《周易》古经作于商末周初,而《易传》是由孔子及其弟子作于战国或更晚,其

---

① 郑吉雄.论《易经》非占筮记录.周易研究,2012,2.
② 王新春.易学研究的视野与方法.哲学研究,1998,2.

间间隔千年。《史记·孔子世家》载:"孔子晚而喜《易》,序《彖》《系》《象》《说卦》《文言》。读《易》,韦编三绝。曰:'假我数年,若是,我于《易》则彬彬矣。'"传统说法,孔子晚年喜欢读《易》,并且撰写了《易传》。古代用竹片写书,再用皮条编缀成册。孔子因勤读《易》书,致使编缀竹片的皮条多次断开。《论语·述而》载:"子曰:加我数年,五十以学易,可以无大过矣。"很多人以此说明:孔子晚年习《易》,爱不释手,且认为,多学几年《周易》就可以不犯大错误。

《易传》十篇自汉就传说是孔子所作,在历史上,因其为孔子所著,对《周易》古经产生了重大影响,《周易》的光环估计多源于此。现今,大多学者还在说:是《易传》点石成金,使一本占筮之书成为一本哲学之书,因此,《周易》才有了"群经之首、大道之源"的至上地位。

历代注家都是依传说经,或牵经就传。近代,闻一多、郭沫若、李镜池和高亨等老一辈学者凭借丰厚的学养和超越前人的学术胆识,拨开层层历史积尘和迷雾,着力探讨了经传的思想文化内涵,揭示了经传间的关联与异同,尤其是二者的本质性差异,打破了传统易学中视为当然的以(依)传解经路数,对经传各自的"本来面目"和由经至传的思想迁变作出了探讨。但他们大多认为:古经是一部卜筮之书,具有笼罩于占筮神秘氛围之下的体系,作为其基本构成要素的卦爻画与卦爻辞,充任着表征和诠说占问事项吉凶休咎情状工具的角色,继而开示相应的趋避对策等。如高亨教授就主张:"应当以经观经,以传观传。解经则从筮书的角度,解传则从哲学书的角度"①。

笔者认为:目前,主流学者普遍低估了"经"的性质。"传"仅是对经的解读,"传"源于"易",但不能代替"易"。

将《周易》与《易传》中的《彖传》《象传》逐条对照,确有紧扣经文进行解读的,但更多的是照抄一遍,部分解读与《易经》原意相去甚远。正如李镜池先生说:"传的作者,对经所载的历史、社会、经济、文化已经不很了解,从'卦象''卦位''卦德'来寻究《易》文,喜欢用引申发挥的方法来阐发儒家思想";其对经的解释,"合的少,不合的多。主要的原因是时代不同,思想也就不同"②。

深究那句常用来佐证习易可以指点迷津的孔子名言,"加我数年,五十以学易,可以无大过矣"。孔子在这里所说的"易",肯定指古经。也就是说,按照一般人的理解,无大过是指学了"易"之后,不会再犯大的错误。

笔者在想,是否可以这样读这句话:孔夫子晚年"删诗书,定礼乐,著春秋,系易辞",博学而智慧的他也是谦虚的,他对相隔久远,本在上流社会小范围流传的

---

① 王新春.易学研究的视野与方法.哲学研究,1998,2.
② 李境池.周易探源.上海:中华书局,1987.

《易》进行整理、删定时,碰到了难题。有的读懂了,有的还吃不准,甚至不知所云。所以,他实事求是地说:要真正能把握原意,不出现大的误读,还有待时日。

仔细对比"传"与"经"的异同,对孔子这句话的解读,笔者倾向于后者。

不论作何解释,以孔子的言行与思想,他晚年孜孜以求,以至于韦编三绝的动机,显然不是为了"占筮"。这正说明:"传"源于"经",但不能替代"经",不应给"经"打上"筮书"的烙印。

四、《周易》古经的结构和卦爻辞写作特征

（一）爻①、八卦、六十四卦

谈到《周易》，不能不先叙及"八卦"；叙及"八卦"，又不能不先推述"爻"。不论是八卦，还是六十四卦，均由"阴爻""阳爻"两种符号构成。分别呈相连与中断的线条形状，"—"为阳爻，"- -"为阴爻。

爻含有交错和变化之意。古人用这两种符号代表"阴""阳"，是认识社会和自然的基础，这可以从图1中"学""觉"的繁体字中看出一二。

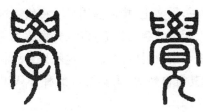

图1　繁体字学、觉，上部为学习"爻"的象形

阳爻和阴爻所喻示的事物、现象甚为众多。在古人心目中，君臣、寒暑、日月、男女、昼夜、表里、正反、胜负、黑白等，均可用阴阳表示。

每三个"爻"组成一"卦"，这样的组合共有八种，即可生成八个基本的"卦"，就叫八卦。三划卦二二相重就是六划卦。

相传始祖伏羲仰观天象，俯察地理，又在详细考察了包括人在内的万事万物的基础上②，才制作出八卦，用这八个符号来象征宇宙间的事物，古人通称为"卦象"，分别代表：天、地、雷、风、水、火、山、泽。

八卦的卦形是六十四卦的基本构件，为了便于记忆八卦的卦形，宋代朱熹的《周易本义》写了《八卦取象歌》帮人记卦形：乾三连、坤六断、震仰盂、艮覆碗、离中虚、坎中满、兑上缺、巽下断。这是说乾卦三爻均相连，而坤卦的三爻均为阴爻，有六截线条；震卦的卦形如向天的盂，艮卦的卦形则如覆盖的碗；离卦的卦形中间是空虚的，而坎卦中间那根爻则是充实的；兑卦的卦形上面有缺口，而巽卦

---
① 爻，音 yáo；过去读作 xiáo。
② 另一传说是伏羲氏临摹龙马背上的图案而得八卦。

的最后一根爻是断开的,如表2所示。

表2　八卦卦名、卦象、象征的自然现象与记忆口诀对应关系

卦名	卦象	取象	口诀
乾	☰	天	乾三连
坤	☷	地	坤六断
震	☳	雷	震仰盂
巽	☴	风	巽下断
坎	☵	水	坎中满
离	☲	火	离中虚
艮	☶	山	艮覆碗
兑	☱	泽	兑上缺

司马迁在《史记》中说,周文王"拘而演周易",将伏羲所画的八卦重叠成了六十四卦,形成了《周易》以阴阳线条为核心,以八卦物象为基础的完整的符号象征体系,并为每个卦和每根爻附上说明的文字,这就是卦辞和爻辞。《周易》以特有的"象+辞"的方式喻示其对自然界、人类社会的种种认识,提示各种事物、现象特定的发展程序、哲学义理。

为区别起见,古人称八卦为"经卦",称六十四卦为"别卦"。"经",有根本的意思;"别",则有派生的意思。其意思是说,八卦是基本的,由八卦两两相重叠,则派生出了六十四卦。在别卦中,位于下面的八卦称内卦,位于上部的八卦称外卦。

六十四卦各有一个名称,自重的用原名,互重的另起名。六十四卦分编为上经和下经,上经三十卦,下经三十四卦,如图2所示。

上经三十卦依次是:乾、坤、屯(zhūn)、蒙、需、讼、师、比、小畜(xù)、履、泰、否(pǐ)、同人、大有、谦、豫、随、蛊(gǔ)、临、观、噬嗑(shì hé)、贲(bì)、剥、复、无妄、大畜、颐、大过、坎、离。

下经三十四卦依次是:咸、恒、遯(dùn)(遁)、大壮、晋、明夷、家人、睽(kuí)、蹇(jiǎn)、解、损、益、夬(guài)、姤(gòu)、萃、升、困、井、革、鼎、震、艮、渐、归妹、丰、旅、巽(xùn)、兑、涣、节、中孚、小过、既济、未济。

六十四卦的每一卦,皆有六条"爻"。其中阳爻(—)均以数字"九"代表,阴爻(— —)均以数字"六"代表。因此,《周易》所言"九",皆指阳爻;所言"六",皆指阴爻。每卦六划,又有高低不等的"爻位",自下而上,分别称为"初位""二位""三位""四位""五位""上位"。于是,各卦凡是阳爻(九)居此六位者,依次称"初九""九二""九三""九四""九五""上九";凡是阴爻(六)居此六位者,依次称"初六"

"六二""六三""六四""六五""上六",如图3所示。

☷坤(地)	☶艮(山)	☵坎(水)	☴巽(风)	☳震(雷)	☲离(火)	☱兑(泽)	☰乾(天)	←上卦 ↓下卦
11.地天泰	26.山天大畜	5.水天需	9.风天小畜	34.雷天大壮	14.火天大有	43.泽天夬	1.乾为天	乾(天)
19.地泽临	41.山泽损	60.水泽节	61.风泽中孚	54.雷泽归妹	38.火泽睽	58.兑为泽	10.天泽履	兑(泽)
36.地火明夷	22.山火贲	63.水火既济	37.风火家人	55.雷火丰	30.离为火	49.泽火革	13.天火同人	离(火)
24.地雷复	27.山雷颐	3.水雷屯	42.风雷益	51.震为雷	21.火雷噬嗑	17.泽雷随	25.天雷无妄	震(雷)
46.地风升	18.山风蛊	48.水风井	57.巽为风	32.雷风恒	50.火风鼎	28.泽风大过	44.天风姤	巽(风)
7.地水师	4.山水蒙	29.坎为水	59.风水涣	40.雷水解	64.火水未济	47.泽水困	6.天水讼	坎(水)
15.地山谦	52.艮为山	39.水山蹇	53.风山渐	62.雷山小过	56.火山旅	31.泽山咸	33.天山遁	艮(山)
2.坤为地	23.山地剥	8.水地比	20.风地观	16.雷地豫	35.火地晋	45.泽地萃	12.天地否	坤(地)

图 2 八卦与六十四卦对应关系

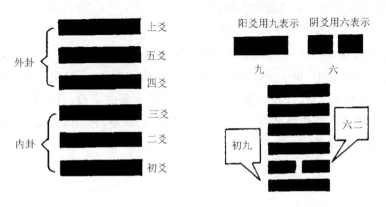

图 3 卦、爻、爻位

为什么六十四卦中每卦六爻位序均自下而上排次？《周易》认为：一切事物均是从小及大、由低渐高、自幼而壮。初爻是事件的开始，上爻是事件的鼎盛或终结。这是《周易》不同于其他文献的地方。

《周易》六十四卦的排列顺序，"错、综"是其主要方式之一。

"错"，即"错卦"，又称对卦和旁通卦，指阴阳相对的卦。如天风姤卦䷫，第一爻是阴爻，其余五爻都是阳爻，在阴阳爻交错之后，变成了地雷复卦䷗。

"综"，即"综卦"，又称反卦和覆卦，指将一卦反覆（颠倒）过来所得到的卦。如天风姤卦䷫倒过来看，就成了泽天夬卦䷪。

在六十四卦排列中，每两卦为一组，其后卦基本都是前卦的综卦（如屯、蒙、需、讼、师、比等），遇到其综卦与本卦一样时，即变为错卦（如乾、坤、颐、大过、坎、离、中孚、小过）。

在六十四卦中，互为综卦的共有二十八组卦象，互为错卦的有八个卦象。

（二）卦爻辞的结构和写作特征

《周易》古经除卦象外，更重要内容的就是六十四卦的卦辞以及诸卦各爻的爻辞。笔者认为，卦象是先贤最初使用的文字表象，经过漫长的历史时期，对这些表象符号进行归纳、选择、提炼，保留为六十四别卦的形式。卦爻辞的创作，是我们先人思维方式的一次重大飞跃，是见证意象思维向逻辑思维过渡的一个化石。在大量的卜筮案例的基础上，将纷繁杂乱的"象"抽象为基于"阴爻"和"阳爻"的八卦、六十四卦，昭示了"卜"与"筮"这两种原始的宗教巫术的政治活动，上升为更加理性的用图像与文字表述的政治积累，并赋予其教化与道德意义。人类从"幼年期"的以蓍筮占问，逐渐有了"文化"，变得有"理论"可依，思想水平明显提高，古代哲学体系由此初步构成。

卦爻辞大多具备以下八个特点：

1. 每个卦都有一个主题，卦爻辞之间存在有机联系

在六十四卦中，每个卦都有一个鲜明的教诲主题，喻示特定环境、条件下的处事方法、人生哲理、自然规律等。卦辞往往是全卦的主旨，且大多是归纳本卦各爻辞的要点。各爻辞之间存在文意和逻辑上的联系，在对某条爻辞解读时，往往要结合其他爻辞综合诠释。如《讼》卦：

讼：

(卦辞)讼,有孚窒,惕。中吉,终凶。利见大人,不利涉大川。
(爻辞)初六:不永所事,小有言,终吉。
　　　九二:不克讼,归而逋,其邑人三百户无眚。
　　　六三:食旧德,贞厉,终吉。或从王事,无成。
　　　九四:不克讼,复即命,渝,安贞吉。
　　　九五:讼,元吉。
　　　上九:或锡之鞶带,终朝三褫之。

全卦的主题就是戒"讼",卦辞提纲挈领。为什么要戒"讼"?爻辞中从不同的角度论述了"讼"的缺点及解决矛盾的态度、方法与途径①。

再如《渐》卦:

渐:

(卦辞)渐,女归,吉,利贞。
(爻辞)初六:鸿渐于干。小子厉,有言,无咎。
　　　六二:鸿渐于磐。饮食衎衎,吉。
　　　九三:鸿渐于陆。夫征不复,妇孕不育。凶,利御寇。
　　　六四:鸿渐于木,或得其桷。无咎。
　　　九五:鸿渐于陵。妇三岁不孕,终莫之胜。吉。
　　　上九:鸿渐于陆,其羽可用为仪。吉。

《渐》卦用诗歌中的起兴手法,从水域浮游—尝试登陆—登上稍高一点的磐石—飞到大树上站稳脚跟—飞到高山上—能胜任长途迁徙。通过鸿雁从步履蹒跚到鹏程万里的成长过程娓娓道来,寓不积跬步,无以至千里;不积小流,无以成江海的哲理于其中。全卦主题鲜明,层次清晰,说理形象透彻。

再如《小过》卦:

---

① 详见本书下篇第六卦《讼》。

小过：

（卦辞）小过，亨，利贞。可小事，不可大事。飞鸟遗之音。不宜上，宜下，大吉。

（爻辞）初六：飞鸟以凶。

六二：过其祖，遇其妣，不及其君，遇其臣，无咎。

九三：弗过，防之，从或戕之，凶。

九四：无咎。弗过，遇之；往厉，必戒。勿用永贞。

六五：密云不雨，自我西郊。公弋取彼在穴。

上六：弗遇，过之，飞鸟离之，凶。是谓灾眚。

《小过》卦是有关越权管理的教诲。允许"小过"，但不能失控。卦辞中的"可小事"与六二爻相对应；"不可大事"与九三爻相对应。"飞鸟遗之音。不宜上，宜下"与初六爻和上六爻对应。"亨，利贞"与爻辞中的"无咎""勿用永贞""公弋取彼在穴"相对应①。

从《小过》卦可看出，卦辞是各爻辞的归纳、提炼与升华。

2. 爻辞自下而上，文义上存在明显的递进关系

初爻是事件的开始，由二至五爻逐步递进；上爻是全卦的归纳或告诫。这个特点在首卦《乾》中最为明显：

乾：

（卦辞）乾，元亨，利贞。

（爻辞）初九：潜龙勿用。

九二：见龙在田，利见大人。

九三：君子终日乾乾，夕惕若厉，无咎。

九四：或跃在渊，无咎。

九五：飞龙在天，利见大人。

上九：亢龙有悔。

---

① 详见本书下篇第六十二卦《小过》。

从初爻至五爻,"龙"自水下到地面,再到上下飞跃,最后飞天。到上九爻话锋一转,不是教"龙"还要做什么,而是警告,身处高位,如果趾高气扬,目中无人,则会走向反面[①]。

3. 大量使用比喻:借用当时习见常闻的事例[②]或常识来打比方

如《泰》卦六五爻和《归妹》卦的六五爻辞都曾提到"帝乙归妹"。据考证,这是一个史实,是商王帝乙为了避免腹背受敌,决定将女儿嫁与姬昌,采用和亲的办法来缓和商周矛盾,史称"帝乙归妹"。在《泰》和《归妹》中均是以此举例,《泰》卦是说要"舍"才有"得";《归妹》卦则是说商王嫁女做出了垂范[③]。在当时,"帝乙归妹"可能是上层社会家喻户晓的事件。

再如:

《既济》九三爻:高宗伐鬼方,三年克之。小人勿用。
《未济》九四爻:贞吉,悔亡。震用伐鬼方,三年,有赏于大国。

据考证:鬼方是夏商时居于我国西北方的少数民族(方国),商周甲骨卜辞中记载了多次讨伐鬼方的大规模战争。

如果不把每卦当成一个整体,不了解《周易》借喻的特点,孤立地去读爻辞,确实会让人一头雾水。如《师》卦六五爻"田有禽,利执言",《恒》卦九四爻"田无禽"都是以人们熟悉的打猎为例。前者说,有成绩才有发言权;后者是说无恒心,连猎物都打不到的。

4. 卦爻辞中有大量占筮用语

卦爻辞具有鲜明的时代特色,带有浓厚的卜筮色彩,其中含有大量的吉凶占语,前人多以此认为《周易》本是占筮之书,称这些为"占验辞"。

据统计,排在前十位的"占语"是:

① 吉,147个。
② 利,119个。
③ 贞,111个。

[①] 详见本书下篇第一卦《乾》卦。
[②] 顾颉刚.周易卦爻辞中的故事.燕京学报,1929,12.
[③] 详见本书下篇第十一卦《泰》、第五十四卦《归妹》。

④ 咎,100个,其中"无咎"93个,"无大咎""何咎"各2个,"何其咎""匪咎""为咎"各1个。

⑤ 凶,58个。

⑥ 亨,47个。

⑦ 孚,43个,其中"有孚"26个。

⑧ 悔,34个。

⑨ 吝,20个。

⑩ 君子,20个。

笔者认为,在《周易》形成时,可用的文字数量有限,这些占语,也是当时口语和最初文字记录(如甲骨文)中的高频字。

卦爻辞中有大量占筮用语,反映了《周易》与占筮的继承关系。但《周易》并不是有些学者所说的原始占筮实录,而是经过精心编辑、抽象而成的表述。一些所谓的断语,其实是针对本卦或本爻所述而作的评判。》 例如:

《泰》卦卦辞:小往大来,吉,亨。初九爻:拔茅茹,以其汇,征吉。

《否》卦卦辞:否之匪人,不利君子贞,大往小来。初六爻:拔茅茹,以其汇。贞吉,亨。

这两个卦的卦辞和初爻很相似。初爻都是说事物之间是相互联系的,认识这个规律,为"吉";卦辞中,前者"小往大来",后者"大往小来"。不难理解,前者吉,后者不利。从其余爻辞的分析可知,其中的"吉""亨""不利君子贞"都是在说理,而不是与主题及上下文无关的占语。

5. 简短明快、意味隽永

易经全文不到五千字,卦爻辞中最长的仅二十九个字(《坤》),其余二至五个字居多,口语化现象明显。在一些甲骨卜辞和《周易》某些卦爻辞中,从内容到形式比较接近于诗歌的特点①,与其后的《诗经》有很多类似之处②。如《屯》卦,二、四、六爻中用"乘马班如",以诗歌唱和的比兴手法,循序渐进,说理透彻。

六二:屯如邅如,乘马班如,匪寇婚媾。女子贞不字,十年乃字。

---

① 详见本书下篇第三卦《屯》。
② 陈良运.周易与中国文学.南昌:百花洲文艺出版社,1999:166.

六三：即鹿无虞，惟入于林中。君子几，不如舍。往吝。
六四：乘马班如，求婚媾。往吉，无不利。
九五：屯其膏，小贞吉，大贞凶。
上六：乘马班如，泣血涟如。

唐孔颖达在《周易正义》中说："凡易者象也，以物象而明人事，若诗之比喻也。"宋朝的陈骙所著《文则·丙一》中也说："易之有象，以尽其意；诗之以比，以达其情，文字作也，可无喻乎？"

6.卦爻辞文字存在多义性

在《周易》成文的时代，文字简略，往往一字多义，况且年代久远，有些字义已发生转变，这些是解读《周易》的难点之一。如"勿"，现在的基本字义是"不"，但在甲骨文中，勿字像一树旗，右边是柄，左边是飘带，如图4所示。查阅较早的字典可知，勿的本义是旗帜。在《周易》中，"勿"有二十六见。笔者认为：在泛指群体行为时，"勿"作"聚众"解，如"潜龙勿用""勿用取女""小人勿用""勿用师""勿用有攸往"等；在动词之前，"勿"作"多""屡"解，如"勿恤""勿逐""勿问""勿恒"等。在《井·上六》："井收勿幕，有孚元吉"中，"勿"似乎作"不"解为好。当代，已很少见"勿"作"聚"用。

甲骨文　　金文　　小篆　　楷体

图4　勿字的演化（据汉典网 www.zdic.net）

类似的例子还有很多，如"次"在《周易》中有5见，即：

《师》六四："师左次，无咎"。
《夬》九四："臀无肤，其行次且。牵羊悔亡，闻言不信"。
《姤》卦九三："臀无肤，其行次且，厉，无大咎"。
《旅》六二："旅即次，怀其资，得童仆，贞"。
《旅》九三："旅焚其次，丧其童仆，贞厉"。

"次"在《夬》《姤》中为"趑"的通假字,形容行路困难。在《师》《旅》卦中,"次"则是"位置""居所"之义。

"田"在《周易》中出现5次。在《乾》九二爻中"见龙在田"的"田"是田野,而在《师》《恒》《解》《巽》卦中,则是"狩猎"的意思。

7. 卦爻辞中常见倒装、省略现象

《周易》为上古时期的古汉语,可能出于在口语或唱和时对韵律的要求,常见卦爻辞之间存在递进等内在联系;在卦爻辞中常见主谓、主谓宾语的省略或倒装现象。如出现较多的"利":"利贞""利牝马之贞""利君子贞""利女贞""利武人之贞""利居贞""利艰贞";"利用恒""利用禴""利用行师""利用刑人""利用宾于王""利用狱""利用为大作""利用为依迁国""利用享祀""利用祭祀";"利建候""利出否""利御寇""利涉大川""利执言""利见大人""利有攸往"……这些卦爻辞大多可理解成:做某事有利。

除倒装外,省略现象也很常见,如《同人》卦:

(卦辞)同人于野,亨。利涉大川,利君子贞。
(爻辞)初九:同人于门,无咎。
　　　　六二:同人于宗,吝。
　　　　九三:伏戎于莽,升其高陵,三岁不兴。
　　　　九四:乘其墉,弗克攻,吉。
　　　　九五:同人,先号咷而后笑,大师克相遇。
　　　　上九:同人于郊,无悔。

卦辞中的"同人于野","野"是泛指,有广泛的意思。从初九爻至上九爻,"同人"的范围逐步扩大,从卦辞、各爻辞可推断,九五爻虽没有具体指向范围,但可推断,同人的对象是比"宗"要大,比"郊"要小。

再如《恒》卦:

(卦辞)恒,亨,无咎。利贞,利有攸往。
(爻辞)初六:浚恒,贞凶,无攸利。
　　　　九二:悔亡。
　　　　九三:不恒其德,或承之羞。贞吝。

九四:田无禽。
　　六五:恒其德,贞。妇人吉,夫子凶。
　　上六:振恒,凶。

　　综合分析后不难看出,九二爻和九四爻均省略了"恒"或"不恒",守恒才能无悔;不恒,狩猎怎能有结果。

　　除作者所为外,在数千年的传承过程中,尤其在古代,刻印抄本时难免有所添加和遗漏,如在马王堆出土的《帛易》应该比今本受改造程度要低,其内容与我们现在看到的版本已有不少差异。这些都有待进一步研究①。

　　8.《周易》的"时""位"观

　　"时"与"位"是所有研究《周易》者都关注的两个非常重要的概念。君子"终日乾乾,与时偕行""大人者,与天地合其德,与日月合其明,与四时合其序,与鬼神合其吉凶。先天而天弗违,后天而奉天时"(《易传·文言》)等解读已成为中华传统文化中的经典。

　　如前述,在每个卦中,初爻是事件的开始,由二至五爻逐步递进,上爻是全卦的归纳或告诫。这些"时"与"位"关系被演绎成"阳位""阴位""当位""不当位""中位""吉位""凶位"等。各爻之间的关系又用所谓乘、承、比、应""互体"等来为释义或占断自圆其说。

　　笔者认为:《周易》古经对"时""位"的思想是基于对天时、农时、人事的长期实践与研究后所作的哲学思考,是朴素的唯物主义。

　　在《周易》中可见,相同的行为在不同的语境(时间、位置)中寓意有别,如:

《同人》卦,六二爻:同人于宗,吝。而上九爻为:同人于郊,无悔。
《渐》卦,九三爻:鸿渐于陆。夫征不复,妇孕不育。凶,利御寇。而上九爻为:鸿渐于陆,其羽可用为仪。吉。
《节》卦,初九爻:不出户庭,无咎。而九二爻为:不出门庭,凶。
在《既济·初九》中:曳其轮,濡其尾,无咎。而在《未济·初六》中为:濡其尾,吝。

---

① 邓球柏.论《帛书周易》.湘潭大学学报(哲学社会科学版),1995,3.

学习《周易》有关"时""位"的教诲,就是要"与时偕行",不但要随着时间和外界环境作出相应的计划或调整,还要根据自身的情况,"穷则独善其身,达则兼济天下"(《孟子·尽心上》)。在修齐治平中,切不可形而上学,僵化地对待某种既成的精神产品(包括理论、观点、教义乃至只言片语)。

五、《周易》卦爻辞的时代背景

郭沫若先生对《周易》时代的社会生活进行研究后认为,透过卦爻辞,可以看出"原始人在做裸体跳舞"[①]。为了更好地理解《周易》形成时的语境,笔者在郭先生的基础上,结合自身的研究,整理归纳如下。

(一) 祭祀、天文

祭天祀祖在中国有着悠久的历史,在史前时期的考古中曾一再发现这类遗存。祭祀与占卜可谓是一对孪生兄弟。为了发扬光大天之道德和先圣、先王的治国之道,君王通过祭祀之礼,昭告天下:自己将顺应和奉行天道,祈求天和先人在天之灵的保佑,期望国泰民安。通过祭祀活动,臣子和人民受到教化,增加了凝聚力。这种敬天、畏天和尊重先人功绩的传统至今仍有现实意义。

更难能可贵的是,在《周易》成书时代,我们的先贤虽然说着"用大牲,吉"(《萃》卦辞),但相对于物质,更强调内心的诚实和主观能动性,祭祀的效果与祭品的多少并不成正比。只有自己做好了,老天才会保佑你:"盥而不荐,有孚颙若"(《观》卦辞),"孚乃利用禴"(《萃·六二》《升·九二》),"东邻杀牛,不如西邻之禴祭"(《既济·九五》)。

《周易》中部分与祭祀相关的卦爻辞如表3所示。

表3 《周易》中部分与祭祀相关的卦爻辞

卦爻辞	卦爻位
自天祐之,吉无不利	《大有》上九
公用亨于天子,小人弗克	《大有》九三
盥而不荐,有孚颙若	《观》卦辞
曷之用二簋,可用享	《损》卦辞
用大牲,吉。利有攸往	《萃》卦辞
孚乃利用禴	《萃》六二
孚乃利用禴,无咎	《升》九二

---

① 郭沫若.周易时代的社会生活.//蔡尚思.十家论易.上海:上海人民出版社,2006:5-29.

续　表

卦爻辞	卦爻位
王用亨于西山	《随》上六
王用亨于岐山	《升》六四
王用享于帝	《益》六二
利用享祀,征凶	《困》九二
利用祭祀	《困》九五
东邻杀牛,不如西邻之禴祭	《既济》九五

《周易》中有不少卦爻辞反映了古人对天象最原始的观察与考究,"敬天畏天"的思想渗透到当时的政治、文化和社会事务中,古人相信"天人合一",日月星辰的运转规律在"人事"中同样存在。基于这个认识,笔者终于悟出:《复》《震》《既济》《蛊》卦中,原看似杂乱无章的"七日来复""七日得""先甲三日,后甲三日"等爻辞,都是用天文中的七日律来打比方。现代,有研究认为,人体的七天节律是月亮节律在人类进化过程中积淀的天文特征①。

《周易》中部分与天文相关的卦爻辞如表4所示。

表4　《周易》中部分与天文相关的卦爻辞

卦爻辞	卦爻位
履霜,坚冰至	《坤》初六
反复其道,七日来复	《复》卦辞
七日得	《震》六二 《既济》六二
先甲三日,后甲三日	《蛊》卦辞
先庚三日,后庚三日,吉	《巽》九五
密云不雨,自我西郊	《小畜》卦辞 《小过》六五
月几望,君子征凶	《小畜》上九
月几望,吉	《归妹》六五
月几望,马匹亡,无咎	《中孚》六四
至于八月有凶	《临》卦辞

---

① 孟庆云."七日自愈"将经验上升为理论.中国中医药报,2009,(3221).

续 表

卦爻辞	卦爻位
何天之衢,亨	《大畜》上九
含章,有陨自天	《姤》九五
震来虩虩,笑言哑哑	《震》卦辞
日中见斗	《丰》六二
日中见沫	《丰》九三
日昃之离	《离》九三

(二) 宗法政治、家庭

殷商时期,商王是诸侯的共主。至周时,周的君王始称天子。到了战国时代,礼崩乐坏,王不再是周王的独自尊号,许多诸侯也自己称王,这时天子更成为周王的称号。在《周易》的卦爻辞中,"天子"仅一例,多是"大君"和"王",这也是其成书于殷末商初的佐证之一。

在"王"之下是分封的"侯",诸侯领地的居民称"邑人"。上层社会的人为"君子""大人",普通平民称"小人"。

"王假有庙""王假有家""王明,并受其福"等卦爻辞也传递了这样三个信息:①《周易》成书时是典型的宗法政治制度,家国一体。②《周易》记录并总结了君王管理的实践。③《周易》是为君王家族而作,教诲的对象是储君。

《周易》中部分与宗法政治相关的卦爻辞如表 5 所示。

表 5 《周易》中部分与宗法政治相关的卦爻辞

卦爻辞	卦爻位
大君有命,开国承家	《师》上六
武人为于大君	《履》六三
大君之宜,吉	《临》六五
王假有家,勿恤,吉	《家人》九五
王假有庙,利见大人	《萃》卦辞
告公从,利用为依迁国	《益》六四
观国之光,利用宾于王	《观》六四
利建侯	《屯》卦辞
利建侯行师	《豫》卦辞

续　表

卦爻辞	卦爻位
不事王侯,高尚其事	《蛊》上九
扬于王庭,孚号	《夬》卦辞
王臣蹇蹇,匪躬之故	《蹇》六二
井渫不食,为我心恻。可用汲,王明,并受其福	《井》九三
利君子贞	《同人》卦辞
包承,小人吉;大人否,亨	《否》六二
童观,小人无咎,君子吝	《观》初六
贯鱼,以宫人宠,无不利。	《剥》六五
硕果不食,君子得舆,小人剥庐	《剥》上九
好遯,君子吉,小人否	《遯》九四
小人用壮,君子用罔	《大壮》九三
君子维有解,吉,有孚于小人	《解》六五
君子豹变,小人革面	《革》上六
不克讼,归而逋,其邑人三百户无眚	《讼》九二
王用三驱,失前禽,邑人不诫	《比》九五
行人之得,邑人之灾	《无妄》六三
旅即次,怀其资,得童仆,贞	《旅》六二

从卦爻辞中还可看到当时家庭生活的一些信息,其婚恋观、治家、礼仪等虽有鲜明的时代烙印,但有些观念至今仍有积极意义,笔者将在修养和管理智慧等节和下篇各卦中作介绍。

《周易》中部分与家庭相关的卦爻辞如表 6 所示。

表 6　《周易》中部分与家庭相关的卦爻辞

卦爻辞	卦爻位
畜臣妾,吉	《遯》九三
妇子嘻嘻,终吝	《家人》九三
舆说辐,夫妻反目	《小畜》九三
枯杨生稊,老夫得其女妻,无不利	《大过》九二
枯杨生华,老妇得其士夫。无咎,无誉	《大过》九五

续　表

卦爻辞	卦爻位
夫征不复,妇孕不育	《渐》九三
匪寇婚媾	《屯》六二
乘马班如,求婚媾	《屯》六四
匪寇婚媾	《贲》六四 《睽》上九
婚媾有言	《震》上六
勿用取女,见金夫,不有躬	《蒙》六三
咸亨利贞,取女吉	《咸》卦辞
女壮,勿用取女	《姤》卦辞
系于金柅,贞,吉	《姤》初六
得妾以其子,无咎	《鼎》初六
女归,吉,利贞	《渐》卦辞
归妹以娣	《归妹》初九
归妹以须,反归以娣	《归妹》六三
归妹愆期,迟归有时	《归妹》九四
帝乙归妹,以祉,元吉	《泰》六五
帝乙归妹,其君之袂不如其娣之袂良	《归妹》六五
纳妇,吉;子克家	《蒙》九二
干父之蛊,有子,考无咎	《蛊》初六
干母之蛊,不可贞	《蛊》九二
干父之蛊,小有悔,无大咎	《蛊》九三
裕父之蛊,往见吝	《蛊》六四
干父之蛊,用誉	《蛊》六五
同人于野,亨	《同人》卦辞
同人于门,无咎	《同人》初九
同人于宗,吝	《同人》六二
同人于郊,无悔	《同人》上九
系小子,失丈夫	《随》六二
系丈夫,失小子	《随》六三

续 表

卦爻辞	卦爻位
妇三岁不孕,终莫之胜。吉	《渐》九五
包有鱼,无咎,不利宾	《姤》九二
包无鱼	《姤》九四
巽在床下,用史巫,纷若,吉,无咎	《巽》九二

（三）战争、赏罚

相传,夏代末年,夏王室内政不修,外患不断,桀即位后不思改革,骄奢淫逸,四方诸侯纷纷背叛。公元前1600年左右,商部落首领汤联合其他部落消灭了夏王朝,建立了商朝。商王朝经历17代31王,至前1046年被周武王所灭。商中期,商王武丁(约公元前1250年—前1192年)即位以后,在众多贤臣的帮助下征服了周围许多小国,分封了不少新的诸侯国,商朝达到全盛。商后期,商朝内部发生过诸子弟争相代立的长期王位纷争。内乱不止,与周边方国部落也不断有战火。至公元前11世纪初,周族的力量日益强大,通过征伐附近小国不断扩充实力。经牧野之战后终代商。此后,为财富及利益所驱动,周人与其他国族的战争也几乎一直不断。在战火纷飞历史背景中形成的《周易》,自然有众多战争相关的"遗存"。

《周易》中部分与战争相关的卦爻辞如表7所示。

表7 《周易》中部分与战争相关的卦爻辞

卦爻辞	卦爻位
不利为寇,利御寇	《蒙》上九
需于泥,致寇至	《需》九三
师出以律	《师》初六
在师中,吉	《师》九二
师或舆尸	《师》六三
师左次	《师》六四
长子帅师,弟子舆尸	《师》六五
有孚挛如,富以其邻	《小畜》九五
不富以其邻,不戒以孚	《泰》六四
不富以其邻,利用侵伐,无不利	《谦》六五

续　表

卦爻辞	卦爻位
城复于隍,勿用师	《泰》上六
伏戎于莽,升其高陵,三岁不兴	《同人》九三
乘其墉,弗克攻	《同人》九四
先号咷而后笑,大师克相遇	《同人》九五
利用行师,征邑国	《谦》上六
用行师,终有大败;以其国君,凶,至于十年不克征	《复》上六
王用出征,有嘉折首,获匪其丑	《离》上九
利武人之贞	《巽》初六
晋其角,维用伐邑	《晋》上九
负且乘,致寇至	《解》六三
不利即戎,利有攸往	《夬》卦辞
惕号,莫夜有戎	《夬》九二
得敌,或鼓或罢,或泣或歌	《中孚》六三
高宗伐鬼方,三年克之	《既济》九三
震用伐鬼方,三年有赏于大国	《未济》九四

在为君权、领土进行的战争和内部权力的争斗中,激励和惩戒是常用的管理工具。赏赐的方式有荣誉和职位等,如"昼日三接"(《晋》卦辞)、"朱绂方来"(《困》九二)等。当时的刑法是相当严酷的,如戴枷(何校灭耳。《噬嗑》上九)、烙额、割鼻等(其人天且劓。《睽》六三)。

《周易》中部分与赏赐和惩戒相关的卦爻辞如表8所示。

表8　《周易》中部分与赏赐和惩戒相关的卦爻辞

卦爻辞	卦爻位
王三锡命	《师》九二
受兹介福,于其王母	《晋》六二
康侯用锡马,蕃庶,昼日三接	《晋》卦辞
官有渝,贞吉,出门交有功	《随》初九
困于酒食,朱绂方来	《困》九二
赍咨,涕洟,无咎	《萃》上六

续 表

卦爻辞	卦爻位
允,升,大吉	《升》初六
升虚邑	《升》九三
贞吉,升阶	《升》六五
冥升,利于不息之贞	《升》上六
利用刑人,用说桎梏	《蒙》初六
噬嗑,亨,利用狱	《噬嗑》卦辞
屦校灭趾	《噬嗑》初九
何校灭耳	《噬嗑》上九
系用徽纆,寘于丛棘,三岁不得,凶	《坎》上六
其人天且劓	《睽》六三
劓刖,困于赤绂	《困》九五

(四) 渔猎、畜牧、农作、商旅、修饰

在《周易》中,有很多有关渔猎、畜牧、农作和商旅的卦爻辞,真实再现了当年的社会与生产状况。当时,马、牛、羊、猪已被畜养,马与牛已用于战争和生产中的运输,虎、豹、鹿、鸡(雉)等均是射猎动物。除生产、肉食、制革之外,牲畜的一个主要功用是用于祭祀。当时,在畜牧业中已广泛实行阉割技术了[①]。

从出土文物看,商晚期的青铜[②]铸造规模宏大,组织严密,分工细致,工艺精良,已形成高度发达的商代青铜文化,在《鼎》卦的卦爻辞中可见一斑。

以铜为主的金属、玉及动物的皮毛已用于装饰和日用。

《周易》中部分与渔猎相关的卦爻辞如表 9 所示,与畜牧相关的卦爻辞如表 10 所示,与农耕相关的卦爻辞如表 11 所示,与商旅相关的卦爻辞如表 12 所示,与修饰相关的卦爻辞如表 13 所示。

表 9 《周易》中部分与渔猎相关的卦爻辞

卦爻辞	卦爻位
元亨,利牝马之贞	《坤》卦辞
即鹿无虞,惟入于林中	《屯》六三

---

① 参见本书下篇第四十四卦《姤》初六爻。
② 于成龙.后母戊青铜鼎.北京:中国国家博物馆,2015-05-19.http://www.chnmuseum.cn.

续　表

卦爻辞	卦爻位
田有禽,利执言	《师》六五
田无禽	《恒》九四
田获三狐,得黄矢	《解》九二
田获三品	《巽》六四
履虎尾,不咥人	《履》卦辞
噬乾胏,得金矢	《噬嗑》九四
噬乾肉,得黄金	《噬嗑》六五
贯鱼,以宫人宠	《剥》六五
明夷于南狩,得其大首	《明夷》九三
公用射隼于高墉之上	《解》上六
井谷射鲋	《井》九二
鸿渐于干	《渐》初六
鸿渐于磐	《渐》六二
鸿渐于陆	《渐》九三
鸿渐于木	《渐》六四
鸿渐于陵	《渐》九五
鸿渐于陆	《渐》上九
射雉,一矢亡	《旅》六五
雉膏不食	《鼎》九三
公弋,取彼在穴	《小过》六五

表10　《周易》中部分与畜牧相关的卦爻辞

卦爻辞	卦爻位
利牝马之贞	《坤》卦辞
良马逐,利艰贞	《大畜》九三
丧马,勿逐,自复	《睽》初九
月几望,马匹亡	《中孚》六四
或系之牛	《无妄》六三
童牛之牿,元吉	《大畜》六四

续　表

卦爻辞	卦爻位
畜牝牛	《离》卦辞
丧牛于易	《旅》上九
豮豕之牙,吉	《大畜》六五
羝羊触藩,羸其角	《大壮》九三
藩决不羸,壮于大舆之輹	《大壮》九四
丧羊于易	《大壮》六五
羝羊触藩,不能退,不能遂,无攸利	《大壮》上六
牵羊悔亡	《夬》九四
士刲羊,无血	《归妹》上六
见豕负涂	《睽》上九
羸豕孚蹢躅	《姤》初六
执之用黄牛之革,莫之胜说	《遯》六二
巩用黄牛之革	《革》初九

表 11　《周易》中部分与农耕相关的卦爻辞

卦爻辞	卦爻位
直方大,不习无不利	《坤》六二
其亡其亡,系于苞桑	《否》九五
不耕获,不菑畲,则利有攸往	《无妄》六二
以杞包瓜	《姤》九五
颠颐,拂经于丘	《颐》六二
拂经,居贞吉	《颐》六五
大车以载,有攸往,无咎	《大有》九二
改邑不改井。无丧无得,往来井井	《井》卦辞

表 12　《周易》中部分与商旅相关的卦爻辞

卦爻辞	卦爻位
西南得朋,东北丧朋	《坤》卦辞
得其资斧,我心不快	《旅》九四
震来厉,亿丧贝	《震》六二

续　表

卦爻辞	卦爻位
或益之十朋之龟	《损》六五 《益》六二
系于金柅,贞,吉	《姤》初六
旅琐琐,斯其所取灾	《旅》初六
旅即次	《旅》六二
旅焚其次	《旅》九三

表13　《周易》中部分与修饰相关的卦爻辞

卦爻辞	卦爻位
贲于丘园,束帛戋戋	《贲》六五
日昃之离,不鼓缶而歌,则大耋之嗟	《离》九三
其羽可用为仪	《渐》上九
其君之袂不如其娣之袂良	《归妹》六五
来徐徐,困于金车。吝,有终	《困》九四爻
鼎黄耳,金铉,利贞	《鼎》六五
鼎玉铉,大吉	《鼎》上九
中行,告公用圭	《益》六三

六、《周易》古经中蕴含的人生修养教诲

1. 自强不息

自强不息,是中华文明得以延绵千载、生生不息的精神动力。面对侵略与灾难,中华民族不怕牺牲、前赴后继,民族之魂在血雨腥风中重塑。从传说中的文王拘而演周易到司马迁身受腐刑著《史记》……一个个历史故事都生动体现了源于《周易》的自强不息精神。

《乾》卦前五爻以龙为例,经过"潜""见""惕""跃",不断地磨炼自己,自加压力,勇于实践,最终到达"飞"的辉煌顶点[①],成就伟业。

《讼·六三》:食旧德,贞厉,终吉。大意是不要把长辈给你的福祉看得太重而与他人斤斤计较。言下之意,要自己打开局面,靠自己的努力才能取得好结局。

人在顺境时往往容易满足。《豫·六二》:介于石,不终日,贞吉。大意是在取得一些成绩时,不可忘乎所以,牢记骄兵必败的道理,才会有好的结果。《晋》卦说:不要相信运气,要相信自身的努力。要得到上级的首肯和民众的拥戴,唯有不断地提高自己的能力与工作实绩,摆花架子没有用。

《坤》卦告诉我们:自强不息还体现在,要牢记自己的责任与使命,对自己负责,对他人负责,对社会负责。善于与他人沟通和交往,和谐相处,乐于奉献,从而实现自我(《坤·六五》:黄裳,元吉)。

2. 锲而不舍

荀子在《劝学》篇中说:"锲而舍之,朽木不折;锲而不舍,金石可镂"。天上不会掉下馅饼来,唯有锲而不舍,一步一个脚印,才能到达成功彼岸。《渐》卦中的鸿雁从姗姗学步开始,由近及远,最终可以翱翔蓝天。

《需·初九》:需于郊,利用恒,无咎。大意为:不能学小猫钓鱼,唯有恒,才能克服资源贫乏的困难,取得收获。

《恒》卦从做人做事两个方面阐述了"恒"的重要性:做事朝三暮四,做人忽冷忽热都是不可取的。

---

① 参见本书下篇第一卦《乾》。为节省篇幅,本篇引用《周易》古经中的卦爻辞,均不再加脚注解释,感兴趣的读者可参见下篇对应部分。

3. 慎独慎微

《否》卦告诫说:阿谀奉承之言听着舒服,送上门的财物充满着诱惑,但作为君子,不能为之所困,慎独、慎微、慎初,拒腐蚀,永不沾,方能留住名节(九五:休否,大人吉。其亡其亡,系于苞桑)。《后汉书·杨震传》中有个故事:县令王密自恃与新任太守杨震有过交情,拎着十斤黄金上门送礼,杨震问:"故人知君,君不知故人,何也?"王密答:"暮夜,无知者。"杨震义曰:"天知,神知,子知,我知,何谓无知?湛湛青天不可欺。"杨震由此获得"四知太守"的雅号。

慎独,既要自警,出淤泥而不染,还要自立、自励。无论顺境还是逆境,都要有独立的人格,坚持真理和既定目标,保持足够的警觉,自我开发、自我管理、自我完善(《乾·九三》:君子终日乾乾,夕惕若厉,无咎)。

4. 修身齐家

《小畜》卦以天气为例,云,需要积累才能形成雨。人的修养也是如此,唯有不断地"小畜",迁善改过,才能革故鼎新,重塑自我(六四:有孚,血去惕出,无咎)。如果一有成绩就翘尾巴(上九:既雨既处,月几望),那肯定"君子征凶"(上九)。

家庭,在中国传统文化中占有重要地位,在三千多年之前的《周易》时代,更是"家国同构"的社会政治模式。经过历史长河的洗礼,"正心、修身、齐家、治国、平天下"的人生理想深植于文人士族的血脉之中。

《家人》卦是关于齐家的教诲①:在家庭中要言而有信、恩威并重。家,要有规矩,不能目无尊长,任性而为。家庭,需要开源节流,在物质分配上不能偏颇。作为家庭,要处理好邻里关系,承担社会责任。

5. 天道酬勤

《乾》《坤》《需》《渐》等卦中均蕴含着"一分耕耘,一分收获"的哲理,从初爻至五爻或上爻,付出的勤奋和努力终于获得回报。

勤,不是蛮干,要选择好对象和目标,要有施展才干的舞台(《坤·六二》:直、方、大,不习,无不利)。

勤,贵在修行,好心自会有好报(《谦·九三》:劳谦,君子有终,吉;《比·初六》:有孚盈缶,终来有它吉)。

勤,贵在耐得住寂寞,学海无涯苦作舟,方能十年不鸣,一鸣惊人(《困·初六》:臀困于株木,入于幽谷,三岁不觌)。

6. 利见大人

《周易》中"大人"出现了十二次,其中七个"利见大人",一个"用见大人"。

---

① 详见本书下篇第三十七卦《家人》。

"大人"有两层意思：一为地位，二为形象。

《乾·九二》：见龙在田，利见大人。大意为：初出茅庐，要注意塑造自己良好的公众形象。《乾·九五》：飞龙在天，利见大人。大意为：在你手握重权时，也不可随心所欲，得意忘形。

《升》卦中的"用见大人"与"利见大人"同义，是说：要大胆提拔、任用人才，树立自己的威信，增强团队的凝聚力和战斗力。

《讼》卦辞：有孚窒，惕。中吉，终凶。利见大人，不利涉大川。这是说：在争讼过程中，会说违心的话。打赢了官司，保住了"大人"的面子，但这个名誉，是靠牺牲"诚信"而换来的，所以不值得鼓励，不利于做大事。

7. 以诚为本

甲骨文　　金文　　小篆　　楷体

图 5　孚的字源字形（据汉典网 www.zdic.net）

孚是《周易》中的高频字。孚的字源字形如图 5 所示，原指动物的孵化繁殖。因为孵化动物的时间恒定，故"孚"引申义为"诚信"（东汉·许慎在《说文解字》曰：孚，卵孚也）。《周易》中有二十六卦包含"孚"字，共四十三个。除《姤·初六》："羸豕孚蹢躅"中的"孚"，作"复"解外，"孚"一般指"心怀诚信"。《比·初六》《益·九五》《未济·上九》爻均含两个"孚"字；《革》卦的卦辞及九三、九四、九五爻辞中均出现"孚"；而《中孚》卦则直接以"孚"为卦名。如此频繁地用"孚"字，可见《周易》作者对"以诚为本"的重视程度。

《需》卦辞"有孚，光亨，贞吉，利涉大川"；《小畜·六四》"有孚，血去惕出，无咎"；《泰·九三》"勿恤其孚，于食有福"；《坎》卦辞"习坎，有孚维心"；《观》卦辞"盥而不荐，有孚颙若"；《萃·六二》与《升·九二》中的"孚乃利用禴"；《革·九五》"大人虎变，未占有孚"，这些都是说天道酬"孚"，诚，可感动上苍，助你做大事、渡难关。

《中孚》卦专论诚信，其主旨是：修身、齐家、治国，都要以诚为本。其蕴含的思想，贯穿在《周易》之中。

诚信是人的道德品行和修养方法，为人处世，唯有诚，才能取得百姓的拥戴和部属、邻里的信任与支持（《大有·六五》《随·九四》《随·九五》《革·九三》

《革·九四》《兑·九二》《兑·九五》《未济·六五》《未济·上九》等)。

《周易》中特别强调政治伦理中的"诚信",即便在维稳治乱的特殊时期也是如此(《大壮·初九》《夬》卦辞、《丰·六二》)。

8. 厚德载物

《易传》认为:黄帝、尧、舜依照《乾》《坤》二卦的哲理来治理天下,其主旨就是"自强不息"与"厚德载物"。

梁启超在清华以《论君子》为题的演讲中,以"天行健,君子以自强不息""地势坤,君子以厚德载物"激励学子。他指出:君子自励犹如天体之运行刚健不息,不得一曝十寒,不应见利而进,知难而退;而应重自胜,摈私欲,尚果毅,不屈不挠,见义勇为,不避艰险,自强不息;同时,君子应如大地的气势厚实和顺,容载万物,责己严,责人轻,以博大之襟怀,吸收新文明,改良我社会,促进我政治,以宽厚的道德,担负起历史重任。梁先生的演讲深深激励了清华学子,"自强不息,厚德载物"后成为清华校训。

《坤·六三》中的"含章可贞,或从王事,无成有终",可谓是厚德载物最直观的表述。

其实,不仅仅是《坤》卦,厚德载物的思想还蕴含在很多卦中,如,《需·上六》《讼》卦、《比·九五》《泰·六四》《蛊》《临·六三》《噬嗑·六二》《解·六五》《损》卦、《益·六二》《升·上六》《震》卦、《兑》卦、《中孚·九二》等在不同的场景、面对不同对象时,或是说,厚德,对人要宽;或是说,载物,要成人之美。

9. 如履薄冰

《坤·初六》"履霜,坚冰至",《坤·上六》"龙战于野,其血玄黄",《履》卦辞"履虎尾,不咥人,亨"表示君子要"战战兢兢,如临深渊,如履薄冰"(《诗经·小雅·小旻》),但不是要你畏首畏尾,止步不前,而是说"生于忧患,生死安乐"(《孟子·告子下》)。作为君子,要牢记自己的责任,不敢有丝毫懈怠,不容丝毫马虎,夙夜在公、勤勉工作,常存敬畏之心。正如《乾·九三》所言:"终日乾乾,夕惕若厉",唯如此,方能"其亡其亡,系于苞桑"(《否·九五》)。

10. 谦谦君子

《周易》尚"谦",有三层意思,这就是《谦》卦中的"谦谦""鸣谦""㧑(huī)谦"与"劳谦"。

《谦·初六》中的"谦谦",谦而又谦。谦是一种修养,谦更是一种能力,凡成就大事业者,必定是谦恭之人(《谦》卦辞:谦,亨,君子有终;《谦·初六》:用涉大川)。

《谦·六四》《谦·上六》中"㧑谦"与"鸣谦"是说:树立和维护谦逊的政治形

象,也是齐家治国和对外交往的行为准则和道德评判标准。

《谦·九三》中的"劳谦"是说:有了成就后,更要头脑清醒,谦恭自抑,与人为善。这个思想,在以下各卦中均有表述:《大有》卦主旨就是不能得意忘形;《豫·初六》"鸣豫,凶";《升·上六》"冥升,利于不息之贞";《旅·上九》"旅人先笑后号咷。丧牛于易,凶";《既济·上六》"濡其首,厉"等。

11. 韬光养晦

《乾》卦教诲储君如何规划人生,在前四爻中蕴含了"韬光养晦、厚积薄发"的哲理——低调,不外露,不张扬,做好自己的事。

《屯》卦从不同的角度阐述:创业初期,百废待兴,切不可冒进,打好基础是第一要素。

《明夷》卦、《履·九四》"履虎尾,愬愬,终吉"等是说:当外界环境恶化、形势严峻时,更要"韬光养晦""利艰贞"。

12. 持之以恒

"不积跬步,无以至千里;不积小流,无以成江海"(荀子·《劝学》)。

《小畜》卦辞"密云不雨,自我西郊",《渐》《乾》《坤》《恒》等卦都蕴含了这样的哲理:人的修养水平和能力的提高是一个由少到多、日积月累的过程,要靠一点一滴的积累。《恒·九四》"田无禽",《升·上六》"冥升,利于不息之贞"等卦是说:唯有锲而不舍、持之以恒,才有可能到达成功的彼岸。

《恒·上六》:"振恒,凶"是说:如果朝三暮四、遇到点困难就打退堂鼓,必一事无成。

13. 临危不惧

《履》《坎》《丰》《大壮》《涣》《大过》等卦是有关如何面对困境的教诲。

《履》卦辞说:临危不惧,小心谨慎,能渡过难关(履虎尾,不咥人,亨)。

《坎》卦的初六、九二、六四、九五爻是说要临危不惧,不是盲目自信。在危险来临之际,既要勇敢面对,也要审时度势,做好长期吃苦的准备。

临危不惧,不是消极对待、坐以待毙。必要时要奋起反击,争取控制局面(《大壮·九三》:羝羊触藩,羸其角;《丰·九三》:折其右肱,无咎)。

14. 戒浮戒躁

梅花香自苦寒来。心浮气躁,必定心不沉、神不稳:做事蜻蜓点水、眼高手低、浅尝辄止;做人心高气傲,见异思迁,怨天尤人。

《乾·上九》亢龙有悔,《坤·上六》"龙战于野,其血玄黄":这是告诫,不能有了一点成绩就翘尾巴,否则会前功尽弃。

《困·九二》"困于酒食,朱绂方来。利用享祀,征凶。无咎"是说:受到上级表扬时,首先要想到报恩。如果有点成就即目空一切,胡吃海喝,是不可取的。

《大有》《豫》两卦是在丰收和胜利之时"戒浮戒躁"的专论,主旨是"百尺竿头,更进一步"。

15. 敬天法祖

远古时,依赖采摘渔猎而生存的先民是靠天吃饭,此后,在内陆平原的地理环境中逐渐形成了以农业为主的生产方式,但"天"仍主宰着自然的秩序与和谐。"万物本乎天,人本乎祖","天"与血缘绵延中的祖先、神灵成为先民心目中的感恩与崇拜对象(宋·朱熹),敬天法祖成为传统文化中的核心信仰:奉先思孝,光前裕后,滴水之恩,涌泉相报。

天就是天神、上帝;祖就是宗庙的祖先神。凡事,"自天祐之,吉无不利"(《大有·上九》)。相反,一旦"失德",也就会失去上天的庇护,甚至遭受报应。后人云:"公门里面好修行,半夜敲门心不惊;善恶到头终有报,举头三尺有神明"(宋·王日休《集俗语竹枝词》)。

在《周易》中,敬天法祖不仅仅是一种对"神"的信仰,更难能可贵的是"天人合一"的思维方式。《周易》认为,人类社会与自然世界之间是协调统一、生生不息、循环往复的,可以通过对自然规律的认知来科学地了解社会(《泰·九三》:无平不陂,无往不复;《蛊》卦辞:先甲三日,后甲三日)[①]。这些闪光的思想最终成为中国传统文化中最为源远流长的"天人合一"的世界观,几乎是儒、释、道各家学说都认同和主张的精神追求,也是中医的理论基础[②]。

16. 抽丝剥茧

世界上的事物纷繁复杂,但事物之间以及事物内部各要素之间普遍存在相互影响、相互制约的关系。这种普遍性主要表现在:任何事物内部各部分、各要素、各环节是相互联系的;任何事物与周围的其他事物也是有关系的。

《坤·初六》:履霜,坚冰至。大意是:脚上踩到了霜,要想到"霜"是"冰"的前奏。

《泰·初九》《否·初六》:"拔茅茹,以其汇"都是在说看问题要抽丝剥茧,透过现象了解内部的联系。

《观》卦强调要深入、全面、客观地观察,与人交往时,要知己知彼。

17. 躬行节俭

《升·九二》中的"孚乃利用禴,无咎"与《既济·九五》:"东邻杀牛,不如西邻

---

① 参见本书下篇第十八卦《蛊》。
② 田甜.《黄帝内经》中的"天人合一"观浅识.实用中医内科杂志,2010,8.

之禴祭",都是说,能省的地方尽量省,即使在祭祀时,也重在心诚,如果用心不良,再多的祭品也不管用。

《贲·上九》"白贲,无咎",即美在自然,不必在修饰上过多浪费。

《剥·上九》:硕果不食,君子得舆。大意为:不贪图美色,厉行节约,方能修成正果。

《既济·上六》"濡其首,厉"和《未济·上九》"濡其首,有孚,失是"均是说,喝酒时要有分寸,过了就要出问题。

历览前贤国与家,成由节俭败由奢(李商隐《咏史》)。奢侈是公众的大敌,节俭是社会的恩人。历朝历代,奢侈之风不仅是败坏社会风气的顽症,更是污染政治空气的"痼疾"。躬行节俭,聚沙成塔,以勤俭节约为荣,以铺张浪费为耻,作为领导者更应垂范。

18. 洁身自好

《蒙·六三》:见金夫,不有躬,无攸利。大意是说:在金钱面前,要能自制,洁身自好,不可乱了方寸,迷失自我。

《否·六二》:包承,小人吉;大人否,亨。大意是说,平民百姓相互夸赞,可以融洽关系。但如果你处在领导地位,面对阿谀奉承,要保持清醒的头脑。

人在江湖,难免面对各种诱惑。重要的是能否保持足够的警觉,管住自己不正当的追名逐利之心,以清廉为荣,以公权谋私为耻,以公权利己为羞,不为繁华困扰,不让名利缠身,不因贪逸丧志,过好名利关、权力关、人情关、金钱关、美色关,挡得住诱惑,管得住小节,耐得住寂寞,不仁之事不做,不义之财不取,不正之风不沾,违法之事不干,不与世俗同流合污。如宋代的易学家周敦颐在《爱莲说》中云:"予独爱莲之出淤泥而不染,濯清涟而不妖。"

19. 躬身垂范

古语云:吏不畏官严而畏官廉;民不服官能而服官公。公则民不敢慢,廉则吏不敢欺。公生明,廉生威(《明史·年富传》)。《周易》十分重视"君子"的垂范作用,反复强调要"利见大人",君子应是道德的模范和诚信的榜样。行不正则民不服(《管子·心术下》)。

《师·六五》:田有禽,利执言,无咎。长子帅师,弟子舆尸,贞凶。大意是说:作为统帅,要能服众,必须凭实力,摆花架子害死人。

《泰·六五》:帝乙归妹,以祉,元吉。大意是说,为了国家利益,连商王都把自己的亲人送去和亲了,你为了家国,难道还不能做出一些牺牲吗?

20. 君子好逑

《周易》的有很多卦爻辞谈到了婚俗婚礼,有学者对此详细考论,认为《周易》

中的婚俗现象以男娶女为正,但亦有母系制残余,还有媵婚制的一些鲜为人知的礼制。《周易》时代的许多婚俗婚礼一直延续到春秋时代,而男娶女为正等婚姻六礼的实行则一直延续到晚清①。笔者认为:剔除如传宗接代、男权等不合时宜部分后,直至今日,《周易》中的一些有关婚姻的教诲仍有现实意义。例如:

《屯·六二》"女子贞不字,十年乃字",《姤》卦辞"女壮,勿用取女",《归妹·六三》"反归以娣"等均是说:要等到女子心理、生理成熟才能组织家庭。

《姤·初六》:系于金柅,贞吉。有攸往,见凶。羸豕孚蹢躅。大意是说:女人要有女人的样,如果整天躁动不安,不守妇道,那可娶不得。

对男女婚姻的年龄差,《周易》还是比较宽容的。《大过·九二》:枯杨生梯,老夫得其女妻,无不利。大意是说,男的大一些没什么不妥。对大女人小丈夫,《周易》虽不鼓励,也不贬低(《大过·九五》:枯杨生华,老妇得其士夫。无咎,无誉)。

《周易》高度赞美高山流水、琴瑟和鸣、心有灵犀的爱情,认为是"天作之合"(《姤·九五》:以杞包瓜,含章,有陨自天)。

21. 秦欢晋爱

《咸》卦非常生动、细腻地描述了健康、纯朴的男女肌肤之亲:轻缓抚摸脚趾、小腿,继而不能自制……要温柔体贴才能你情我愿,"朋从尔思",遂尔所愿,共浴爱河后深情相拥、热吻。

秦欢晋爱,要备极温存,互相尊重体贴;而急于求成,往往欲速则不达。男女之间不仅是身体的结合、生理的满足,更需要精神的交流、爱的交融,心心相印、共浴爱河才是最高的境界。这是《咸》卦给我们的启示。

22. 红装素裹

《周易》中有好几个卦谈到修饰,其审美观似乎延绵至今。

《坤·六五》"黄裳,元吉"与《困·九二》"朱绂方来"可能反映:按当时的礼制,黄色,权力的象征;朱,象征喜庆、地位。

由《鼎·六五》"鼎黄耳金铉",《鼎·上九》"鼎玉铉"可见,在青铜时代,已用金和玉来做装饰。日常生活中,《周易》也是赞成注意仪表和环境修饰的,但不鼓励浓妆艳抹(《贲》卦辞:小利有攸往;《贲·六五》:束帛戋戋;《贲·上九》:白贲,无咎)。

23. 舍短取长

《周易》认为:在研究复杂事物的矛盾时,既要研究主要矛盾,也要研究次要

---

① 陈成国,蓝甲云.《周易》之婚俗婚礼考论.北方论丛,2007,1.

矛盾;根据矛盾的性质和外界环境,有时采取折中的态度去调和,必要时要通过把握二者的差异,分清主次和轻重。例如:

《革》卦就反复强调要把握变革的时机,时而"征凶",时而"征吉"。时机未到时要坚守不动(初九:巩用黄牛之革);而在条件成熟时,要果断行动(六二:己日乃革之。征吉,无咎)。

《震》卦强调,在推行重大决策时,还得兼顾民生:"震惊百里,不丧匕鬯"。

《丰》卦说,要坦然面对下属的离经叛道,即要宽大为怀,促其反省;但必要时,也要果断地"折其右肱,无咎"。

《随》卦说在处理矛盾时,要权衡利弊,争取"系丈夫,失小子",避免"系小子,失丈夫"。

24. 让人三尺

安徽省桐城市西南一隅有一条鹅卵石铺就的全长一百八十米、宽二米的"六尺巷",源自清朝时的一个礼让故事。张家与邻居吴氏争地,驰书朝中为官的儿子,得到的却是一首打油诗:"一纸书来只为墙,让他三尺又何妨。长城万里今犹在,不见当年秦始皇。"家人得书,撤让三尺,吴氏感其义,亦退让三尺,故"六尺巷"遂以为名焉。此可谓:失三尺之地,换万世流芳。

《周易》中也有不少关于谦逊礼让、大度做人的教诲。例如:

《同人》卦,不仅要"同人于门",还要"同人于宗""同人于郊""同人于野"。

《需·九二》"需于沙,小有言,终吉"和《需·上六》"入于穴,有不速之客三人来,敬之,终吉"是说,大事化小,小事化了,和为贵。

《讼·初六》:不永所事,小有言,终吉。大意是说,没必要为了一些小事喋喋不休、争来争去,有点小矛盾,过几天也就算了。

25. 迁善改过

《小畜·初九》:复自道,何其咎?吉。古人云:"人谁无过?过而能改,善莫大焉"(《左传·宣公二年》)。有过并不可怕,只要能改就好。宋代大儒朱熹以"言忠信,行笃敬,惩忿窒欲,迁善改过"为"修身之要";明末思想家刘宗周说:"迁善改过,便成圣人。"

《小畜·上九》:既雨既处,尚德载。妇贞厉;月几望,君子征凶。大意是说:通过不断的迁过改善,才可使自己的德行日趋积累与完善。若一日曝之,十日寒之,那肯定于事无补。

《复》卦说,犯错误不可怕,只要能改就行(初九:不远复,无祗悔,元吉;六二:休复,吉;六四:中行独复);哪怕是多次反复,只要肯改,总还有救(六三:频复,厉,无咎);在敦促之下能改的也行(六五:敦复,无悔)。不懂得迁善改过的人,那结局会很糟糕。这样的人带兵打仗必败,由他管理国家非常危险,会一蹶不振(上六:迷复,凶,有灾眚。用行师,终有大败;以其国君,凶,至于十年不克征)。

26. 生财有道

作为齐家治国教科书的《周易》自然很重视经济。《大有·九二》"大车以载,有攸往,无咎"《家人·六四》"富家,大吉",《颐·上九》"由颐,厉,吉,利涉大川",等是说:致富于民的国策是非常好的,有利于长治久安。春秋时,管子在其《治国》中说:"凡治国之道,必先富民。民富则易治也,民贫则难治也。"

《鼎·九二》:鼎有实。我仇有疾,不我能即。吉。大意是说,手中有粮,心中不慌。但财富要建立在自力更生的基础上,经济命脉不能掌握在他人手中。

《旅》是系统阐述商旅之道的卦。其中谈到的成功要素至今仍有现实意义,如:商旅时要注重自身形象和社交礼仪,经商要有一定的资本和人力资源,不计较一时得失,重在可持续发展等。

27. 以德报怨

古人认为德的功效是"生生",天地之大德是生养万物,德是蓄养,保护,不需回报。《道德经》云:"故道生之,德畜之,长之,育之,亭之,毒之,养之,覆之。"

《坤·上六》"龙战于野,其血玄黄",《比·六三》"比之匪人"就是告诫世人"冤冤相报何时了,得饶人处且饶人",要以宽容之心大度对待与自己有过节的人,主动修好。

海纳百川,有容乃大。团结一切可以团结的人,包括曾经背叛自己的人。度尽劫波兄弟在,相逢一笑泯恩仇,如《涣·上九》所言:"涣其,血去逖出,无咎。"

28. 无往不复

《周易》中一个很重要的思想就是:物极必反,盛极则衰。在爻辞的安排和卦序的排列上,往往如此,如《乾》《坤》《泰》《否》等卦。

《泰·九三》"无平不陂,无往不复"说的是宇宙中万事万物都处在永恒的循环之中。天地、日月、四时、昼夜、生死……都在按部就班地做各自的循环运动。

《否·九五》"休否,大人吉,其亡其亡,系于苞桑"是说:物极必反,泰极否来。在顺境时,要未雨绸缪、居安思危,始终保持高度警觉,这样才可避免危险。

另一方面,《复》卦辞"反复其道,七日来复,利有攸往",《睽·初九》"丧马,勿逐,自复",《震·六二》"七日得",《既济·六二》"妇丧其茀,勿逐,七日得"等都是说:天道循环,有起有落。在困境时要乐观向上,坚定信念,相信明天会更好;而不能悲观失望,坐以待毙。

29. 处变不惊

《睽》卦是说,当你碰到一些诡异现象时,不要自己吓唬自己,尽往坏处想,被一些偶然发生的小事情弄得紧张兮兮的,以为天要塌下来了。此时,要想办法缓解自己的紧张情绪,沉着冷静,处变不惊,以豁达、从容的心态而处之。

人生不如意事十之八九,每个人都可能面临想不到的各种各样的烦恼:工作上杂乱的琐事、身体上偶尔的小疾、感情上的磕磕碰碰、突如其来的天灾人祸……对这些无妄之灾,《无妄》卦作了较全面的心理疏导:碰到这些事时,不要大惊小怪,杯弓蛇影。要以豁达、从容的心态处之,静观其变,无为而治,事情也就过去了。

30. 感恩于心

受时代局限,《周易》中感恩的对象主要是"天"或"天子"。每逢大事,必"王假有庙""王用享于帝(西山、岐山)"(《萃》《涣》卦辞、《益·六二》《随·上六》《升·六四》)。

羊有跪乳之恩,鸦有反哺之义。吃水不忘挖井人,要懂得回报和分享。对领袖和先辈要常怀感恩之心(《大有·九三》:公用亨于天子,小人弗克;《家人·九五》:王假有家,勿恤,吉)。

《晋·六二》:受兹介福,于其王母。大意是说:你能取得这样的成就,是得益于王的栽培。成功时,切不可"子系中山狼,得志便猖狂"。要不忘来自各方面的恩惠:父母的养育、老师的教诲、组织的培养、领导的提携、朋友的支持、配偶的关爱、社会的给予、大自然的恩赐,等等。

在协调国家、邻里、朋友之间的关系时,《周易》很重视"将心比心,礼尚往来",例如:

《小畜·六四》"有孚,血去惕出,无咎",《小畜·九五》"有孚挛如,富以其邻"是说,你敬人一尺,人敬你一丈。一个篱笆三个桩,一个好汉三个帮,要投桃报李,好心自有好报。

七、《周易》古经中蕴含的管理教诲

1. 率马以骥

《周易》中常说"利见大人",在管理中可理解成领导在形象和行为方面要起表率作用。如《蹇》卦、《巽》卦中的"利见大人"是说,作为"大人",要能放得下架子,要能听得进下属的建议和意见。《萃》卦的"利见大人"是说,作为领导者,要亲临第一线,以自己的人格魅力吸引人才。

《比·九五》"显比,王用三驱,失前禽,邑人不诫,吉"是说:通过自己的言行树立亲民、为民的形象,百姓才会心甘情愿地追随你。

《否》卦辞"否之匪人,不利君子贞,大往小来",《否·六二》"包承,小人吉;大人否,亨"是说:"大人"要有个大人样,对自己要求要严格,不能把自己等同于老百姓。"手莫伸,伸手必被捉。党和人民在监督,万目睽睽难逃脱"(陈毅:《七古·手莫伸》)。只有牢牢地绷紧表率这根弦,才能维护自己的领袖形象和威信(《否·九五》:其亡其亡,系于苞桑)。

2. 兢兢业业

《乾·九三》"君子终日乾乾,夕惕若厉,无咎"是说:天上不会掉馅饼下来,唯有不断进取,不能有丝毫松懈,谨慎能捕千秋蝉,兢兢业业才能提高竞争能力。

《坤·初六》"履霜,坚冰至"是说:一叶知秋,脚上踩到霜,应联想到冬天即将来临。给管理的启示就是,透过现象看本质,要在调查研究的基础上作出预测,居安思危,稳步前行。

《屯·初九》"磐桓,利居贞,利建侯"是说:万事开头难,要做成大事,先要把基础搞好,稳扎稳打。

《屯·六二》"女子贞不字,十年乃字"的教诲意义是:切忌好高骛远,急于求成。

3. 批判继承

《随》卦反对因循守旧,提倡开拓创新,认为与时偕行才会可持续发展(《随·九四》"随有获"),不守旧的管理者才会有好出路(《随·初九》"官有渝,贞吉")。

江山代有才人出,各领风骚数百年。要继承传统,更要将其发扬光大。《蛊》卦鼓励"干父之蛊""干母之蛊",对前辈(前任)要尊敬,但不能盲从。要勇于纠正他们的错误,去除不合时宜的规定。否则,"裕父之蛊,往见吝"(《蛊·六四》)。

北宋神宗时期,王安石力主变法,提出了著名的"三不足"理论:"天变不足畏",即自然界的变化不必畏惧;"祖宗不足法",即前人制定的法规制度若不适应当前的需要甚至阻碍社会进步,就要修改甚至废除,不能盲目继承效法;"人言不足恤",即对针对改革的流言蜚语无需顾虑。

4. 燮理阴阳

燮(xiè)理阴阳是指为人臣者要善于协调各种矛盾,辅佐上级做好管理工作。《坤·六三》"含章可贞,或从王事,无成有终"是说:有才华有能力是做好本职工作的基础,不是个人出风头的本钱。为了组织的目标,要乐于奉献,甘为人梯。

故宫太和殿有一块乾隆皇帝御笔"建极绥猷①"匾额,寓意为:天子上对皇天、下对庶民的双重神圣使命,既须承天而建立法则,又要抚民而顺应大道。《师·九二》"在师中,吉,无咎。王三锡命",《师·上六》"大君有命,开国承家,小人勿用"等是说,作为一支队伍的掌门人,要承上启下,既要对上负责,又要带好队伍。坚定不移、及时贯彻上级的意图,又要有"将在外,君命有所不受"的担当,因地、因时制宜,果断决策。

《巽》卦说,在决策时既要听史巫的意见(九二:巽在床下,用史巫,纷若,吉,无咎),但又要注重实效(六四:悔亡,田获三品);更不能迷信占筮,大权旁落。在紧急关头、面临重大问题时,一定要有自己的主见(卦辞:利有攸往,利见大人;初六:进退,利武人之贞;上九:巽在床下,丧其资斧,贞凶)。

5. 伯乐相马

《观·六四》"观国之光,利用宾于王"是说:调研的一个重要任务就是要为天子筛选、举荐人才。

唐朝韩愈《马说》有云:"世有伯乐,然后有千里马。千里马常有,而伯乐不常有。"古往今来,人们把善于识才、乐于荐才的人称为伯乐。作为团队的管理者,一个很重要的职责就是发现人才,考察人才和选聘人才。

《师》卦辞"师,贞,丈人吉,无咎"是说:要想打赢战争,遴选德高望重的统帅很关键,唯才是举,唯才是用。

6. 养贤育才

《周易》认为,人是重要的生产力,也是重要的生产关系(《旅·六二》:得童仆,贞;《旅·九三》:丧其童仆,贞厉),没有人,做不成事情。

---

① 建极:典出《尚书·周书·洪范》"皇建其有极"。原意为屋脊之栋,引申为中正的治国最高准则。绥猷:典出《尚书·商书·汤诰》"惟皇上帝,降衷于下民。若有恒性,克绥厥猷惟后。"大意为天帝将善道赋予下民,使民有常性,那么能顺乎其道的则为天子。

十年树木,百年树人。良马没有奔跑的训练不会成千里马(《大畜·九三》:良马逐,利艰贞)。

再好的武士也不能一招鲜,吃遍天。只有"拳不离手,曲不离口"才能担当重任(《大畜·九三》:日闲舆卫,利有攸往)。

发现好的苗子,要注重教育和培养(《离》卦辞:畜牝牛,吉;《大畜·六四》:童牛之牿,元吉;《大畜·六五》:豮豕之牙,吉)。

《萃》是专论萃聚人才的卦:管理者要亲力亲为,以诚感人,以诚待人,把吸引人才作为一项长期的战略任务,靠好的制度留住人才。

7. 知人善任

善用人者事业兴,不善用人则江山毁。西汉时,刘邦登皇位后大宴群臣,问百官他与项羽的区别,百官纷纷夸赞他大仁大义。刘邦却说:运筹帷幄,他不如张良;安抚百姓,他不如萧何;率军打仗,他不如韩信。他之所以能得天下,就在于能合理地使用这三位俊杰。

《周易》十分重视知人善任,重要的管理岗位要选德才兼备的"丈人"(《师》卦辞),冲锋陷阵时方能"小人勿用"(《师·上六》)。

《师·六五》告诫:派一个好的统帅能打胜仗;选错人肯定会带来无谓的牺牲(长子帅师,弟子舆尸,贞凶)。

"学有所长,术有专攻",人力资源管理中的一个重要任务就是要"把合适的人放到合适的岗位上"。《屯·六三》"即鹿无虞,惟入于林中,君子几,不如舍"是说:哪怕你是君王,前呼后拥有的是人,但要进山打猎,还是要有向导才行。没有向导,再多的随从也不管用,贸然前行有危险,不如放弃。

《离·上九》"王用出征,有嘉折首。获匪其丑,无咎"是说:在选人用人时,要有自己的思考和判断,不拘一格选人才。任人唯贤,任人唯能。不要戴有色眼镜看人,不能人云亦云,搞所谓的少数服从多数。

8. 纳谏如流

《蹇》卦系统阐述了"纳谏"的必要性:忠言逆耳,良药苦口。苦谏之人多为了王的江山社稷,不是为自己(《蹇·六二》:王臣蹇蹇,匪躬之故)。要鼓励下属提意见,甚至于犯上(《蹇·初六》:往蹇,来誉),有言论自由的氛围,才有更多机会得到真知灼见,帮助你做出正确的决策(《蹇·上六》:往蹇,来硕,吉,利见大人)。

在《周易》成书的年代,史巫是一个很重要的官职,是熟悉历史并负责记载历史的近臣,同时也是占卜高手,他们集历史经验和丰富阅历、智慧于一身,要重视他们用天人对话的形式而表达的己见(《巽》卦辞:"巽:小亨")。

唐代名臣魏征说:以铜为镜,可以正衣冠;以史为镜,可以知兴替;以人为镜,可以明得失。《周易》倡导纳谏如流,是告诫君子,偏听则暗,兼听则明。作为管理者,在充分听取各方面的意见,甚至是反对自己的意见之后,还要有自己的判断,广开言路不是优柔寡断,更不是盲从。要统筹兼顾(《革·九三》:革言三就)、唯才是举,任人唯贤,任人唯能(《巽·九二》:用史巫,纷若,吉,无咎;《巽·六四》:悔亡,田获三品)。

9. 说教有方

组织沟通是人力资源管理中最为基础和核心的环节——上情下达,下情上达;管理者要掌握沟通的艺术,协调好组织内部和外部的利益和纷争,对于民众的疾苦、愿望能了然于心。

《兑》卦所述的沟通技巧,至今仍有教诲意义。《兑》卦认为,要站在对方的立场上想问题,学会包容(和兑);要以诚相待,充分交换意见,求同存异(孚兑、商兑);要有耐心并见机行事(引兑)。沟通是一种互动,不能自己想当然,在不清楚对方意见时,不能自以为是(来兑)。

好的沟通,可以让民众对管理者心悦诚服,增加组织的凝聚力和战斗力,实现"说以先民,民忘其劳;说以犯难,民忘其死,说之大,民劝矣哉"(《易传·象·兑》)。

10. 授权制衡

《泰·上六》"城复于隍,勿用师。自邑告命,贞吝",《随·初九》"官有渝,贞吉,出门交有功"是说:战场上的情况瞬息万变,要给前线指挥员充分授权,让他们可以并勇于当机立断;如果事无巨细,都要等待大本营的指示,那肯定会贻误战机。

《随·上六》"拘系之,乃从维之,王用亨于西山"是说:管理中的制衡问题,既要有充分的授权,又要有制约的机制。王,向上天负责;将帅,向王负责。

正确的授权可以减少领导者工作负担,集中精力处理更重要更大的问题。正确的授权是对下属的一种信任,调动下属积极性和创造力,有利于领导发现人才,锻炼人才,培养人才。正确授权还有利于降低错误决策风险。

管理的实质就是制衡,要创造良好的机制,力求授权在运行中正常、廉洁、有序、高效、公平、公正。

11. 循序渐进

凡事预则立,不预则废。在管理实践中,要注重调研和谋划、制定战略和行动方案,既坚定不移地大胆探索、勇于创新,又总揽全局、立足现实、突出重点、先易后难、不断推进、有条不紊地去实现管理目标。

《需》《咸》《渐》等卦都非常形象地叙述了循序渐进、修成正果的道理。如

《渐》卦,从初爻到上爻,以鸿渐于"干"(溪水)、"磐"(水边石)、"陆"(陆地)、"木"(树)、"陵"(山)、"陆"(长途迁徙);鸿飞所历,由低渐高,由近渐远,秩然有序。

12. 师出以律

没有规矩,不成方圆。法律和规则是组织有序运行、人与人和谐共处的基石。

《蒙·初六》"发蒙,利用刑人,用说桎梏,以往吝"是说:要用榜样的力量教育人,明确哪些事可以做,哪些事不能做。在现实生活中,领导者总是员工目光的焦点。正人先正己,管事先做人。榜样的力量是无穷的,领导者凡事以身作则,通过表率树立起在员工中的威望,促进文明程度的提升,增强法律意识和素质,提高团队战斗力。

《师·初六》"师出以律",是说:军队需要严明的纪律才有战斗力,服从命令是天职,条规法令要牢记,一切行动听指挥,步调一致得胜利。

对那些不遵守规则、不服从命令,调皮捣蛋的,要有相应的措施,批评、教育、处罚,治病救人(《讼·上九》:终朝三褫之;《大壮·九三》:羝羊触藩,羸其角)。

对那些顽固不化,仍然我行我素,甚至于反叛的,那要依法治之(《噬嗑》卦辞:利用狱;《丰·九三》:折其右肱,无咎)。

13. 当断则断

管理实践中往往会面临两难选择,此时,有些管理者瞻前顾后,举棋不定。

《夬》卦卦辞"扬于王庭,孚号:有厉,告自邑,不利即戎,利有攸往"是说:危难当头,千万不要藏着掖着,要把险情坦诚相告——敌我双方实力悬殊,危险正一步步逼来,不宜即刻迎战。

当断不断,可能是拘泥于原来的计划或等待上级命令,或认为时机不成熟,不敢冒一点风险。其实,做任何事,不大可能十全十美。相反,系小子的结果是失丈夫(《随·六二》),甚至断送前程。

优柔寡断的另一个原因可能是顾及面子、不愿吃苦或为物质利益所累。《夬·九三》"壮于頄,有凶。君子夬夬独行,遇雨若濡,有愠无咎"说:危难当头,必须快刀斩乱麻,当机立断。就是有些损失,也在所不惜。

14. 民惟邦本

《临》卦要求用"咸""甘""至""知""敦"去"君临天下",情为民所系、利为民所谋、心为民所想,注意沟通技艺,为民办实事。

民为邦本,本固邦宁[①]。管理之要,惟在得民心。孟子曰:"得天下有道:得

---

① 典出《尚书·五子之歌》,原文:皇祖有训,民可近不可下,民惟邦本,本固邦宁。

其民,斯得天下矣。"他还提出了一个千古不朽的命题:"民为贵,社稷次之,君为轻。"荀子说得更透彻:"用国者,得百姓之力者富,得百姓之死者强,得百姓之誉者荣。三得者具而天下归之,三得者亡而天下去之""爱民者强,不爱民者弱"。

民为邦本,就是要把改善民生作为工作重点和目标任务。根据人力、物力、财力条件,突出重点,尽力而为、量力而行,把惠民生的事情办好办实,建立健全促进民生发展的长效机制。这就是《观·六三》《观·九五》《观·上九》中所说的"观我生""观其生"而后"进退"之义。

15. 情系民生

美国心理学家亚伯拉罕·马斯洛(Abraham Harold Maslow,1908—1970)是人本主义心理学的先驱,其需要层次理论把人类需要按其重要性、产生先后次序分为五个层次,即生理、安全、社交、尊重和自我实现需求。作为管理者,要关心部属的切身利益,采取有效措施保障并稳步提高下属的物质文化生活水平。《需》卦辞"需,有孚,光亨,贞,吉,利涉大川"即是说:切实保障民生,才能取信于民,民生连着民心,民心凝聚民力。

《井》卦说:民生问题与国家的发展有不可分割的联系,民生问题的解决程度决定了社会进步程度和政权兴亡。民生抓好了就抓住了根本、抓住了大局。管理者要时刻把群众的安危冷暖挂在心上,认真解决他们最关心、最直接、最现实的问题,让他们感到组织的温暖(《井·九三》:井渫不食,为我心恻,可用汲,王明,并受其福)。

16. 让利于民

《解》卦是专论"让利于民"的,卦辞曰:"解,利西南。无所往,其来复,吉。有攸往,夙吉",这是说:作为想做一番大事的君王,不要把钱财看得太重。钱没有了可以再挣,若没有人拥戴你,那就做不成大事。

《解·九二》"田获三狐,得黄矢。贞吉"是说:聚财要有节制,不可贪得无厌。藏富于民,皆大欢喜。

《解·六三》"负且乘,致寇至。贞吝"是说:"财聚人散",贫富过于悬殊,必然导致社会动乱。

"圣人之大宝曰位,何以守位曰仁,何以聚人曰财"(《易传·系辞下》)。《解》卦的四、五爻是说:"财散人聚"(九四:解而拇,朋至斯孚;六五:君子维有解,吉。有孚于小人)。把钱看得太重,朋友离你远去,百姓也不会相信你。

《解·上六》"公用射隼于高墉之上,获之,无不利"与《井·上六》"井收勿幕,有孚元吉"是说:不能以公益之名谋一己私利。管理者要常思贪欲之害,常怀律己之心,为人民谋福祉。

17. 自力更生

世界上唯一可以不劳而获的就是贫穷和饥饿。人生贵在行动,只要你愿意走,总会有路。《颐·初九》"舍尔灵龟,观我朵颐,凶"说得直截了当:对自己潜在优势视而不见,不愿意冒一点险,不愿意吃一点苦,把眼睛盯着别人的饭碗,期盼着不劳而获,凶。志士不饮盗泉之水,廉者不受嗟来之食。

《颐·六三》"拂颐,贞凶,十年勿用,无攸利",《颐·六四》"颠颐,吉。虎视眈眈,其欲逐逐,无咎"都是说,立足自力更生,也要选对方向,那些不靠谱的事偶尔为之还差不多,要长此以往可不行。自力更生,不能指望一蹴而就,选对了方向,还要锲而不舍。

18. 鸣琴而治

春秋时,鲁国单父①有二任地方官,前任巫马期常常是披星戴月,呕心沥血,栉风沐雨,事必躬亲,才勉强把地方治理好。后任宓子贱更胜一筹,治理三年,单父物阜年丰,风淳俗美(《吕氏春秋·察贤》)。他与前任的不同之处是:爱民如子、任贤用能、公文从略、冗务从简、不事扰民、简政放权;而他自己很洒脱,每天在堂上静坐弹琴。人们把这种用礼乐教化人民称为"鸣琴而治"。

《中孚·九二》"鸣鹤在阴,其子和之;我有好爵,吾与尔靡之",《中孚·九五》"有孚挛如,无咎",《否·九四》:"有命,无咎,畴离祉",《解·九四》"解而拇,朋至斯孚",都是在说:为官一任,要造福一方,待人以诚,想民所想,与民同乐,得人心者得天下。

19. 节度有常

《礼记·礼运》讲:"饮食男女,人之大欲存焉"。"兼治儒墨之道"的告子说:"食色,性也。"马斯洛需求层次理论认为:只有基本需求满足以后,才会有高级需求产生。朱熹将《礼记》和告子所主张的"人欲"视为"天理",而将超出于"天理"的欲望,视为"人欲",提出:"存天理,灭人欲"。他的原意②应该是:在人性修养和家国的管理时,要节度有常,正常、合理的部分要"存",欲壑难填的部分要"灭"。

《节》卦就是关于掌控自我修养境界和管理尺度的教诲:节,是个不断调节的过程(《节·六三》:不节若,则嗟若,无咎),争取"随风潜入夜,润物细无声"的节度(《节·六四》:安节,亨)。最佳的"节"就是兼顾国家、集体、个人的利益,物质文明与精神文明统筹发展,幸福指数很高,且可持续发展(《节·九五》:甘节,吉。

---

① 地名,今属山东菏泽市单县,春秋时为鲁国单父邑。
② 后世人多言"存天理,灭人欲"禁锢了人的自由等。

往有尚)。

20. 持盈守成

《既济》卦是关于在小成之后,应该更上一层楼的教诲。取得一些成果时,难免产生船到码头车到站的想法。此时,如果麻痹大意,势必"初吉终乱"(《既济》卦辞)。正确的做法应该是:一切向前看,不要太计较失去的东西(《既济·六二》:妇丧其茀,勿逐,七日得),更不能为已有成绩沾沾自喜(《既济·上六》:濡其首,厉)。要继续发动民众,努力奋斗,克服困难,打持久战(《既济·九三》三年克之,小人勿用)。

《大有》卦是关于守成之道的教诲。腰包鼓了,还得低调做人,切不可目中无人,更不能铺张、挥霍。有钱了,可以上马一些大项目或把钱用在改善民生上[①]。

黄山黟县西递村笃敬堂有一副对联:"读书好,营商好,效好便好;创业难,守成难,知难不难。"这副楹联把"创业"与"守成"相提并论,平起平坐;"效好便好"和"知难不难",极普通的辩证法原理,用得恰到好处,徽商经营之道跃然纸上——认真读书,悉心经营,艰苦创业,谨慎守成。这也许是明清四百年"无徽不成镇"的缘由吧。

21. 聚众修好

聚众修好,要舍得付出,给他人以无私的帮助,将心比心,坦诚相见(《泰·六四》:"翩翩不富,以其邻,不戒以孚")。

《同人》卦是关于如何建设"统一战线"的教诲。卦辞说:团结一切可以团结的力量(同人于野),可以促进各类关系的和谐,增进友谊,凝聚力量,寻求发展(利涉大川,利君子贞)。

不同的人聚在一起时,贵在一个"诚"字,不能搞小圈子(《同人·六二》:同人于宗,吝),要相互信任、互相监督、肝胆相照、荣辱与共、长期共存。如果当面一套,背后一套,这种合作就不会有实质进展(《同人·九三》:伏戎于莽,升其高陵,三岁不兴)。

同行之间,有协同,更有竞争。当自己处在上风时,不可仗势欺人,给人留点余地,也是为自己日后留一条路(《同人·九四》:乘其墉,弗克攻,吉)。

一个群体,团结才有力量,团结才能共谋繁荣与发展。政治上、经济上少打小九九,要以大局为重,舍小我,成大我。这样,可能会牺牲一些切身利益,但从根本利益考虑,还是必要的。有福同享,方能有难同当;人心齐,泰山移,患难之中见真情(《同人·九五》:同人,先号咷而后笑,大师克相遇)。

---

① 参见本书下篇第十四卦《大有》。

22. 以和为贵

源于《周易》的"以和为贵""和而不同"等中国传统文化理念,现已逐渐得到世界上许多国家的认同,成为处理组织与人际关系的道德箴言。

《坤·六三》"含章可贞,或从王事,无成有终"是说:以大局为重,不要把个人凌驾在组织之上。

《蒙·上九》"击蒙,不利为寇,利御寇"是说:要从娃娃抓起,给他们灌输这样的理念,与人为善,害人之心不可有。习武,应以防御为主。

自古至今,因领土、宗教、种族、主权、经济利益,乃至因家庭、财产、感情、诚信、误会等所引起的冲突不胜枚举,人类常常通过自相残杀来解决这些矛盾。三千多年前,《周易》的作者已充分认识到产生这些纷争的缘由,并提出完整的解决方案,相关的教诲虽有鲜明的时代烙印,但以和为贵的思想仍有积极的现实意义(如《讼》《比》《归妹》《小过》等卦爻辞中均有"化干戈为玉帛"的教诲)。

23. 求同存异

《乾·用九》"见群龙无首,吉"与《坤·上六》"龙战于野,其血玄黄",是从正反两个方面阐述了求同存异、和睦相处的重要性,和谐而又不千篇一律,不同而又不相互冲突;和谐以共生共长,不同以相辅相成。

《巽·九二》"巽在床下,用史巫,纷若,吉,无咎"是说:决策时,要善于听取多方面的意见与建议,百家争鸣比一言堂要好得多,互补共存才能擦出智慧的火花。

《需·九二》"需于沙,小有言,终吉",《需·上六》"入于穴,有不速之客三人来,敬之,终吉"是说:矛盾与冲突并不可怕,换位思考、相互尊重、搁置争异可以缓解矛盾。

《革·上六》"君子豹变,小人革面"告诉我们:一项变革措施,既要考虑各方的利益诉求,也要兼顾大家的关系,要求同存异,共同发展。

24. 防微杜渐

老子说:"合抱之木,生于毫末;九层之台,起于累土;千里之行,始于足下。"(《道德经》六十四章)

《易传》认为:"积善之家,必有余庆;积不善之家,必有余殃。臣弑其君,子弑其父,非一朝一夕之故,其所由来者渐矣,由辩之不早辩也(《易传·文言·坤》)。"

管理学中有一个"蝴蝶效应"理论:一只蝴蝶在巴西扇动翅膀,有可能会在美国的德克萨斯引起一场龙卷风,真可谓"失之毫厘,谬以千里"。

《乾·九三》"君子终日乾乾,夕惕若厉,无咎",《坤·初六》"履霜,坚冰至"都是在说要防微杜渐、居安思危、防患于未然。

千里之堤毁于蚁穴，《剥》卦以床受损为例告诫世人，当发现不好的苗头时，如果不及时预防或中止，就会渐渐地走向衰亡。

25. 急流勇退

《乾·上九》"亢龙有悔"是说：任何事物发展到了极点都会走向反面。因此，在成功之后，要有急流勇退的魄力，如果"知进而不知退，知存而不知亡，知得而不知丧"（《易传·文言·乾》），势必有悔。

春秋时的范蠡辅助越王成就五霸，创造了以弱胜强、反败为胜的光辉战例。官至相国、大将军，爵至上大夫。可在这功成名就之时，他却毅然辞官隐退。一身布衣的范蠡操计然之术（根据时节、气候、民情、风俗等的变化，人弃我取、人取我与，顺其自然、待机而动）以治产、经商积资成巨富。此后，他又三散家财，造福乡里。

《遯·九四》"好遯，君子吉，小人否"是说：在家国治理中，有必要掌握退隐之道。顺境时，处于巅峰时要头脑冷静，力保基业长青。而在逆境时，也要审时度势，不得已时，要有急流勇退的决断，切不可盲目冒进，或者顾及面子勉强为之，拖泥带水的结果肯定抽身无望（《遯·六二》执之用黄牛之革，莫之胜说）。

有时，退一步，海阔天空。瑞士军事理论家菲米尼有一句名言："一次良好的撤退，应与一次伟大的胜利一样受到奖赏。"壮士断腕般的放弃老的、陈旧的东西，才是追求创新的必要条件。

26. 东山再起

《复》卦辞"亨。出入无疾，朋来无咎。反复其道，七日来复，利有攸往"是说：天道循环，有起有落，要有平常心来看待。春秋时期的韩非子曾说过：不会被一座山压倒的人，却可能被一块石头绊倒。

《复·六五》"敦复，无悔"是说：失败是成功之母！在人生旅途和管理实践中，走点弯路是正常的，但无论什么样的失败，只要你跌倒后还能爬起来，跌倒的教训就会成为有益的经验，帮助你取得未来的成功。有位智者说过：人生最大的失败，就是永不失败和永不敢败。

历史上，东山再起的范例很多。商汤被桀囚终擒夏，文王被纣囚羑里侥幸逃脱后而成周，越王勾践卧薪尝胆而复国，伍子胥遭陷走吴终灭楚，晋公子重耳亡命翟国、齐公子小白逃到莒国，最终都成就了王霸。现代，很多成功的企业是从低谷走向辉煌的。

27. 明德慎罚

《周易》强调"明德慎罚"的管理思想。这个"德"包括：尊卑、贵贱、宗法等级的"祭祀之礼",《师·初六》"师出以律",《蒙·初六》"利用刑人,用说桎梏"的典范和《临》《观》《比》等亲民和管理艺术。

对待有"过"或犯上的行为,《小过》《大过》《丰》《震》卦等也都是要管理者(君子)虚怀若谷,拿捏有度,以治病救人为上策。如《艮》卦以"艮其趾""艮其腓""艮其限,列其夤""艮其身""艮其辅""敦艮"之喻,形象地说明:在不同的阶段,如何制止错误行为,引导改邪归正。

不得已时,也要本着小惩大诫的原则,慎用刑罚。《噬嗑》卦从初九至上九爻,"屦校灭趾""噬肤,灭鼻""噬腊肉,遇毒""噬干胏""噬干肉""何校灭耳",详细分述了如何根据所犯错误或罪行的大小来量刑。

28. 维稳治乱

管理上出现问题,原因是多种多样的。有些是前辈的错误或时代的原因而造成的。为此,继任者瞻前顾后,顾虑重重,不敢纠正。但《蛊》卦明确表示,长江后浪推前浪,一代更比一代强,纠正前人的错误无可厚非(《蛊》卦辞:蛊,元亨,利涉大川。先甲三日,后甲三日)。

《涣·初六》"用拯马壮,吉"是说:乱世用重典,要尽早发现、高度重视动乱的苗头,采取有力措施解决。不要等到木已成舟,悔之晚矣。

《大壮·九三》:"羝羊触藩,羸其角"与《涣·九二》"涣奔其机,悔亡"是说:治乱的关键,是要找出问题的症结。有的放矢,才能掌握主动权。

《涣·六四》"涣其群,元吉。涣有丘,匪夷所思"是说:要坚决打掉那些不安分的小团体,不留隐患。

《大壮·六五》"丧羊于易,无悔"与《丰·九三》:"丰其沛,日中见沫。折其右肱,无咎"是说:对那些顽固不化的叛臣贼子(羝羊),要不惜代价,予以坚决打击。

29. 革故鼎新

革故鼎新,语出《易传·杂卦》:"革,去故也,鼎,取新也",是对《革》《鼎》二卦蕴含的哲学精神解读,是中华文化中一句著名的传世格言。

历史上的无数事实证明,一个朝代、一个政权、一个企业的兴衰成败,往往取决于管理者是否具备"与时偕行""革故鼎新""求变图强"的理念。很多人在创业之初,雄心勃勃,励精图治,气象万千。然而,时间一长,就被陈旧的思想或既得利益捆住了自己的手脚,惰性增长,贪图安逸,不思进取,矛盾积聚。这些矛盾日渐尖锐,如果不主动变革,积弊日久将积重难返。

《诗经·大雅·文王》云:"文王在上,於昭于天。周虽旧邦,其命维新。"中国的古圣先贤崇尚生生不息、自强自新,如商汤王就在自己洗浴的盆边,刻有:"苟日新,日日新,又日新。"

《革》卦辞"己日乃孚。元亨,利贞,悔亡"是说:不满足于现状,不断创新方能取信于民,无悔于时代。

《鼎·九四》"鼎折足,覆公𫗧,其形渥。凶"告诫世人:创新时不能盲干,不能急于求成,否则欲速则不达。所以,管理者要正确处理好改革、发展、稳定的关系,使改革的力度、发展的速度、组织可承受的程度相统一。

30. 同舟共济

现代管理的发展趋势是从对物的管理转向对人的管理。人是管理活动的中心,也是使用各种管理方案的基础,因此,管理者必须重视对人的管理。而人是有感情的,人的行为往往受感情的支配。曾国藩常说:驭人之策情感第一,利益第二,约束第三。

《比》卦要求"君子"要处理好各方面的关系,真心示好(亲比),建立口碑(九五:邑人不诫,吉),不计前嫌(六三:比之匪人)。

《中孚·九二》"鸣鹤在阴,其子和之;我有好爵,吾与尔靡之",《解·上六》"公用射隼于高墉之上,获之,无不利",《晋·卦辞》"康侯用锡马,蕃庶,昼日三接"等给我们的启示是:作为管理者要舍得在感情上作投资,力求做到关心人、理解人、会用人,从人的物质需要和精神需要出发,既关心人的生产、生活、家庭、个人的实际困难,又关心人的成长进步和自我实现。要创造公平竞争的环境,提供晋升的空间,及时肯定并激励下属的成绩。

《既济·九三》"高宗伐鬼方,三年克之。小人勿用"是说:胜利来之不易,是同舟共济的结果。

在困难之前,大家要忍辱负重,抱必胜信念(《未济·六三》:征凶,利涉大川)。

在成功之际,不可忘乎所以(《既济·上六》:濡其首,厉;《未济·上九》:上九:有孚,于饮酒,无咎。濡其首,有孚,失是)。

下 篇
《周易》古经解读

第一卦 乾——自强不息，王者之路

（乾下乾上）

【原文】

（卦辞）乾,元亨,利贞。

（爻辞）初九:潜龙勿用。

九二:见龙在田,利见大人。

九三:君子终日乾乾,夕惕若厉,无咎。

九四:或跃在渊,无咎。

九五:飞龙在天,利见大人。

上九:亢龙有悔。

用九:见群龙无首,吉。

【导读】

"乾"为《易经》的首卦,也是对储君人生规划的总指引。

卦辞是说,效法天(龙)道①是为王的根本。储君若像天那样,周而复始,生生不息,必将享通、顺利。

爻辞中以龙(储君)②的"潜""见""惕""跃""飞""亢",客观分析了人才乃至事物由低到高的成长和发展规律,并从正反两方面教诲储君要像"天"那样与时偕行,顺时而为。当退则退,退也是一种智慧;当行则行,要牢牢地把握机遇;当功成名就之时,务必保持清醒头脑,一旦忘乎所以,那将是一场灾难。

初九爻是说:初涉人世,要韬光养晦,锻炼自己的组织能力,积聚人脉,获取民众支持。

---

① 龙在中国古代是"司农业气象"之神,乾卦以龙周而复始的六种状态来比拟人生成长的过程:初九:潜龙勿用——天寒地冻,万物蛰藏。九二:见龙在田,利见大人——天气转暖,万物萌动。九三:君子终日乾乾,夕惕若厉,无咎——天气始热,植物茂盛。九四:或跃在渊,无咎——进入雨季。九五:飞龙在天,利见大人——天气晴好,秋高气爽。上九:亢龙有悔——天气转冷,万物收成。上述观点参见秦广忱在《周易研究》1991年第3期上的《乾卦的"六龙季太阳历"》一文。

② 龙在中国传统文化中是权势、高贵、尊荣的象征,又是幸运和成功的标志。帝王与龙两位一体,使帝王神化,更具威严。帝王被称为"真龙天子";帝王有病,称"龙体欠安";帝王有恩赐,大臣口呼:"谢主龙恩";帝王所乘之车驾称之为"龙舆",其衣为"龙袍"……

九二爻是说:当你羽毛渐丰之时,就应该勇敢地到广阔天地中增长才干,此时,要争取德高望重之人的辅佐。

九三爻是告诫储君:虽说"天命靡常",但"惟德是辅"(《尚书》)。君子要像"天"那样勤勤恳恳,兢兢业业,始终保持警觉,不敢有丝毫疏忽懈怠,就不会有麻烦。

九四爻是说:经过潜、见、日乾夕惕的修炼,大鹏展翅,翱翔蓝天。无论是一帆风顺还是遭遇坎坷,都可放开手脚,勇于实践。

九五爻是说:当君子品德、才智、地位兼备,客观条件尽善尽美之时,要珍惜发展的大好时机,开创伟业。不过,此时仍要保持清醒的头脑,注意维护自己的政治形象。

上九爻是说:当你功成名就时,如果趾高气扬,目空一切,那终会失去民意,后悔的日子将在后面。

用九爻是说:奋发向上还要与臣民同心同德、同舟共济,群贤共治才能繁荣昌盛。

"乾"与"坤"卦一起被称为父母卦,其所阐发的人生哲理是普适性的,适用于人生的各个方面。

中国传统文化认为,人道与天道一致,人道本于天道。如孟子云:"诚者,天之道也;思诚者,人之道也"(《孟子·离娄上》)。清华大学校训中的"自强不息"即源于《乾》卦《大象传》:"天行健,君子以自强不息"。

总之,作为王者,要效法天,生生不息,始终如一,日月普照,造福大地。

【乾:卦辞解读】

[原文]乾(1),元亨(2),利贞(3)。

[译文]效法天道,元始亨通,前途光明。

[解读]天行健,君子当自强不息。

【注】

(1) 乾:卦名。帛书《易经》(以下简称帛《易》)作"键",指日月星辰运行的规律,喻指天道。

(2) 元亨:开始大亨通。元,初、始、大。亨:通。

(3) 利贞:沿着正确的途径就会吉利。利:用利于,吉利。贞,原指立杆测影测时节,后指占筮(上"卜"下"贝"),在《周易》中有观察、判断之意,引申义为正直、坚定、前程,预测未来等。

【乾:爻辞解读】

[原文]初九:潜龙(1)勿用(2)。

［译文］初九：幼龙，聚众。

［解读］要成为栋梁之才，必须要有根深叶茂的支撑环境。成就大事，要有人脉、会用人。得民心者得天下。

【注】

(1) 潜龙：幼龙。龙原指东方七宿星，甲骨文里就是东方七宿星的象形，也是骏马的代称。古代，以天子、龙代指君王。潜龙，原指七宿星隐约将现，喻指王族中的孩子。

(2) 勿用：指笼络人心，锻炼指挥才能①。勿，甲骨文中为象形字，本义是召集民众的旗帜，现多作副词，相当于"不"字。

［原文］九二：见(1)龙在田(2)，利见大人(3)。

［译文］九二：龙（离开水面）来到田野之上，宜有大人物的扶持。

［解读］蜷缩蛰伏是为了崭露头角，广阔天地，大有作为。在人生舞台上，要找准自己的导师，虚心求教。

【注】

(1) 见(xiàn)：古同"现"，有出现、呈露之义。

(2) 田：田野。

(3) 利见大人：宜于表现出大人物的风范。大人，泛指地位、品学高的人。在《周易》正文中，共出现十二次"大人"，常与"小人""君子"对举。"小人"一般指普通百姓，无贬义。

［原文］九三：君子(1)终日(2)乾乾(3)，夕惕若厉(4)，无咎(5)。

［译文］九三：君子白天奋斗不已，到了夜晚也不敢有丝毫的懈怠，这样即使遇到危险也会逢凶化吉。

［解读］与时偕行：既要勇往直前，又要居安思危。

【注】

(1) 君子：在《周易》中，"君子"一词一共出现十八次，泛指贵族，如王与诸侯及其储君等。

(2) 终日：整个白天，与"夕"相对。

(3) 乾乾：像天道一样兢兢业业，运行无误。两字连用强调其连续性。

(4) 夕惕若厉：晚上也保持警惕，犹如危险即将来临。夕，傍晚，夜。惕，警觉。若，象、如。厉，危险。

(5) 无咎(jiù)：没有麻烦和危害。咎，过失，灾害。

---

① 《康熙字典》"勿"条云：又通作物。《周礼·春官·司常》九旗杂帛为物。《周易》中勿字一共出现二十六次，其中"勿用"十一次，"勿恤"六次，"勿逐"三次，"勿药""勿恒""勿幕""勿忧""勿问""勿疑"各一次。多为召集、聚众之义。

[原文]九四:或⁽¹⁾跃在渊⁽²⁾,无咎⁽³⁾。

[译文]九四:龙或腾跃而起,或退居于渊,均不会有危害。

[解读]笑傲江湖,成功与失败都能担当。

【注】

(1) 或:不定代词,指某种有利时机。

(2) 在渊:和下一爻的"在天"相对,是指"在下层",也即"在野",而非"在朝"。渊与跃相对。

(3) 无咎:不会有什么过失和灾祸。

[原文]九五:飞龙在天⁽¹⁾,利见大人⁽²⁾。

[译文]九五:龙在天空自由翱翔,要树立大人形象。

[解读]天马行空,打造品牌。

【注】

(1) 飞龙在天:喻登上历史舞台,掌握权柄,随心所欲。

(2) 利见大人:与本卦九二爻字同但意不同,前者指成长阶段需要能人辅佐;本爻指强盛之时还需注意向世人展示和维护自己的领袖形象。

[原文]上九:亢龙有悔⁽¹⁾。

[译文]上九:骄傲的龙飞得过高必将会后悔。

[解读]盛极必衰,物极必反。

【注】

(1) 亢:穷高、极高。原指东方七星宿完全显现之后,角星宿就将逐渐西沉,让位于亢星宿。节气中,阳气也将开始衰退,阴气上升。

[原文]用九⁽¹⁾:见⁽²⁾群龙无首⁽³⁾,吉。

[译文]用九:遵循阳之道,平等相处,没有亢龙,吉利。

[解读]懂得进退之道,方能可持续发展。

【注】

(1) 用九:运用上述阳刚之道。九,泛指阳爻。

(2) 见(xiàn):古同"现",有出现、呈露之义。

(3) 首:指六爻之首,即上九爻的亢龙。

第二卦　坤——厚德载物，成人之美

（坤下坤上）

【原文】

（卦辞）坤，元亨，利牝马之贞。君子有攸往，先迷，后得主；利西南得朋，东北丧朋，安贞吉。

（爻辞）初六：履霜，坚冰至。

　　　　六二：直方大，不习，无不利。

　　　　六三：含章可贞，或从王事，无成有终。

　　　　六四：括囊，无咎无誉。

　　　　六五：黄裳，元吉。

　　　　上六：龙战于野，其血玄黄。

　　　　用六：利永贞。

【导读】

《坤》卦是关于阴柔之道的教诲。

卦辞是全卦的总纲。大意为：当君子处于从属地位时（牝马），要想成就一番事业（有攸往），必须像大地那样为人处事，才能不断提高心智（先迷，后得主），找到志同道合的盟友（利西南得朋，东北丧朋），有一个好的环境和氛围，有助于实现自己的理想（安贞吉）。

初六至六四爻从不同的侧面教诲效法大地的方法。初六爻是说：要有足够的警觉，透过现象看本质，有一叶知秋的观察与预测能力。

六二爻以直方大的土地为喻，告诫世人：基础比经验重要；要做一个正直高尚、胸怀宽广的人，厚积才能薄发。

六三爻是说：虽然你满腹经纶，有雄才大略，具备做一国之主的能力。但假如你没这个机遇时，就应该像大地那样，孕育万物，辅佐君王成就伟业。这也是对自己最好的保护，对得起列祖列宗。

六四爻是说：学会自律，约束自己的言行，不该说的话不说，不该花的钱不花。不图虚荣，不逞一时之快。

六五爻是对能走上政治舞台的赞美。

上六爻是从反面告诫:如果不效法大地厚德载物而相互争斗,其下场肯定是惨不忍睹。

最后的"用六"总结:能践行"坤"德,就可一帆风顺。

清华大学校训中的"厚德载物"即源于《坤》卦《大象传》:"地势坤,君子以厚德载物"。喻义君子要效法大地,宽广厚实,载育万物,成人之美。

乾卦和坤卦相辅相成,既强调人应效法天地,按自然秩序规范自己的行为,又强调人应发挥自己的主观能动性。

【坤:卦辞解读】

[原文]坤(1),元亨,利牝马(2)之贞。君子有攸往(3),先迷,后得主(4);利西南得朋,东北丧朋(5),安贞吉(6)。

[译文]君子(牝马)欲有所作为,若能效法大地,则元始,亨通,吉利。就会从不知所从,到有主见。分清敌我,聚合友朋,安居乐业,吉利。

[解读]谦以待人,虚以接物,兢兢业业,得道天助。

【注】

(1) 坤:卦名。指孕育万物的大地。

(2) 牝(pìn)马:母马,温顺、服从的象征,比喻还未成年或位于从属地位的王子。

(3) 君子有攸往:有理想的人志向远大。君子,泛指有理想有抱负的人。攸,所;往,将要。

(4) 先迷,后得主:初期宜学习他人,逐步自立。

(5) 利西南得朋,东北丧朋:往西南方可得到帮助,而东北方则反之。为什么说西南方与东北方有差异,可能是当时众所周知的与诸侯国之间的关系,西南方的为友邦。也有学者认为是风水的概念,我国位于北半球,坐北朝南,为向明而治,古时把管理国家称为"南面之术"①。

朋,本为贝串,古时的货币单位。假借为朋友之朋。在周易中,有时作前解,有时作后解。作"朋友"解的还有《泰》九二:朋亡;《豫》九四:勿疑朋盍簪;《复》卦辞:朋来无咎;《咸》九四:朋从尔思;《蹇》九五:朋来;《解》九四:朋至斯孚。作"财富"解的有《损》六五和《益》六二的"十朋之龟"。

(6) 安贞吉:所处的位置安顺,吉利。

【坤:爻辞解读】

[原文]初六:履(1)霜,坚冰至(2)。

---

① 南面之术由来已久,《礼记》中就有"天子负南问而立",后成为皇帝的金銮殿或宝座和我国广大地区住宅朝向的基本定式。《易传·说卦》中有"圣人南面而听天下,向明而治"之说。

[译文] 初六:脚踏上了霜,预示着严寒的冬天即将到来。

[解读] 为人处事要有前瞻性,要透过现象看本质。

【注】

(1) 履:踩、踏。

(2) 至:到来。

[原文] 六二:**直方大**⁽¹⁾,**不习**⁽²⁾,**无不利**。

[译文] 六二:平直、方正、辽阔的未垦之地,没有什么不好。

[解读] 素质比能力重要,为人大度、坦坦荡荡、光明磊落是可塑将才。

【注】

(1) 直方大:井田制时代,平直、方正、广阔为好地,在此喻指人的行为。

(2) 不习:未开垦之地,与卦辞中的牝马同,比喻未成年或处在从属地位的王子。

[原文] 六三:**含章可贞**⁽¹⁾,**或从王事**⁽²⁾,**无成有终**⁽³⁾。

[译文] 六三:具备领袖的才能,但为君王服务,即使自己无成,也能得到善终。

[解读] 甘为人梯,成人之美,善始善终。

【注】

(1) 含章可贞:像大地那样能孕育万物,可担重任。含,具备,隐而不露。章,原指音乐,喻指美德、才华。贞:正,行;引申义为前往、担当。

(2) 或从王事:或,也许。王事,君王之事。

(3) 无成有终:成,成就。终,终点。

[原文] 六四:**括囊**⁽¹⁾,**无咎无誉**⁽²⁾。

[译文] 六四:扎紧袋口,虽得不到称赞,也免遭祸患。

[解读] 谨言慎行,不图虚荣。

【注】

(1) 括囊:把口袋收紧,比喻约束自己。

(2) 无咎无誉:不会招来灾难,也不会带来荣誉。

[原文] 六五:**黄裳**⁽¹⁾,**元吉**⁽²⁾。

[译文] 六五:(手握权杖),着黄色衣裙,最为吉祥。

[解读] 要争取实现理想与抱负的平台。

【注】

(1) 黄裳:黄色的裙子。比喻因拥有权力或地位而受人瞩目。黄色是当时人心中最高贵的颜色;裳的本义为古代下身的衣服,带装饰性,主要是礼仪场合的装束。隋以后,皇帝常服黄袍;至唐,黄袍遂为皇帝之专服,僧众中职位较高者做佛事时可穿黄袍,普通人则不可。

(2) 元吉:元,至大。吉,吉利。

[原文]上六:**龙战于野**[1],**其血玄黄**[2]。

[译文]上六:龙在田野相互争战,两败俱伤①。

[解读]家和万事兴。

【注】

(1) 龙战于野:喻指诸侯争夺封地之战。龙,指《乾》卦上九爻中的"亢龙",与本卦卦辞中的"牝马"相对。野,按周朝的制度,王城外百里曰郊,郊外谓之牧,牧外谓之野。

(2) 其血玄黄:玄,黑色。玄黄为血与土混杂之后的颜色。

[原文]**用六**[1]:**利永贞**[2]。

[译文]用六:用坤道立世有利于长期守正。

[解读]胸怀宽广、博爱天下。

【注】

(1) 六:指上述阴爻之理。

(2) 利永贞:利,有利于。贞,沿着,正。

---

① 也有学者将"战"译为交合。认为此爻是说:"牝马"终于与"龙"亲密接触,修成正果。

第三卦　屯——打好基础，开创未来

（震下坎上）

【原文】

（卦辞）屯，元亨，利贞。勿用有攸往，利建侯。

（爻辞）初九：磐桓，利居贞，利建侯。

六二：屯如邅如，乘马班如，匪寇婚媾。女子贞不字，十年乃字。

六三：即鹿无虞，惟入于林中。君子几，不如舍。往吝。

六四：乘马班如，求婚媾。往吉，无不利。

九五：屯其膏，小贞吉，大贞凶。

上六：乘马班如，泣血涟如。

【导读】

《屯》卦从组织、人才、经济等方面论述初创时期的国家工作重点。卦辞在赞扬新生政权"元亨，利贞"的同时，告诫统治者，最要紧的是要网罗人才，构建组织机构。

初九爻进一步强调，要巩固政权，首先要注意宫殿的风水方位和分封诸侯。

六二、六四、上六爻以"乘马班如"为诗韵，唱和出在不同阶段"路在何方"的命题。

六二爻是说：创业初期，百废待兴、千头万绪之时，要耐得住寂寞，不要急于向外扩张。

六三爻是进一步解释，没有合适的人才时不能冒进。

六四爻是说：当巩固了基地，组建了机构，有了人才储备后，可以向外求扩张。

九五爻是说：保存实力、积累财富要适度，闭关守旧则有凶险。

上六爻描绘小富即安、不求上进的悲惨结局。

【屯：卦辞解读】

［原文］屯⁽¹⁾，元亨，利贞。勿用有攸往⁽²⁾，利建侯⁽³⁾。

［译文］新生（政权），元始亨通，前途光明。立君建国、赐封爵位，聚集民众，

开创事业。

[解读]创新创业,重在人才和组织架构。

【注】

(1) 屯(zhūn):卦名。初生、艰难。

(2) 勿用有攸往:召集队伍,准备做一番事业。勿用,聚众,参见《乾》卦初九爻注。有攸往,有所往。

(3) 建侯:赐封爵位,明确其职权及管辖范围。北方现在仍称村落为"屯子",可能是源于此。

【屯:爻辞解读】

[原文]初九:磐桓⁽¹⁾,利居贞⁽²⁾,利建侯。

[译文]初九:巩固新政权,(首先)要选好宫殿的风水,立君建国、赐封爵位。

[解读]事业草创,要争取一个好的环境,选对、培养好人才,完善组织架构。

【注】

(1) 磐桓:磐(pán),很大的石头。桓(huán),高大的树,古代立在驿站、官署等建筑物旁作标志的木柱。磐桓,用大石头固定柱子,喻指巩固初生的政权。

(2) 利居贞:选择好官府的风水方位。居,建筑。贞,守正。

[原文]六二:屯如邅如⁽¹⁾,乘马班如⁽²⁾,匪寇婚媾⁽³⁾。女子贞⁽⁴⁾不字⁽⁵⁾,十年⁽⁶⁾乃字。

[译文]六二:初期,徘徊,不要急着拓展,小女子才长成,过几年出嫁也不迟。

[解读]戒骄戒躁,不急于求成。

【注】

(1) 屯(zhūn)如邅(zhān)如:形容创业初期对道路的迷茫与徘徊。邅,绕圈子。如,语助词。

(2) 乘马班如:乘着马(车)到哪里去。班如,翻身下马,人马(车)分离。班,分。

(3) 匪寇婚媾:不要去求(抢)婚,喻不要向外扩张。匪,非,古二字相通。寇,求;前人多译为强盗,抢婚为当时的习俗。二解均可。婚媾,男女婚配,喻指向外扩张,部落融合。

(4) 贞:沿着,正,阶段。指女子已长大,比喻初生政权(屯)。

(5) 字:女子出嫁,生育。

(6) 十年:多年。

[原文]六三:即鹿无虞⁽¹⁾,惟⁽²⁾入于林中。君子几⁽³⁾,不如舍⁽⁴⁾,往吝⁽⁵⁾。

[译文]六三:狩猎时若无向导,是否深入林中啊?如是君子,应该选择放

弃;否则,势必困难重重。

[解读]没有合适的将才,欲速则不达。

【注】

(1) 即鹿无虞:打猎时没有向导,喻指缺乏人才。即,追逐。鹿是古人狩猎的主要对象,所以被用来比喻天下政权,类似用法如:逐鹿中原、群雄逐鹿。即,有靠近、接触之义。鹿,通麓,原指山脚,代指打猎。虞,古代掌管山林且又帮助君主狩猎的官。

(2) 惟:思量,揣度。

(3) 几:与前"即"通假,同义。

(4) 舍:放弃。

(5) 吝:困难。

[原文]六四:乘马班如,求婚媾⁽¹⁾,往吉,无不利。

[译文]六四:当条件具备时,向外拓展,会很吉利的。

[解读]筑巢引凤,为人才提供施展本领的舞台。

【注】

(1) 相对于六二爻的匪寇婚媾,是说"已居贞、已建候(有虞人)"之后的选择。

[原文]九五:屯其膏⁽¹⁾,小贞吉,大贞凶⁽²⁾。

[译文]九五:积累财富,保存实力,初期有必要;但强大之后还一味保守则凶(在平时应该珍惜财富,在关键时刻则不能吝啬)。

[解读]审时度势,与时偕行。

【注】

(1) 屯(tún)其膏:积聚财富。屯,聚集;其,指初九爻"居贞、建候"的政权。膏,脂肪,财富,即"民脂民膏"的喻义。

(2) 小贞吉、大贞凶:原指为小事占、为大事占,引申义为初期、将来。

[原文]上六:乘马班如,泣血涟如⁽¹⁾。

[译文]上六:走错了路,失望至极。

[解读]急功近利,最终伤心至极。

【注】

(1) 泣血涟如:泪水不断的样子。泣血,古人指无声泣哭。

第四卦　蒙——德智体美，启蒙有方

（坎下艮上）

【原文】

（卦辞）蒙，亨。匪我求童蒙，童蒙求我。初筮告，再三渎，渎则不告，利贞。

（爻辞）初六：发蒙，利用刑人，用说桎梏，以往吝。

九二：包蒙，吉。纳妇，吉；子克家。

六三：勿用取女。见金夫，不有躬，无攸利。

六四：困蒙，吝。

六五：童蒙，吉。

上九：击蒙，不利为寇，利御寇。

【导读】

《蒙》卦是关于教育的论述。卦辞开宗明义，教育才能开智，但要讲究方法，要激发受教育者的求知欲望和学习的积极性，树立为师者的威信。

在各爻中，则分别论述了教育的方法，提倡"发蒙""包蒙""童蒙"，用心要恒，反对"困蒙""击蒙"，重在防御。

初六爻是说：启蒙教育阶段就要为受教育者树立正确的价值观，学会明辨是非。

九二爻是说：教育要有耐心，要容忍循序渐进。

六三爻以女子出嫁为例，强调要注重孩子的礼仪教育，培养高尚的情操和道德准则，规范自己的行为。

六四爻反对一味读死书或死读书。

六五爻是说：教育要有爱心，如引导孩子那样循循善诱。

上九爻是说：教孩子习武是重在防御，而不是侵略。

蒙卦中的"渎则不告""利用刑人，用说桎梏""勿用取女""童蒙"等，说明在周易时代，先贤们就非常重视教育方法、榜样的力量和礼仪培养。"师者，所以传道授业解惑者也"（韩愈《师说》）。

《蒙》卦中阐述的教育原则、思想、方法是中国古代教育思想的发端，对于现代教育仍有重要的借鉴作用。

【蒙:卦辞解读】

[原文] 蒙(1),亨(2)。匪(3)我求童蒙(4),童蒙求我。初筮告(5),再三渎(6),渎则不告,利贞。

[译文] 启蒙,开智。不是我有求幼童,而应要其求于我。首次向我请教时,有问必答,若一而再、再而三地问(同一问题)则是对我不敬,可不予回答,这样做有利于其成长。

[解读] 激发孩子的求知欲,培养其独立思考能力。

【注】

(1) 蒙:卦名。教育。

(2) 亨:亨通,引申义为"开智"。

(3) 匪:非。

(4) 童蒙:泛指受未开化的受教育者。蒙,本义是描述丛生的草木将高地覆盖的状态,后引申为愚昧义,指人处在未开化、不明事理的状态。

(5) 初筮告:第一次占筮则告诉,此处指童蒙初次询问、求解。初,第一次。筮,占筮。

(6) 再三渎:接二连三乱问一气则是对我不敬。三,多。渎:轻慢;不敬。

【蒙:爻辞解读】

[原文] 初六:发蒙(1),利用刑人(2),用说桎梏(3),以往吝(4)。

[译文] 初六:启蒙,树立典型,远离犯罪;否则会陷入困境。

[解读] 开启心智,树立理想,学习榜样,遵纪守法。

【注】

(1) 发蒙:启发蒙昧之人。现今,仍用启蒙、发蒙指儿童入学接收正规教育。

(2) 利用刑人:有利于规范人的行为,刑借为"型"。

(3) 用说桎梏:不犯法的形象说法。用,以。说,在此读"脱"。古"说""脱"通用。桎梏,古代刑具,在脚称"桎",在手称"梏",引申义为"规矩,纪律"。

(4) 以往吝:要是不这样的话,那将有吝——造成麻烦,带来祸患。以往,舍此以往,除此以外,指如果不重视教育或教育方法不当。吝,麻烦,祸患。

[原文] 九二:包蒙(1),吉。纳妇(2),吉;子克家(3)。

[译文] 九二:包容蒙童的幼稚,吉。犹如对夫人有耐心,才有助于孩子的成长。

[解读] 循序渐进的培训有利于成就栋梁之才。

【注】

(1) 包蒙,吉:对教育对象——愚昧者要采取包容的态度,这样,教育的效果会更好。包,容纳。

(2) 纳妇:容忍妇女的缺点,这可能是轻视女性和重视传宗接代的原始记录。纳,包容,与前句的包互义。

(3) 子克家:后辈可持家。克,胜任。在古代统治者眼中,家和国是一回事,所以"克家"既指持家,也指治国。

[原文] 六三⁽¹⁾:**勿用取女⁽²⁾。见金夫,不有躬⁽³⁾,无攸利⁽⁴⁾**。

[译文] 六三:婚嫁要明媒正娶。见了有钱有势的男人即失去自我,可不行。

[解读] 用礼仪规范行为,培养道德高尚的人。朝秦暮楚、用心不诚、用情不专,必将一事无成。

【注】

(1) 笔者认为,本爻主题是关于要注重"礼仪"的教育。结构与上爻相同,开头可能省略了"某蒙"。

(2) 勿用取女:勿用,聚众,参见《乾》初九爻注。取女就是"娶女",《周易》中"娶"都作"取"。

(3) 见金夫,不有躬:她一见金夫,就管不住自己。金夫,阳刚、有钱或美貌的男子;躬,身子。

(4) 无攸利:(否则的话),没有什么好处。攸,所。

[原文] 六四:**困蒙⁽¹⁾,吝⁽²⁾**。

[译文] 六四:关门办学,不好。

[解读] 读万卷书,行万里路。

【注】

(1) 困蒙:"困"借为"捆"。

(2) 吝:不好。

[原文] 六五:**童蒙⁽¹⁾,吉**。

[译文] 六五:充满爱心的教育,吉。

[解读] 没有爱就没有教育。

【注】

(1) 童蒙,此处与卦辞中的"童蒙"有所差异,为"以童心施教"。

[原文] 上九:**击蒙⁽¹⁾,不利为寇⁽²⁾,利御寇⁽³⁾**。

[译文] 上九:教孩子习武的重点,不是攻击而是防御。

[解读] 强身健体,有备无患。

【注】

(1) 击蒙:多译成体罚受教育者。本文取兰甲云观点①,指习武教育。

(2) 为寇:主动进攻。

(3) 御寇:防御。

---

① 兰甲云.周易卦爻辞研究.长沙:湖南大学出版社,2006:122-131.

第五卦 需——保障民生，千方百计

（乾下坎上）

【原文】

（卦辞）需，有孚，光亨，贞，吉，利涉大川。

（爻辞）初九：需于郊，利用恒，无咎。

九二：需于沙，小有言，终吉。

九三：需于泥，致寇至。

六四：需于血，出自穴。

九五：需于酒食，贞吉。

上六：入于穴，有不速之客三人来，敬之，终吉。

【导读】

《需》卦是有关如何组织生产（农、工、商、虞、牧），满足国计民生之需的理论。卦辞提纲挈领地阐述原则（有孚、光亨）、方法（贞）和必要性（吉、利涉大川）。

前四爻是以渔业为例来说明，在不同的地区渔猎，可能会遇到的困难和应采取的策略。

初九爻是说：在没有什么人关注的贫瘠地区，关键是自己不能性急，要学会等待与坚持。

九二爻是说：祸福相依，但事在人为，有收获，就会产生争议（有关权属、嫉妒等），但因为收获不多，所以，问题也不是很大。

九三爻是说：在资源丰厚时，竞争也会激烈，此时更要规范自己的言行，以诚待人（有孚、光亨、贞）。

六四爻是说：在自己的势力范围内渔猎，不会引起争议。

九五爻是说：要为生产者提供足够的酒食，才有利于任务的完成。

上六爻是诠释"吉，利涉大川"：有了丰厚的物质基础，面临突如其来的变故（自然灾害、战争等），只要慎重应对，就会转危为安。

《需》卦反映了当时统治者的管理思想、忧患意识和化解矛盾的技巧，可能还反映了奴隶社会时代的蒙昧（靠掠夺解决所需）和周易作者趋向文明的努力。

【需:卦辞解读】

[原文] 需⁽¹⁾,有孚⁽²⁾,光亨⁽³⁾,贞吉⁽⁴⁾,利涉大川⁽⁵⁾。

[译文] 需,具备诚信的品德、对上天的虔诚,方可亨通顺利,宜于涉大河大川。

[解读] 充足的物质准备有利于成就大事。君子爱财,取之有道。

【注】

(1) 需:卦名。本卦的5个"需"字,注家多以为通"须""待",帛书中作"襦(rú)",通"缟(gǎo)",作动词,指用网捕鱼。从本卦综合分析,需,指渔猎,比喻从自然中获取国计民生所需。

(2) 有孚:有诚信。孚,诚信。"孚"字在《周易》中共出现四十二次,在通行本,这是头一次出现。《周易》的"孚"有三个蕴义:诚、实、信。最重要的是"诚"。诚之"孚"是一切成就的基础。

(3) 光亨:隆重的享祀。

(4) 贞吉:在《周易》中多次出现,其最初义应该是,贞问得吉,在书中多引申为继续前行,安顺,坚贞,吉利。

(5) 利涉大川:《周易》中共有十一句,字面义都是有利于涉过大河巨流的意思,大川犹如天堑,形成阻隔,应是喻指利于克服困难险阻,从事伟大的工程或事业。

【需:爻辞解读】

[原文] 初九:需于郊⁽¹⁾,利用恒⁽²⁾,无咎。

[译文] 初九:在郊野中等待(讯期),要有耐心,就不会有麻烦。

[解读] 持之以恒。

【注】

(1) 郊:土壤坚硬贫瘠之地,在打鱼时,"郊"指沙滩和河岸之间的坡地;此处喻指各方势力范围之外的地带。

(2) 利用恒:要有耐心才会(捕到鱼)。利,有利于;用,以;恒,恒心、耐心。

[原文] 九二:需于沙⁽¹⁾,小有言,终吉⁽²⁾。

[译文] 九二:在沙滩上小有收获(鱼),也引起一些口舌是非,最终得吉。

[解读] 向阳石榴红似火,背阴李子酸透心。

【注】

(1) 需于沙:在河床的沙滩之滨,潮水退后,常有多处水洼和搁浅的鱼。

(2) 小有言,终吉:当你拥有财富时会引起他人的嫉妒与非议,不过,因为收获并不大,所以不会引起大的麻烦。

[原文] 九三：需于泥⁽¹⁾，致寇至⁽²⁾。

[译文] 九三：在沼泽中捕鱼(收获颇丰)，以至招来盗寇。

[解读] 祸福相依。

[注]

(1) 需于泥：泥，指河漫滩凹地沼泽，因长年积水，其中淤泥、水草、鱼类丰富。

(2) 致寇至：和上一爻的"少有言"相呼应。福祸相依是周易中的一个重要教诲。

[原文] 六四：需于血⁽¹⁾，出自穴⁽²⁾。

[译文] 六四：在自己地头的浇灌渠中捕鱼(不会有争议)。

[解读] 了解自己所处的环境很重要。

[注]

(1) 血：应认作"洫"的借字。洫本义为浇灌用的水渠。东汉许慎《说文解字》："洫，十里为成，成间广八尺，深八尺，谓之洫。"

(2) 出自穴：意译为仍在自家封地。穴，为商周时掘地而成上盖草棚的半地穴式栖居地。

[原文] 九五：需于酒食⁽¹⁾，贞吉。

[译文] 九五：赋以酒食，渔猎会很顺利。

[解读] 民以食为天。

[注]

(1) 酒食：代指物质条件。

[原文] 上六：入于穴⁽¹⁾，有不速之客三人来⁽²⁾，敬之，终吉。

[译文] 上六：满载而归后，引来了一些不速之客，以礼相待，最终得吉。

[解读] 学会待人接物也能消祸免灾。

[注]

(1) 入于穴：回到居住的土屋。穴，同六四爻解。

(2) 有不速之客三人来：有一些人不请自来。不速之客后成为成语；三人，泛指多人。周易中有十九卦有"三"字，多是指"多"义，如"三渎""三驱""三锡命""三百户""三岁""三接""三狐""三就""三品"等。

第六卦　讼——祸福相依,免争少讼

(坎下乾上)

【原文】

(卦辞)讼,有孚窒,惕。中吉,终凶。利见大人,不利涉大川。

(爻辞)初六:不永所事,小有言,终吉。

九二:不克讼,归而逋,其邑人三百户无眚。

六三:食旧德,贞厉,终吉。或从王事,无成。

九四:不克讼,复即命,渝,安贞吉。

九五:讼,元吉。

上九:或锡之鞶带,终朝三褫之。

【导读】

《讼》卦是关于解决争端的原则与途径的教诲。在卦辞中,旗帜鲜明地提出诫讼主旨,认为争讼会让参与者道德缺失;在争讼中获胜也不是好事,赢了官司,挣了面子,但失去了诚信与人心,不利于将来做大事。

初爻至四爻阐述为什么要息诉及如何看待或化解已有的矛盾。

初六爻是说:不要走纠缠不休的诉讼之路,存在一些分歧没有关系,过一段时间就会好的。

九二爻是说:为了自己的子民不受牵连,不可意气用事,要学会放弃,退出争讼。

六三爻告诫:如果你是承袭祖业,最好兢兢业业地守成,不轻易争讼,才会有好的结果。就算你是当朝权贵,若迷信争讼,也不会有好结果。

九四爻是说:放弃争讼,遵从天命,安守正道,吉利。

在讨论了诫讼之后,最后两爻与卦辞中"中吉,终凶。利见大人,不利涉大川"相呼应:

九五爻说:诉讼胜了,还获得了很多荣誉或财富。

上九爻告诫:祸福相依,在争讼中得势,别高兴得太早,朝不保夕的隐患也许正等着你。

孔子曰:"恭则不侮,宽则得众,信则人任焉,敏则有功,惠则足以使人"(《论语·子路》)。孟子的"行有不得,反求诸己"(《孟子·离娄上》)和儒家主张的"万物并育而不相害,道并行而不相悖"(《中庸》)的为人之道、"诚讼""无讼"的价值观和"息讼"之术,可能源于此。

【讼:卦辞解读】

[原文]讼,有孚窒⁽¹⁾,惕⁽²⁾。中吉⁽³⁾,终凶⁽⁴⁾。利见大人,不利涉大川⁽⁵⁾。

[译文]争讼中,相互提防,不说实话。胜了官司,当然高兴,但从长远看却不见得是好事,赢了官司挣回了面子,但却不利于做大事了。

[解读]信,国之宝也,民之所庇也(《左传》)。

【注】
(1) 有孚窒:不再诚实。
(2) 惕:指争讼时,往往言过其实,互相攻击与防备。
(3) 中吉:指诉讼过程中获得上风。中为过程。
(4) 终凶:从长远看,即诉讼结束后并不好。
(5) 利见大人,不利涉大川:是对"中吉,终凶"的进一步解释。赢了面子(利见大人),失去了有孚(与人心),将来做不成大事。"利涉大川"见《需》卦辞解读。

【讼:爻辞解读】

[原文]初六:不永所事⁽¹⁾,小有言⁽²⁾,终吉。

[译文]初六:不纠缠,仅有一些言语之争,预后良好。

[解读]求大同,存小异。

【注】
(1) 不永所事:不为某件事纠缠不休。永,恒常、长久。所,其。事,讼事。
(2) 小有言:存在少量的不同意见。

[原文]九二:不克讼⁽¹⁾,归而逋⁽²⁾,其邑人⁽³⁾三百户⁽⁴⁾无眚⁽⁵⁾。

[译文]九二:放弃争讼,迅速撤回自己的封地①,三百户子民无碍。

[解读]君不争则百姓无害也②。

---

① 封建社会君主赏赐给亲信、贵族、臣属的土地称"采邑",也叫"封地""食邑"。受到这种赏赐的人必须效忠君主,并承担进贡和在战时提供兵员的义务;他们对采邑中的百姓有管辖权,并课征租税。封地初为终身占有,后变为世袭,盛行于周朝。
② 采自唐朝李鼎祚《周易集解》。"荀爽曰:'下与上争,即取患害,如拾掇小物而不失也。坤有三爻,故云"三百户,无眚"。二者,下体之君。君不争,则百姓无害也。'"

【注】
(1) 不克讼:撤出诉讼①。克,能够、完成。
(2) 归而逋(bū)②:为逋而归的倒装,指放弃争讼,迅速回归到自己的封地。逋:逃亡、拖欠、逗留。
(3) 邑人:诸侯所拥有的村社(国)成员。邑,《周礼·地官·小司徒》中有:"九夫为井,四井为邑……"之说。
(4) 三百户:三泛言多。
(5) 眚(shěng):目疾生翳,此引申为灾难。

［原文］六三:食旧德⁽¹⁾,贞厉⁽²⁾,终吉。或从王事,无成⁽³⁾。

［译文］六三:不论是承袭祖业还是为君王服务,(若喜欢争讼)都不会有什么好结果。(放弃争讼)⁽⁴⁾最终吉利。

［解读］积累与地位来之不易,当珍惜。

【注】
(1) 食旧德:食,享用。旧德,世袭封地官禄。
(2) 贞厉:继续下去将有危险。贞,长此以往。厉,危险。
(3) 或从王事,无成:与《坤》卦六三爻的"含章可贞,或从王事,无成有终"相比,少了"有终"。因此,可判断本爻是用对比的手法:前半句是说虽食旧德,如履薄冰,但不争强好胜,终吉;后半句是说,若喜讼好斗,就是当朝重臣,也不一定有好结果。
(4) 从前后爻分析和语意看,本爻省略了"不克讼"。

［原文］九四:不克讼⁽¹⁾,复即命⁽²⁾,渝⁽³⁾,安贞吉⁽⁴⁾。

［译文］九四:放弃争讼,做好自己的事,这种改变是安守正道,吉利。

［解读］与其花时间斗嘴,不如多做点实事。

【注】
(1) 不克讼:与九二爻同。
(2) 复即命:把注意力转移回来。复,返回。即,就。命,政令,喻争讼之前的工作重点。
(3) 渝:改变。
(4) 安贞吉:安于守正,吉利。

［原文］九五:讼,元吉⁽¹⁾。

---

① 前人多把"克"译战胜,将"不克讼"译成败诉。笔者认为,"不克讼"与初爻"不永所事"是相同表达,表示退出或放弃诉讼,才有下句的"归而逋"。
② 唐李鼎祚的《周易集解》引荀爽说即如此读。

[译文] 九五：诉讼获胜，大吉。

[解读] 祸兮福所倚，福兮祸所伏。

【注】

(1) 元吉：在诉讼中获胜。元，大。

[原文] 上九⁽¹⁾：或锡⁽²⁾之鞶带⁽³⁾，终朝⁽⁴⁾三褫之⁽⁵⁾。

[译文] 上九：若受赐鞶带，早晚也会被剥夺。

[解读] 捧得越高，摔得越重。

【注】

(1) 紧接九五爻，在诉讼中得胜，也许会得到重赏。名利双收，恐怕也会遭人嫉妒，得到的早晚会不保。

(2) 锡：通"赐"，赐予，赏赐。

(3) 鞶(pán)带：牛皮大带，用来佩玉等古代官服上的装饰品。

(4) 终朝：一天之内，言时间极短。朝，早朝；终，晚。

(5) 三褫之：所赐之物被夺回几次。三，多次。褫(chǐ)，剥夺。

第七卦 师——出师有名,取胜有道

(坎下坤上)

【原文】

(卦辞)师,贞,丈人吉,无咎。

(爻辞)初六:师出以律,否,臧,凶。

九二:在师中,吉,无咎。王三锡命。

六三:师或,舆尸,凶。

六四:师左次,无咎。

六五:田有禽,利执言,无咎。长子帅师,弟子舆尸,贞凶。

上六:大君有命,开国承家,小人勿用。

【导读】

《师》卦卦辞首先交代赢得战争的两个要素,即正义和得力的将帅。

初爻至五爻从不同的角度阐述如何带兵打仗。

初六爻是说:没有规矩不成方圆,必须有令即行、有禁即止。

九二爻是说:主帅坚守在指挥岗位才能迅速、有效地贯彻君王的指示。

六三爻是说:指挥不得力,部队无所适从,势必带来重大伤亡。

六四爻是说:水无常势,兵无常形,形势不利时就应该避敌锋芒。

六五爻呼应卦辞:战争,以成败论英雄,德高望重、有经验的人挂帅才能打胜仗。要是用无德无能之人挂帅,必遭灭顶之灾。

上六爻是以君主口吻激励下属要在战争中建功立业,经过战争考验的人才具备指挥能力,才有望得到更高的授权,挑更重的担子。

《师》卦可能是我国最早论述兵法的文献,它所反映的战争指导思想与规律,应是儒家军事思想的起源。

【师:卦辞解读】

[原文]师[1],贞[2],丈人吉[3],无咎。

[译文]出师有名,德高望重富有经验的长者统帅军队,吉祥,不会有灾祸。

[解读]正义之师还要有好的领头羊。

【注】

(1) 师:卦名。军队编制,古代泛指军队。《周礼》云:"二千五百人为师也。"师用作动词时,则指行军作战,出师征伐。

(2) 贞:正义之师。

(3) 丈人:德行、经验、智慧均堪当此任的统帅。

【师:爻辞解读】

[原文]初六:师出以律(1),否(2),臧(3),凶。

[译文]初六:出师征战要有严明的纪律,有令不行、有禁不止必然凶险。

[解读]步调一致才能得胜利。

【注】

(1) 师出以律:出兵作战当依乐律进退。师为动词。律,军队赖以号令进退的乐律,后引申为纪律、法律。

(2) 否(pǐ):不。

(3) 臧(zāng):善,好,古同"藏",指对军纪视而不见。

[原文]九二:在师中(1),吉,无咎。王三锡命(2)。

[译文]九二:(主帅)在中军,吉,无灾。王多次赐命。

[解读]领导者要找准自己的管理岗位,才能使政令畅通。

【注】

(1) 在师中:指挥官要在前线指挥。

(2) 王三锡命:亲临第一线,可及时传达君王政令,激励将士,随机应变。三,多次。锡,通赐。

[原文]六三:师或(1),舆尸(2),凶。

[译文]六三:长官指挥不力,必将给部队带来重大伤亡,凶险。

[解读]举棋不定就会贻误战机。

【注】

(1) 或:惑。

(2) 舆:车。

[原文]六四:师左次(1),无咎。

[译文]六四:率军暂时撤退,免受损失。

[解读]审时度势,不逞一时之勇。

【注】

(1) 左次:撤离。古人崇右,左为次、偏。

[原文] 六五:田有禽⁽¹⁾,利执言⁽²⁾,无咎。长子⁽³⁾ 帅师,弟子舆⁽⁴⁾ 尸,贞凶⁽⁵⁾。

[译文] 六五:围猎有所收获,才有话语权,麻烦也少。德高望重的人率领部队所向披靡,而无才小人领兵只会吃败仗,甚至全军覆没。

[解读] 战争以成败论英雄。

【注】

(1) 田有禽:打到了猎物。田,古代可以指"打猎",有,收获。禽,鸟、兽的总称。《恒》九四爻"田无禽",《解》九二爻的"田获三狐",《巽》六四爻"田获三品"皆为此意。

(2) 利执言:利,有利于,认同。执言,喻主帅对战争中使用的战略战术之表述。

(3) 长子:相当于卦辞中的丈人。

(4) 舆:车。

(5) 贞凶:照此下去,凶险。

[原文] 上六:大君⁽¹⁾有命,开国承家⁽²⁾,小人勿用⁽³⁾。

[译文] 上六:天子颁布诏命,封有功的将帅为诸侯、大夫,号令三军。

[解读] 实践(战争)是对干部德行最好的考验。

【注】

(1) 大君:君主。

(2) 开国承家:封为诸侯和大夫。开,设置、建立。国,诸侯的封地。家,大夫的封地。《左传·桓二年》也载:"天子建国,诸侯立家。"天子建国,即天子分封诸侯;诸侯分封大夫(立卿)。《史记》载:周初封国都不是很大,"齐晋秦楚,其在成周微甚,封或百里或五十里"(《史记·十二诸侯年表序》)。此时的一个封国其实就是以某一人为家长的扩大式家庭。

(3) 小人勿用:小人,指民众。勿用,聚集,指挥。参见《乾》卦初九爻注。

第八卦 比——和睦相处，诚信无价

（坤下坎上）

【原文】

（卦辞）比，吉（原筮：元永贞），无咎。不宁方来，后夫凶。

（爻辞）初六：有孚，比之无咎；有孚盈缶，终来有它，吉。

六二：比之自内，贞吉。

六三：比之匪人。

六四：外比之，贞吉。

九五：显比，王用三驱，失前禽，邑人不诫，吉。

上六：比之无首，凶。

【导读】

《比》卦是关于如何做好亲比（政治安抚）的教诲。卦辞高度评价了"比"的作用，吉。通过"比"，可冰释前嫌，睦邻友好。但对那些不识好歹的也不能一味迁就，必须恩威并施，不卑不亢。

初六爻强调亲比首先要守信，心诚则灵，好心会有好报。

六二、六三、六四爻是进一步说明有孚之比应不分对象，一视同仁。

六二爻是说：家和万事兴，首先要做好家国内部的工作。

六三爻是说：要不计前嫌，与和自己有过节、口碑不好的人改善关系，不将其拒之门外。

六四爻是说：不但要搞好内部的团结，还要与家族以外的人修好，搞好关系，

九五以君王狩猎为例，进一步说明坚持有孚之比。当你树立起自己的良好形象之后，就会得到民心。

上六爻是从反面补充说明，亲比虽好，但也不能迷失自我，如果一味求和，丧失了自己"王"的威严，那将是非常糟糕的。

【比：卦辞解读】

［原文］比⁽¹⁾，吉（原筮，元永贞）⁽²⁾，无咎。不宁方来⁽³⁾，后夫⁽⁴⁾凶。

［译文］睦邻修好，吉利，没过错。曾有过节的也会前来，但姗姗来迟者就不

友好了。

[解读]和为贵、诚为先,不卑不亢。

【注】

(1) 比:卦名。与人为善,主动修好为比。

(2) 原筮,元永贞:在此之前的编撰者是用"元永贞"的,《周易》作者在编书时简化为"吉",但将原文予以保留,故称原筮。

(3) 不宁方来:原来不太安分的诸侯,受亲比之道影响也来示好。

(4) 后夫:指"不宁方来"和乐于亲比之外的少数桀骜不驯的诸侯。

【比:爻辞解读】

[原文]初六:有孚,比之,无咎;有孚盈缶(1),终来有它(2),吉。

[译文]初六:真心示好,没有不妥。实心实意地为人处世,当你遇难时,也会绝处逢生。

[解读]好心必有好报。

【注】

(1) 有孚盈缶:充盈饱满的诚信(足够的诚信)。缶,瓦罐,酒器。盈,比喻孚的程度。

(2) 终来有它:遭遇困境时有意想不到的相助。终,绝境。

[原文]六二:比之自内(1),贞吉。

[译文]六二:亲近族人,结局完美。

[解读]家和万事兴。

【注】

(1) 内:家人。

[原文]六三:比之匪人(1)。

[译文]六三:与品行不端的人修好。

[解读]宽容也是美德。

【注】

(1) 匪人:帛书中"匪"作"非",义同,指行为不端之人。

[原文]六四:外(1)比之,贞吉。

[译文]六四:与外族人修好,结局完美。

[解读]朋友多了路好走。

【注】

(1) 外:与六二爻的"内"互文见义,是家族之外的意思。

［原文］九五：显⁽¹⁾比，王用三驱，失前禽⁽²⁾，邑人不诫⁽³⁾，吉⁽⁴⁾。

［译文］九五：君王用三驱之礼狩猎，所以，野兽都知道奔跑逃生之道。你若让天下了解你与人为善的品行，百姓就对你充满信任，吉利。

［解读］口碑是核心竞争力。

【注】

(1) 显：显露。

(2) 王用三驱，失前禽：指古代君主狩猎时，从三面驱赶猎物，舍弃往前方逃跑的。这种古老的狩猎礼仪有点类似于今天的休渔期，有意放走聪明、敏捷的猎物是为了物种的繁衍。此例用来比喻，君王坚持用三驱之法，连野兽都懂得在被围时拼命逃生。人际交往时，"显比"的作用更不容低估。

(3) 邑人不诫：封地中的人（国人）不存戒心。诫，帛书本就作"戒"，同义。

(4) 吉：指显比，吉。

［原文］上六：比之无首⁽¹⁾，凶。

［译文］上六：关系好到不分彼此，将有凶险。

［解读］距离产生美。

【注】

(1) 无首：没有首领，与乾卦"用九，见群龙无首"的"无首"意思一样。

第九卦 小畜——迁善改过,修身养德

(乾下巽上)

【原文】

(卦辞)小畜,亨。密云不雨,自我西郊。

(爻辞)初九:复自道,何其咎?吉。

九二:牵复,吉。

九三:舆说辐,夫妻反目。

六四:有孚,血去惕出,无咎。

九五:有孚挛如,富以其邻。

上九:既雨既处,尚德载,妇贞厉。月几望,君子征凶。

【导读】

《小畜》卦义是关于修身养德的教诲。卦辞用大家熟悉的天气现象来比喻小畜卦的基本思想:没有云的累积,何来骤雨?人,唯有不断地迁善改过,才能达到一定的高度。

初九爻是说:能自我调整,修正错误,是件好事。

九二爻是说:如果犯错的人不太自觉,要采取有力措施,帮助他回归正道。

九三爻用二个众所周知的决裂事例比喻与过去告别(或助人改过)要毅然决然,不念旧情。

六四爻是说:坚持以诚为上,不断修炼,就可克服胆小怕事、诚惶诚恐的缺点,逐渐强大起来。

九五爻是说:与邻里坦诚相待,维护好亲如手足的关系,可相得益彰。

上九爻与卦辞相呼应,又以天气作比喻,从另一角度提醒受教者:小畜,贵在积累、持盈保泰(密云不雨),如果一有成绩就翘尾巴(既雨既处、月几望),那肯定做不成大事。

【小畜:卦辞解读】

[原文]小畜[1],亨[2]。密云不雨[3],自我西郊[4]。

[译文]小畜,亨通。下雨之前,从西郊吹来的乌云密布。

[解读]：不断提高自身修养，止于至善，方能达到理想境界。

【注】

(1) 小畜(xù)：卦名。稍有积蓄，小有收获。畜，音义通"蓄"，畜养，积蓄，聚集。

(2) 亨：亨通顺利。

(3) 密云不雨：风起云涌，云层浓密，但暂时还没有下雨。

(4) 自我西郊：从西边郊外涌来的云层。

【小畜：爻辞解读】

[原文] 初九：复自道(1)，何其咎(2)？吉。

[译文] 初九：（自我觉悟）知错能返，不会受责备，吉。

[解读] 亡羊补牢，未为迟也。

【注】

(1) 复自道：返回应该走的路。结合九二爻的"牵复"，此爻应是自己能"复"。复，返。自，从。类似的如：《需·六四》"出自穴"，《夬·卦辞》"告自邑"，《姤·九五》"有陨自天"。

(2) 咎：麻烦，问题。

[原文] 九二：牵复(1)，吉。

[译文] 九二：被领回正道，吉。

[解读] 惩前毖后，治病救人。

【注】

(1) 牵复：被他人强拉着返回正道。牵，被动，勉强。在帛书中，"牵复"作"坚复"，坚决地、义无反顾地回到正道上来。

[原文] 九三：舆说辐(1)，夫妻反目(2)。

[译文] 九三：车身与车轴分离，夫妻反目为仇。

[解读] 告别过去、改正错误要毅然决然、一刀两断。

【注】

(1) 舆说辐：用车身与车轴的关系，形容原来紧密联系而现今分离。舆，车。说，脱。辐，即輹，指古代车子上连接车身与车轴的部件。

(2) 夫妻反目：比喻从形影不离到分离。夫妻，指主从、君臣关系。

[原文] 六四：有孚，血去惕出(1)，无咎。

[译文] 六四：心怀诚信，摈弃忧虑，排除惊惧，无灾。

[解读] 滴水穿石，百炼成钢。

【注】

(1) 血去惕出:血是借为恤,忧虑的意思。惕,惧怕、恐慌、戒备。

[原文] 九五:有孚挛如⁽¹⁾,富以其邻。

[译文] 九五:以诚信维系关系,因邻居而富。

[解读] 诚实守信,亲密协作,共同富裕。

【注】

(1) 挛(luán)如:互相牵系。如,为助词。

[原文] 上九:既雨既处⁽¹⁾,尚德载⁽²⁾,妇贞厉⁽³⁾。月几望⁽⁴⁾,君子征凶⁽⁵⁾。

[译文] 上九:雨下即止、月满即亏,这都是德行不足而致。妇人如此,危险;君子如此,则凶。

[解读] 有点成绩就翘尾巴,眼光短浅,小富即安是没什么大出息的。

【注】

(1) 既雨既处:云层蓄集,虽已下雨,但很快又停了。既,已。处,居,止。

(2) 尚德载:雨难以持续,是因为蓄集不足,要继续修德、承奉。尚,副词,依然,还。

(3) 妇贞厉:妇人总是"既雨既处"是不好的。贞,正,一直。厉,危险。

(4) 月几望:月亮刚圆,就变亏,是既雨既处的另一种表达。帛《易》作"月既望",每月十六日为既望。既望之后,月盈而亏。

(5) 君子征凶:如果君子"既雨既处",就像月亮一样,十五刚圆十六就亏,那发展下去必将误己误国。"君子征凶"与"妇贞厉"相对,妇人有几分颜色就开染坊很不好,而系家国于一身的君子,如稍有起色就止步不前,那就更糟糕。征:继续、发展。

第十卦　履——诚惶诚恐，化险为夷

（兑下乾上）

【原文】

（卦辞）履虎尾，不咥人，亨。

（爻辞）初九：素履，往无咎。

九二：履道坦坦，幽人贞吉。

六三：眇能视，跛能履。履虎尾，咥人，凶。武人为于大君。

九四：履虎尾，愬愬，终吉。

九五：夬履，贞厉。

上九：视履考祥，其旋元吉。

【导读】

《履》卦是有关谨慎处世的教诲。卦辞是全卦的总纲，是说谨小慎微、常怀忧患之心，才能在危机四伏的形势下保全自己。

初九爻是说：处处小心，时时注意，就不会有麻烦。

九二爻是对初九爻的补充：只要小心，就可克服先天的不足。如盲人走路时边探边行，也能走得很顺利。

六三爻用对比的方法说：只要小心，眼不好可看见，腿不好能行走；掌控国家，犹如在老虎屁股后面行走，弄得不好，它会咬人的。如果莽撞、好强斗胜的武夫若为君王，是要出大事的。

九四爻与卦辞呼应说：当位于险境时，诚惶诚恐、小心对待，最终有可能化险为夷。

九五爻说：刚愎自用、独断专行必遭报应。

上九爻是说：遇事不可惊慌失措，须仔细观察、从容应对，三思而后行方可逢凶化吉。

西周以后，"履"就是指"礼"。《礼记》："礼者，人之所履也。"《易传》作者认为："履，德之基也。"东汉许慎的《说文解字》："礼，履也，所以事神致福也。"

战战兢兢、如临深渊、如履薄冰、居安思危、行为谨慎等成为中华民族尤其是古代知识分子的价值理念。

【履:卦辞解读】

[原文]履⁽¹⁾虎尾,不咥人⁽²⁾,亨⁽³⁾。

[译文]跟在老虎屁股后面而不被其咬,亨通。

[解读]小心驶得万年船。

【注】

(1) 履:卦名。鞋,踩,行路。

(2) 不咥(dié)人:不咬人,不反击。

(3) 亨:顺利。与《乾·九三》"君子终日乾乾,夕惕若厉,无咎"和《坤·初六》"履霜,坚冰至"有相通之处,指虽处险境,但只要小心翼翼,则不会有事。

【履:爻辞解读】

[原文]初九:素履⁽¹⁾,往无咎。

[译文]初九:处处小心,到什么时候都没有灾祸。

[解读]"兢兢业业,如霆如雷"(语出《诗经·大雅·云汉》)。

【注】

(1) 素履:处事谨慎、多思。素,洁白,平常。韦昭注:"素,犹豫也。"

[原文]九二:履道坦坦⁽¹⁾,幽人⁽²⁾贞吉。

[译文]九二:盲人小心翼翼地边探边行,走得很顺利。

[解读]谨言慎行才能一帆风顺。

【注】

(1) 坦坦:非常平坦通达。

(2) 幽人:盲人。

[原文]六三:眇能视,跛能履⁽¹⁾。履虎尾,咥人,凶⁽²⁾。武人为于大君⁽³⁾。

[译文](若谨慎)偏盲能视,脚跛可行。踩在老虎尾巴上,(老虎)会咬人的。(如果莽撞)(犹如)武夫当君王,会闯祸的。

[解读]谨小慎微可自保。若不自量力,妄自尊大,灾祸将不期而至。

【注】

(1) 眇(miǎo)能视,跛能履:无其能而为其事。眇,瞎眼。

(2) 卦辞中"履虎尾,不咥人",而本爻是"履虎尾,咥人,凶",这体现了不同的语境,小心为上。

(3) 武人为于大君:只会逞一时之勇而无智谋的一介武夫做统领全局的君王。大君,君王。

[原文] **九四:履虎尾,愬愬**[1]**,终吉。**
[译文] 九四:战战兢兢地跟在老虎后面,最终不会出什么事。
[解读] 夙夜在公、宵衣旰食、如履薄冰、如临深渊才能到达理想彼岸。
[注]
(1) 愬(sù)愬:小心翼翼。愬,畏惧貌。邓球柏先生从帛《易》,作"朔朔","人遇难而不惧,历险而不惊,头脑清醒谓之朔朔"。

[原文] **上九:夬履**[1]**,贞厉。**
[译文] 九五:贸然行动,危险。
[解读] 蛮干将付出代价。
[注]
(1) 夬(guài)履:决然而行。夬,决然。

[原文] **上九:视履考祥**[1]**,其旋**[2]**元吉。**
[译文] 上九:审视履行,考察福祸吉凶,重新来过,吉。
[解读] 调研与论证是成功的前提。
[注]
(1) 视履考祥:审视行为,考察福祸吉凶。视,审视。考,考察。祥,福祸。
(2) 旋:回头向下。

第十一卦　泰——舍得付出，才有回报

（乾下坤上）

【原文】

（卦辞）泰，小往大来，吉，亨。

（爻辞）初九：拔茅茹，以其汇，征吉。

九二：包荒，用冯河，不遐遗。朋亡，得尚于中行。

九三：无平不陂，无往不复。艰贞无咎，勿恤其孚，于食有福。

六四：翩翩不富，以其邻，不戒以孚。

六五：帝乙归妹，以祉，元吉。

上六：城复于隍，勿用师。自邑告命，贞吝。

【导读】

《泰》卦是有关得失的教诲。卦辞是全卦的主旨：要想有大的回报，首先要舍得付出。

初爻是说：茅草的根都彼此交错，人世间的事物更有其内在的联系。天上不会无缘无故的掉馅饼，明白这个道理，会诸事顺利。

九二爻以生活中的例子来说明：失去，不一定是坏事。葫芦长老后成了个空囊，看似无用，但用作过河的救生浮子却能帮大忙。虽然花了一些钱，但换来了旅途中的舒适。

九三爻是说：万事万物，没有不变的道理，但无论如何变化，只要小心翼翼，不违反自然规律，耐得住寂寞，困难就会过去，好日子终会来临。

后三爻以具体实例谈"小往大来"。六四爻说：为了友邦的安危，不要吝惜钱财，无私的帮助（小往）换来的患难之交（大来）最可靠。

六五爻以帝乙归妹的例子来说明：为了国家的根本利益，连帝乙都能不顾王者的面子割舍亲情，从而换来和平。

上六爻是举战争中的一个实例来说明：要对下属充分授权，才能应对瞬息万变的局面（放出去的权力事小，战争的胜负事大）；墨守成规的瞎指挥肯定是不行的。

《泰》卦在哲理思维上已达到相当的境界，其"小往大来""无平不陂""无往不复"的思想对传统哲学的理论构建,影响至为深远。

【泰:卦辞解读】

[原文] 泰$^{(1)}$,小往$^{(2)}$大来,吉,亨。

[译文] 泰,小的走了,大的来了,吉利亨通。

[解读] 认清此消彼长的规律,吉利亨通。

【注】

(1) 泰:卦名。大而圆滑、通畅、安定、宽裕。帛《易》中的《大畜》《大壮》《大过》三卦的"大"字均写作"泰",泰与大通用。

(2) 往:去。

【泰:爻辞解读】

[原文]初九:拔茅茹$^{(1)}$,以其汇$^{(2)}$。征吉$^{(3)}$。

[译文] 初九:拔茅草牵连其类。(明白这个道理)顺利吉祥。

[解读] 透过表象看到其内部的联系与发展规律。

【注】

(1) 拔茅茹:要拔茅草。茅,茅草。茹,要。

(2) 以其汇:因为根而缠在一起。以,因为。其,它们,指茅。汇,根。

(3) 征吉:原为评价性占断辞,引申义为如此,吉利。征,远行。吉,吉利。

[原文]九二:包荒$^{(1)}$,用冯河$^{(2)}$,不遐遗$^{(3)}$。朋亡$^{(4)}$,得尚于中行$^{(5)}$。

[译文] 九二:葫芦成熟后,变成了空囊,但人们可借助它涉过长河,而不被冲走。失去一些钱财,途中却得到帮助。

[解读] 有失必有得。

【注】

(1) 包荒:指葫芦成熟之后内部为空心,可借助其浮力作救生之用。包,借为匏,指葫芦。荒,空。参见《诗经·国风·邶风·匏有苦叶》。

(2) 冯河:徒涉过河。典出《诗经·小雅·小旻》:"不敢暴虎,不敢冯河。"空手搏虎,徒步渡河,比喻冒险行事,有勇无谋。

(3) 不遐遗:没有被丢失。遐,偏远。遗,遗弃。

(4) 朋亡:金钱损失。朋,钱币。

(5) 得尚于中行:途中得到帮忙,可能指交通工具类的改善。尚,增加。中行,中途。

[原文] 九三:无平不陂$^{(1)}$,无往不复$^{(2)}$。艰贞无咎,勿恤其孚$^{(3)}$,于食$^{(4)}$

有福。

[译文]九三：没有平地不变为陡坡的，没有只出去不回来的，处在艰难困苦的环境中坚守正道就没有灾害，不要为眼下的困难担忧，丰衣足食的好日子在后面。

[解读]盛极必衰，否极泰来。思我所思，行我所行，艰苦奋斗，坚守正道，诚信自有好报。

【注】

(1)陂：斜坡。

(2)复：返回。

(3)勿恤其孚：更加小心地遵守自然之道。勿，众。恤：忧虑。孚，指"无平不陂，无往不复"的规律。

(4)于食：在饮食上，与艰贞对应。食：郑玄注"食，俸禄也"。

[原文]六四：翩翩不富(1)，以其邻(2)，不戒以孚(3)。

[译文]虽不断有收成，但仍不富裕，这是为了支援友邻而消耗之故；修好的结果是互不戒备，以诚相待。

[解读]散尽千金只为情。

【注】

(1)翩翩不富：有很多收成，但仍不富裕。翩翩：鸟快速扇动翅膀飞翔的样子，喻频繁地增加财富的过程。

(2)以：与，为。

(3)不戒以孚：诚信相处，互不提防。戒，戒备。

[原文]六五：帝乙归妹(1)，以祉(2)，元吉。

[译文]六五：帝乙嫁女（予姬昌），以此得福，开始即吉。

[解读]塞翁失马，焉知非福。

【注】

(1)帝乙归妹：帝乙嫁女给姬昌（周文王）。帝乙：商纣王帝辛的父亲，是当时的最高统治者，各诸侯国的共主。归妹：嫁女。归，女子出嫁。妹，少女。"殷周和亲"的史实在《诗经·大雅·大明》和《归妹》卦等均有记载①。

---

① 商王帝乙为了避免腹背受敌，也为了修好因其父杀姬昌（周文王）之父而紧张的商周间的臣服关系，决定将女儿嫁与姬昌，采用和亲的办法来缓和商周矛盾，稳定全局，希望唇齿相依的商周两国之间彼此不计前嫌，亲善相处。帝乙亲自择定婚期，置办嫁礼，并命姬昌继其父为西伯候。成婚之日，西伯亲去滑水相迎，以示其郑重之极。双方皆大欢喜，商周重归于好。此事史称"帝乙归妹"。

（2）以祉：有福。祉，福。

[原文] 上六：**城复于隍**⁽¹⁾，**勿用师**⁽²⁾。**自邑告命**⁽³⁾，**贞吝**⁽⁴⁾。

[译文] 上六：城墙倒塌于城壕中，大军长驱直入，可京城来的诰命却不切实际，让人无所适从。

[解读] 实事求是。将在外，君命应有所不受。

【注】

（1）城复于隍(huáng)：城墙倒了，筑城的土又回到原处。复，覆。隍，干涸的护城河称隍，有水的称池。先秦筑城用土，原来取土的地方成了干涸的护城河。

（2）勿用师：挥动旗帜指挥部队前进。勿，挥旗，参见《乾》卦初九爻注。师，部队。

（3）告命：即诰命，指王命文书，如《尚书·周书》载有《大诰》《康王之诰》等篇。

（4）贞吝：前线情况瞬息万变，总靠来自京城的指示，情况会很糟糕。

第十二卦　否——阿谀奉承，小来大往

（坤下乾上）

【原文】

（卦辞）否之匪人，不利君子贞，大往小来。

（爻辞）初六：拔茅茹，以其汇。贞吉，亨。

六二：包承，小人吉；大人否，亨。

六三：包羞。

九四：有命，无咎，畴离祉。

九五：休否，大人吉。其亡其亡，系于苞桑。

上九：倾否，先否后喜。

【导读】

《否》卦与《泰》卦互为补充，《泰》卦说要投资和授权，方能"小往大来"。《否》卦主是说要明辨是非，逆耳忠言要听之，阿谀奉承要拒之，否则"小来大往"。《泰》卦谈舍得付出，《否》卦是要学会拒绝。

卦辞认为，"否"事关重大，接受了不该接受的或拒绝了不该拒绝的人，将对君子的事业不利，是捡了芝麻丢了西瓜。

初六爻几乎与《泰》卦初九爻相同，仍然是说事物之间有关联，能认识到其错综复杂是非常好的。

六二、六三爻是说：哪些情况下应该"否"。吹捧的语言、送来的钱财（小来），民间往来无可厚非（小人吉），作为君侯则不能享用（大人否），否则就是得"小"而失去"大"。

九四爻是对六三爻的补充：来自君王的赏赐不需要拒绝，可让部下分享福祉。

九五爻是说：招天下贤士，广开言路。生于忧患，死于安乐。忠言逆耳，有人给你敲警钟，灌输危机意识是件好事，这样，江山社稷反而固若金汤。

上九爻是说：假如曾经犯过糊涂（喜欢听奉承、乐于收贿赂、听不进忠言……），如果意识到自己的不对，分清是非，不再"否"，那一切都会好起来。

《泰》《否》二卦中"祸兮福之所倚，福兮祸之所伏"（《老子·五十八章》）、透过现象看本质的世界观和方法论和义高于利、实事求是、大公无私、国家利益至上的价值观等,虽然有明显的时代烙印,但仍有相当大的现实指导意义。

【否:卦辞解读】

[原文] 否之匪人⁽¹⁾,不利君子贞,大往小来。

[译文] 拒绝看不顺眼的人,对事业很不利,实为失大捡小。

[解读] 有容乃大。

【注】

(1) 否(pǐ)之匪人:拒绝持不同政见或有过失之人。否,卦名。闭塞,阻隔不通。之,于,对于。匪人,感情上格格不入的人。匪,非。

【否:爻辞解读】

[原文] 初六⁽¹⁾:拔茅茹,以其汇。贞吉,亨。

[译文] 初六:拔茅草牵连其类。(明白这个道理)顺利吉祥,亨通。

[解读] 透过表象能看到其内部的联系与发展规律。

【注】

(1)这条爻辞与《泰》卦初爻的爻辞基本相同(末后多了个"亨"字),"贞吉"在那里为"征吉",二字古音相同而误或通假,《周易》中,"贞吉"共有三十三处(有时冠以"小""安""永"),"征吉"共五处。

[原文] 六二:包承⁽¹⁾,小人吉;大人否⁽²⁾,亨。

[译文] 六二:阿谀奉承对小人管用,君子不热衷于此为好。

[解读] 管理中离不开激励,但作为领导者须对奉承之言保持清醒头脑。

【注】

(1) 包承:受用阿谀奉承。包,接受。
(2) 大人否:君子将阿谀奉承拒之门外。

[原文] 六三:包羞⁽¹⁾。

[译文] 六三:收进献的财物。

[解读] 千里之堤,溃于蚁穴。

【注】

(1) 羞:甲骨文为以手奉羊为进献之象。持羊进献有两种情况:一为膳夫,故通馐(xiū);二是投降者献牲以为礼,有耻辱之感,引申为羞耻的羞。此爻紧接六二爻的话题,指接受他人物质贿赂,后面似省略了上爻的"小人吉,大人否,亨"。

[原文] 九四:有命⁽¹⁾,无咎,畴离祉⁽²⁾。

[译文] 九四:(接受)君子的赏赐,无咎,众人依附同得福祉。

[解读] 接受合法、正当的收益心安理得。

【注】

(1) 有命:与《师·上六》的"大君有命"相同,指君子的命令。结合前二爻,意为接受来自君王的赏赐。

(2) 畴离祉:大家享受此福,光宗耀祖。畴,众。离,附、收获。祉,福。

[原文] 九五:休⁽¹⁾否,大人吉⁽²⁾。其亡其亡⁽³⁾,系于苞桑⁽⁴⁾。

[译文] 九五:广开言路,大人吉。天天念叨危在旦夕,江山却如系在桑树丛上的绳子一样牢固。

[解读] 生于忧患,死于安乐。

【注】

(1) 休:停止。

(2) 大人吉:君子采纳休否之策,吉利。与六二爻的"大人否"相对。

(3) 其亡其亡:可能指广开言路时,七嘴八舌,甚至危言耸听。

(4) 系于苞桑:系,拴住。苞桑,一丛桑树。桑树根牢固,一丛桑树的根更牢固,极言其拔不动。

[原文] 上九:倾否⁽¹⁾,先否后喜。

[译文] 上九:结束了否,转悲为喜。

[解读] 否极泰来。

【注】

(1) 倾否:闭塞倾倒,即结束闭塞的意思。倾,倾倒。

第十三卦 同人——聚众修好,开创伟业

（离下乾上）

【原文】

（卦辞）同人于野,亨。利涉大川,利君子贞。

（爻辞）初九:同人于门,无咎。

六二:同人于宗,吝。

九三:伏戎于莽,升其高陵,三岁不兴。

九四:乘其墉,弗克攻,吉。

九五:同人,先号咷而后笑,大师克相遇。

上九:同人于郊,无悔。

【导读】

《同人》卦是关于聚众修好的教诲。卦爻辞中的"门""宗""郊""野"均是指"同人"的范围。卦辞是说:作为君子,要团结一切可以团结之人,方有利于排除艰难险阻,开创伟业。

在爻辞中,分别论述了团结(同人)的对象、原则和好处。初九和上九爻讨论"同人"的对象,六二至九五爻议的是"同人"的原则和注意事项。

初九爻是说:首先要搞好家族的团结,后院不能起火。

六二爻是告诫:不要搞分裂,在一个团队中,如果拉帮结派,那就麻烦了。

九三爻是说:在交往中要言行一致,以诚相待。如果各自心怀鬼胎,口蜜腹剑,那双方的关系很难得到改善,不会有什么进展。

九四爻是说:与人相处,贵在礼让,切不能仗势欺人,以强凌弱,得饶人处且饶人。

九五爻是与卦辞呼应:你若能做到"同人于野",就可"利涉大川"。朋友多了路好走,当你在战争中处于险境、悲观绝望之时,你的"同人"会及时伸出援手,转败为胜,否极泰来。

上九爻是对九五爻的小结:事实证明,善有善报。经过战争的洗礼,会更加坚定"同人"的信念,海内存知己,天涯若比邻,无怨无悔。

成语"金兰之友"源于孔子对此卦的阐发:"二人同心,其利断金;同心之言,

其臭如兰"(《易传·系辞上》)。中华民族素有"天时不如地利,地利不如人和"(《孟子·公孙丑下》)、"众心成城,众口铄金"(《国语·周语下》)等文化和价值观。

【同人:卦辞解读】

[原文] 同人(1)于野(2),亨。利涉大川(3),利君子贞。

[译文] 尽可能地团结人,亨通。宜于涉越大河,利君子行正道。

[解读] 人心齐,泰山移。

【注】

(1) 同人:卦名。有"团结、协同、亲辅"之意。

(2) 于野:广泛。于,在。野,原指田野。结合各爻分析,"野"泛指所有的人际关系:在国内,指亲信之外的关系;在诸侯国,指所有的邻邦。《尔雅·释地》说:"邑外谓之郊,郊外谓之牧,牧外谓之野。"

(3) 利涉大川:有利于做大事。见《需》卦卦辞解读。

【同人:爻辞解读】

[原文] 初九:同人于门(1),无咎。

[译文] 初九:家族内部和睦相处,不会有什么灾祸。

[解读] 家和万事兴。

【注】

(1) 门:此处为家族、门派。

[原文] 六二:同人于宗(1),吝。

[译文] 六二:(仅)和本宗本派的人和睦相处,必然会惹来一些麻烦(2)。

[解读] 海纳百川,有容乃大。

【注】

(1) 宗:宗派,党派,比"门"的范围要广。

(2) 同人的范围比"门"广,但"吝"。这可能是补充初九爻,意指要搞好内部团结,但不能仅限于内部。

[原文] 九三:伏戎于莽(1),升其高陵(2),三岁不兴(3)。

[译文] 九三:(暗地里)伏兵密林,(表面上)却高调缔结盟约,必致多年不兴。

[解读] 笑里藏刀无诚意。

【注】

(1) 伏戎于莽:设伏兵于密林之中。伏,埋伏。戎,军队。莽,密林。

(2) 升其高陵:指高调缔结盟约。陵,高岗。

(3) 三岁不兴:为人两面三刀,时间再长也不会建立友情。三,多。兴,热烈、兴旺。

[原文] 九四:乘其墉⁽¹⁾,弗克攻⁽²⁾,吉。

[译文] 九四:已登上他国的城墙,而不再继续进攻,吉。

[解读] 七擒七纵得人心①。

【注】

(1) 乘其墉:登上城墙。墉,城墙。

(2) 弗克攻:不再攻克。弗:不。克攻:攻克。

[原文] 九五:同人。先号咷⁽¹⁾而后笑,大师克相遇⁽²⁾。

[译文] 九五:面临绝境,悲鸣之时,盟军出手相助,胜利后会师,畅怀大笑。

[解读] 千里难寻是朋友,朋友多了路好走。患难之中见真情。

【注】

(1) 先号咷(táo):大声痛哭。咷,同啕。此句可能有两层意思:"先",指同人的过程之中,牺牲自己的利益和地位,培植盟友的关系;也可能指战争中被困,孤军奋战,险象环生。从全卦主旨看,前解更贴切。

(2) 克相遇:胜利会师。克,战胜。

[原文] 上九:同人于郊⁽¹⁾,无悔。

[译文] 上九:与王城之外的人和同亲辅,无悔。

[解读] "君子敬而无失,与人恭而有礼,四海之内皆兄弟也"(《论语·颜渊》)。

【注】

(1) 郊:郊外,泛指。参见卦辞"同人于野"注解。

---

① 三国时,诸葛亮出兵南方,将当地酋长孟获捉住七次,放了七次,使他真正服输,不再为敌。

第十四卦　大有——持盈保泰，吉无不利

（乾下离上）

【原文】

（卦辞）大有，元亨。

（爻辞）初九：无交害，匪咎艰，则无咎。

　　　九二：大车以载，有攸往，无咎。

　　　九三：公用亨于天子，小人弗克。

　　　九四：匪其彭，无咎。

　　　六五：厥孚，交如威如，吉。

　　　上九：自天祐之，吉，无不利。

【导读】

《大有》卦是关于"大获所有"之时要力戒骄奢淫逸，妥善安保"富庶"的教诲。卦辞是说：拥有并维持昌盛富有的局势非常好。

初九爻是说："大有"之时，如能戒"骄"字，就抓住了问题的根本。

九二爻是说：在"车载斗量"的丰收之时，规划和从事以前经济拮据时不敢想、不敢做的事，这是正当的。也就是说，有经济实力时，可以把钱用在正道上，做大事、做实事。

九三爻是说：丰收之时也不要铺张浪费、大手大脚，不能因为有钱了，就乱讲排场。

九四爻是说：腰包鼓了，仍要低调，切不可目中无人，飞扬跋扈。

六五爻是说：国家富裕了，更要一如既往施行德治，爱民如子，让百姓沐浴在君王的恩泽之中。

上九爻是说：在"大有"盛世之时，还要"明治"，这样才能得到"天祐"，长保江山社稷基业长青。

"满招损，谦受益"。老子云："慎终如始，则无败事"。成功之时，丰收之余，当念《朱子家训》之曰："一粥一饭，当思来之不易；半丝半缕，恒念物力维艰。"

【大有：卦辞解读】

［原文］大有[1]，元亨。

[译文] 丰收之年,非常亨通。

[解读] 国富民强,欣欣向荣。

【注】

(1) 大有:卦名。丰收之年。古时,丰年曰"有",大丰年曰"大有"。

【大有:爻辞解读】

[原文] 初九:无交害(1),匪咎艰(2),则无咎。

[译文] 初九:如无骄横奢侈之害,就没有了祸根,所以不会有灾。

[解读] 骄傲是失败的开始。

【注】

(1) 无交害:没有骄奢淫逸的毛病。交,放纵、骄横。

(2) 匪咎艰:未涉及利害。匪,没有,帛《易》作"非"。艰,通根,即根源;帛《易》作"根"。

[原文] 九二:大车以载(1),有攸往(2),无咎。

[译文] 九二:实力丰厚时,有所为,无灾。

[解读] 有实力,可办大事。

【注】

(1) 大车以载:形容丰收时的殷实。以:用以,用来。

(2) 有攸往:有所往。

[原文] 九三:公用(1)亨(2)于天子(3),小人(4)弗克。

[译文] 九三:诸侯进贡时,天子宴享答谢,而对一般民众则无必要。

[解读] 按章办事,开源节流。

【注】

(1) 公用:诸侯有实力。公,泛指诸侯。用,使用大有时的财富。

(2) 亨:通享,指古代诸侯向天子献礼,天子宴享献礼诸侯。

(3) 天子:周王的专称。商朝之前国君称为帝或王,后称天子,取通晓天、地、人三道之意。

(4) 小人:与公(诸侯)并提,指所有还没有爵位的平民。弗克:不能,不必。弗,不。克,胜任。

[原文] 九四:匪(1)其彭(2),无咎。

[译文] 九四:不趾高气扬,无灾。

[解读] 得势莫张狂。

【注】

(1) 匪：非。

(2) 彭：本义即鼓声，此形容盛气凌人、张扬。

［原文］六五：厥孚⁽¹⁾，交如威如⁽²⁾，吉。

［译文］六五：以诚待民，如日月、像父母，吉祥。

［解读］关心基层疾苦，共享胜利果实。

【注】

(1) 厥孚：以诚待人。厥，本义为发射石头。孚，诚信。

(2) 交如威如：如日月，如父母。交，通"皎"，明亮。威，本义是丈夫的母亲，引申出尊严、威力、畏惧等义。

［原文］上九：自天祐⁽¹⁾之，吉，无不利。

［译文］上九：有上天保佑，吉祥，无往不利。

［解读］天道酬诚。

【注】

(1) 祐：即佑，保佑。

第十五卦　谦——恪守谦德,善始善终

(艮下坤上)

【原文】

(卦辞)谦,亨,君子有终。

(爻辞)初六:谦谦,君子用涉大川,吉。

六二:鸣谦,贞吉。

九三:劳谦,君子有终,吉。

六四:无不利,㧑谦。

六五:不富以其邻,利用侵伐,无不利。

上六:鸣谦,利用行师,征邑国。

【导读】

《谦》卦是关于谦逊之道的教诲。卦辞是全卦的主旨:恪守谦德,事业顺利,才能实现君子的政治抱负。

初六爻是说:在管理国家过程中,遵守谦德,方能克服困难,开创伟业。

六二爻是说:要大张旗鼓地树立君子谦逊的形象和美德,弘扬谦道,方能诸事顺利。

九三爻是说:居功不傲,用"谦"守身,善始可善终。

六四爻是说:作为君子要用"谦"守国,起模范带头作用。

六五爻是说:用"谦"守天下(打抱不平),即对于那些不守谦道、侵犯他人的诸侯,要以其人之道,还治其人之身,派大军到其邑国讨伐,予以严惩。

上六爻进一步说,高举正义的大旗(鸣谦)去匡扶天下,必得道多助,取得胜利。

《韩诗外传》云:"故易有一道,大足以守天下,中足以守其国家,近足以守其身,谦之谓也"。即谦逊为怀是"守天下、守国家、守其身"的成功之道,是做人与做事的根本。

《大有》卦的主旨也是要谦逊,但《大有》卦是着重教诲:在丰收、成功之时,要保持清醒头脑,不张狂,不铺张,把资源用在正道上,才能继续得到上天保佑,维持好的光景。

《谦》卦则着重精神、文化层面的谦逊,谦,是君子行动的指南(有终,贞吉);谦,是道德评判的标准(对内用人、对外用兵的依据);谦,是迈向胜利彼岸的保障(君子有终、用涉大川)。

【谦:卦辞解读】

[原文] 谦(1),亨,君子有终(2)。

[译文] 谦逊的美德,有助于君子实现自己的理想。

[解读] 满招损,谦受益。

【注】

(1) 谦:卦名。有谦让、谦逊之义。

(2) 有终:到达终点。

【谦:爻辞解读】

[原文] 初六:谦谦(1)君子,用涉大川(2),吉。

[译文] 初六:具备谦逊之德的君子堪当时代重任。

[解读] 胸藏文墨怀若谷,腹有诗书气自华。

【注】

(1) 谦谦:非常谦虚。

(2) 用涉大川:以此,可跋山涉水(做大事)。《周易》中多为"利涉大川",而"用涉大川",仅此一例。本卦上六五、上六爻均言"利用",因此,"用涉大川"可看作"利涉大川"的省略式。参见《需》卦卦辞解。

[原文] 六二:鸣(1)谦,贞吉。

[译文] 六二:弘扬谦德,正道,吉利。

[解读] 树立形象、传播文化。

【注】

(1) 鸣:宣扬,显现。

[原文] 九三:劳谦(1),君子有终,吉。

[译文] 九三:有功而谦,君子才会有好的前程,吉利。

[解读] 人生大病,只是一"傲"字①。

---

① 王阳明《传习录》:人生大病,只是一傲字。为子而傲必不孝,为臣而傲必不忠,为父而傲必不慈,为友而傲必不信……

【注】

(1) 劳谦:有功劳而能谦。劳,功劳。

［原文］六四:无不利,扔⁽¹⁾谦。
［译文］六四:引领谦和的风气,诸事顺利。
［解读］君子谦谦,卑以自牧(《易传·象·谦》初六爻)。
【注】

(1) 扔(huī):指挥,此处作维护、带头、倡导解。

［原文］六五:不富以其邻⁽¹⁾,利用侵伐,无不利。
［译文］六五:对那些不守谦道、侵占友邻利益的诸侯国,可派大军清剿他们老巢,无所不利。
［解读］失道寡助。
【注】

(1) 不富以其邻:受邻居的影响而不富。《小畜·九五》"有孚挛如,富以其邻"是说:以诚信之心与友邦相处,共同富裕。《泰·六四》"翩翩不富,以其邻不戒,以孚"是说:帮助友邦,伤了国力,但换来了盟友,值。此爻却要"利用侵伐",因此,可理解成当邻邦不守谦道,侵占了他人利益。

［原文］上六:鸣谦,利用⁽¹⁾行师⁽²⁾,征邑国⁽³⁾。
［译文］上六:高举"谦"的旗帜,有助于对骄横狂妄的诸侯国加以讨伐。
［解读］正义之师,所向披靡。
【注】

(1) 利用:有利于用。
(2) 行师:出兵,派兵出征。
(3) 征邑国:讨伐诸侯。参见《师》卦上九爻注释。

第十六卦　豫——戒骄戒躁，长盛不衰

（坤下震上）

【原文】

（卦辞）豫，利建侯行师。

（爻辞）初六：鸣豫，凶。

六二：介于石，不终日，贞吉。

六三：盱豫，悔；迟，有悔。

九四：由豫，大有得。勿疑朋盍簪。

六五：贞疾，恒不死。

上六：冥豫，成有渝，无咎。

【导读】

《豫》卦是关于守成的教诲。卦辞是全卦主旨：在实力壮大、有物质基础之时，要百尺竿头更进一步——建侯行师，即保证社会秩序的稳定，完善制度、分封诸侯、调动军队、拓展疆土。

初六爻是告诫，胜利、富裕时，如果洋洋自得，结果必凶。

六二爻是对初六爻的补充，要把"戒骄戒躁"作为座右铭，约束自己的兴奋之心。

六三爻是说：如果一心只想着享乐、攀比、奢侈，必后悔，若不能自拔，会更糟糕。

九四爻是说：指责你不思进取，是对你的爱护与帮助。要常亲近这些敢于对你提反面意见的人，和他们聚聚，大有收获。

六五爻是说：改掉坏毛病，才可能长盛不衰。

上六爻是安慰教诲对象：物质条件好了，难免有船到码头车到站、贪图荣华富贵、沉溺享乐的时候，但只要诚心诚意的改正，那还来得及，前途还是光明的。

《豫》卦与《大有》《谦》卦前后相连，互为补充。《大有》卦着重谈丰盛时要戒骄戒躁，想着做正事(有攸往)。《豫》卦着重说不能贪图安逸，任意挥霍。有物质基础时，要建侯行师。《谦》卦则是强调，无论何时，无论何事，均要高举谦的大旗，以谦示人，以谦服人，以谦用人。

【豫:卦辞解读】

[原文] 豫⁽¹⁾,利建侯⁽²⁾行师⁽³⁾。

[译文] 实力雄厚时,宜于封建侯国、出师征战。

[解读] 安居乐业图发展。

【注】

(1) 豫:卦名。本义为大象,引申义为壮大、安逸、游乐、嬉戏。在本卦中,作为卦名,应指在壮大之时,如何正确对待享乐。

(2) 建侯:与《屯》卦"利建侯"相同,建立诸侯国,封诸侯王。参见《师·上九》注。

(3) 行师:对外用兵。屯卦的"利建侯"是初始阶段,豫卦"利建侯"是小有成就之时,不但要建侯,还可行师。

【豫:爻辞解读】

[原文] 初六:鸣豫⁽¹⁾,凶。

[译文] 初六:自鸣得意,凶。

[解读] 乐极生悲。

【注】

(1) 鸣:宣扬。

[原文] 六二:介于石⁽¹⁾,不终日⁽²⁾,贞吉。

[译文] 六二:(得意忘形)仅可偶尔为之,(把这个道理)铭刻在石头上,守正吉祥。

[解读] 戒骄戒躁可为座右铭。

【注】

(1) 介于石:铭刻在石头上。介,原为象形字,为防身铠甲,引申义为戒备。本爻紧接上爻,是说把"鸣豫,凶"这样的警戒之语刻于坚石之上,作为座右铭。

(2) 不终日:指鸣豫的行为只能偶尔为之,且时间不能长。终日,一整天。从上下爻分析,本爻省略了"鸣豫"。

[原文] 六三:盱⁽¹⁾豫,悔;迟,有悔。

[译文] 六三:贪图安逸,将有悔;醒悟的越迟越有悔。

[解读] 生于忧患,死于安乐。

【注】

(1) 盱:张目、远望,本爻有放任的意思。帛《易》中为杅(yú),盛浆汤的器皿。

[原文] 九四：由⁽¹⁾豫，大有得。勿疑朋盍簪⁽²⁾。

[译文] 九四：骄恣行为被指责，其实对你大有好处，切不可认为是朋友们在损毁你。

[解读] 忠言逆耳利于行。

【注】

(1) 由：责备。上海博物馆藏楚简本《周易》作"猷"，通"尤"，义为罪、责。本文取其意。

(2) 勿疑朋盍(hé)簪(zān)：召集批评你的人聚餐。勿，聚众，参见《乾·初九》注。疑朋，指"由豫"的一干人等。盍簪，指士人聚会，如杜甫《杜位宅守岁》诗："盍簪喧枥马，列炬散林鸦。"

[原文] 六五：贞疾⁽¹⁾，恒不死。

[译文] 六五：治好了(骄恣)病，永不败亡。

[解读] "予其惩而毖后患"(《诗经·周颂·小毖》)。

【注】

(1) 贞疾：治愈了骄傲自满之疾。贞，训正。疾，古代特指小病。

[原文] 上六：冥⁽¹⁾豫，成有渝⁽²⁾，无咎。

[译文] 上六：一度沉溺安逸，但诚心纠正了过错，则无咎。

[解读] 迷途知返、回头是岸。

【注】

(1) 冥：昏暗，看不清楚，引申为迷惑。

(2) 成有渝：诚心改变。成，诚。渝，变化。

第十七卦　随——随机应变,与时偕行

（震下兑上）

【原文】

（卦辞）随,元亨,利贞,无咎。

（爻辞）初九:官有渝,贞吉,出门交有功。

六二:系小子,失丈夫。

六三:系丈夫,失小子。随有求得,利居贞。

九四:随有获,贞凶。有孚在道,以明,何咎?

九五:孚于嘉,吉。

上六:拘系之,乃从维之,王用亨于西山。

【导读】

《随》卦是关于不因循守旧、与时偕行的教诲。卦辞是全卦主旨:顺势而为是治理国家的基本原则,有利于国家的长治久安。

初九爻是说:要大胆启用思想不僵化的官员,派这些人独立行动时才能完成任务。

六二爻是说:因循守旧,抱着过时的东西不放,或担心变革的风险而畏头畏尾,这是因小失大,错失良机。

六三爻是说:改革,虽然会付出一些代价,但从长远来看是利大于弊,有助于国家的稳定和发展。

九四爻是说:改革才能带来机遇,守旧必是死路一条。以国计民生为目的,以诚为本的变革,不会有错!

九五爻紧接上爻,展望正确的变革之后的大好形势和获得好的口碑。

上六爻带有明显的时代烙印,君王治国,要遵从上天的旨意,争取上天的保佑。既要主动地随机应变,与时偕行,又要及时向上天禀告。不合时宜的政治主张、规章制度,迂腐的文化习俗,要随着时代和环境的改变而变更。人在做,天在看,变革的出发点、手段、过程等均要上能对苍天,下无愧黎民。

《易传》说,要常习《周易》,因为其中蕴含着唯变所适的大道理,天道、人道,都要适应外界的变化①,这种认识是非常准确的。

【随:卦辞解读】

[原文] 随(1),元亨,利贞(2),无咎。

[译文] 与时偕行非常好。亨通、顺达。

[解读] 与时俱进,持续发展。

【注】

(1) 随:卦名。随机应变、与时偕行之义。

(2) 元亨,利贞:与《乾》卦的卦辞同义。元,大。亨,通达。贞,守正。

【随:爻辞解读】

[原文] 初九:官有渝(1),贞吉,出门交有功(2)。

[译文] 初九:思想不僵化的官员,能把事情办好,领命在外也能胜任。

[解读] 将在外,君命有所不受。

【注】

(1) 渝:变化。

(2) 出门交有功:独立行动可胜任。行动。交,都。功,成功。

[原文] 六二:系小子(1),失丈夫(2)。

[译文] 抓小就会失大。

[解读] 鱼与熊掌不能兼得。

【注】

(1) 系小子:心系小事。小人,原指无权无势的百姓,本卦泛指小事。

(2) 丈夫:原指管理百姓的权势,本卦泛指大事。

[原文] 六三:系丈夫,失小子。随有求得(1),利居贞(2)。

[译文] 六三:抓大事,放弃小事。持续发展,有利于国家的长治久安。

[解读] 抓大放小,不自满,求发展。

【注】

(1) 随有求得:不断有新的追求目标。随,卦名之义。

(2) 居贞:国家朝正确的方向发展。居,安定。

---

① 《易传·系辞下》第八章:易之为书也! 不可远;为道也屡迁,变动不居,周流六虚;上下无常,刚柔相易;不可为典要,唯变所适。

[原文] 九四：随有获[1]，贞凶[2]。有孚在道，以明[3]，何咎？

[译文] 九四：因时而变会有所得，因循守旧将有凶险。坚持以诚为本，光明磊落，何来危害？

[解读] 因循守旧，死路一条。锐意改革，一心为公。

【注】

(1) 随有获：能随机应变就会不断有收获。

(2) 贞凶：一成不变，凶。贞，一直如此。

(3) 有孚在道，以明：公开、公正、讲诚信地去"随"。

[原文] 九五：孚于嘉[1]，吉。

[译文] 九五：诚信带来美好的结果，吉祥。

[解读] 诚信结硕果。

【注】

(1) 嘉：美、善、吉祥、嘉奖。此爻是对上爻"有孚在道，以明"的补充。

[原文] 上六：拘系之[1]，乃从维之[2]，王用亨于西山[3]。

[译文] 上六：原来的既定方针，因"随"而变时，（为此）大王在西山祭祀。

[解读] 顺时而变，天佑之。

【注】

(1) 拘系之：坚持不变。拘，抓住。系，维系。

(2) 乃从维之：后来要改变。乃，然后、后来。从，读"纵"，释放。维，维系。

(3) 王用亨于西山：据赵又春先生考证，周朝天子每当改变旧的政策或出台重大举措，即有所革新（"渝"）时，必先在西山举行祭祀，向天帝、神灵和祖先说明原委，请求理解并给予恩准和帮助①。公，天子。用，因此。亨，同享，祭享。西山，即歧山，在镐京西边。

---

① 赵又春.我读周易.长沙:岳麓书社,2007:104.

第十八卦　蛊——勇于批判，开拓创新

（巽下艮上）

【原文】

（卦辞）蛊，元亨，利涉大川。先甲三日，后甲三日。

（爻辞）初六：干父之蛊，有子，考无咎，厉，终吉。

　　　九二：干母之蛊，不可贞。

　　　九三：干父之蛊，小有悔，无大咎。

　　　六四：裕父之蛊，往见吝。

　　　六五：干父之蛊，用誉。

　　　上九：不事王侯，高尚其事。

【导读】

《蛊》卦是关于晚辈要勇于批判先人、开拓创新的教诲。卦辞是全卦的主旨：长江后浪推前浪，江山总有一天要让位给年轻人。前辈执掌政权的时间长了，人年纪大了，总有犯糊涂的时候。所以，晚辈若能勇于纠正长辈的错误，弥补前辈的不足，方能经受更严峻的考验，成就大事，利于基业长青。

初六爻是说：要从小培养不唯上的精神，敢于质疑父辈的所为。如果父辈无可挑剔，可能会产生误会或难堪，但结果是好的。

九二爻是说：在纠偏时要区别对象，搞清主次，有些内部矛盾不必过于认真。

九三爻是说：因为冒犯了长辈，会有一些愧疚之意，但这没有大碍。

六四爻是说：如果不改革，任由父辈的错误发展，很快就会出大问题的。

六五爻是说：在改革时要注意方式方法，需给长辈们留足面子。

上九爻是再次提醒：不能因为父辈是王侯，就将其奉若神明。要敢于纠正前人的过失、开拓创新，不仅要守成，还要把前辈开创的基业发扬光大。

中国古代认为：不孝有三，其中之一就是阿谀曲从、陷亲不义（一味顺从，见父母有过错而不劝说，使他们陷入不义之中）。老一辈革命家陈云同志极力主张"不唯上，不唯书，只唯实"。1978年，当时的领导人错误地提出"两个凡是"，后引发实践是检验真理的唯一标准大讨论及变革。

【蛊:卦辞解读】

[原文] 蛊⁽¹⁾,元亨,利涉大川⁽²⁾。先甲三日,后甲三日⁽³⁾。

[译文] 继承者能纠正长辈的不妥,亨通,有利于做大事。

[解读] 长江后浪推前浪。

【注】

(1) 蛊(gǔ):卦名。纠错,拨乱反正义。本义为器皿中食物腐败生虫,在此有"事""惑""乱"之义,引申为过失。

(2) 利涉大川:有利于做大事,见《需》卦卦辞解。

(3) 先甲三日,后甲三日:古代以甲、乙、丙、丁、戊、己、庚、辛、壬、癸十天干循环记日,"先甲三日"就是癸日、壬日、辛日,"后甲三日"就是乙日、丙日、丁日。加上"甲"日本身是"七日"。古人很早就发现自然界存在七日节律,此处可能是用"七日律"来说明事物发展过程中成与败、好与坏、得与失等对立的两方面均是相互转化的。父辈们的先进性也会随着时间的推移而落伍,不能迷信权威、守旧不变。

【蛊:爻辞解读】

[原文] 初六:干⁽¹⁾父之蛊,有子⁽²⁾,考⁽³⁾无咎,厉,终吉。

[译文] 初六:儿子有义务匡正父辈的错误,如证明有误,会有麻烦,但最终吉祥。

[解读] 不迷信前辈,继往开来。

【注】

(1) 干:去掉、纠正、挽救。干("斡")的原意是指筑墙用的夹板,其作用是保证墙壁正直不歪,作动词有"匡正"义。

(2) 有子:继承父业的儿子。

(3) 考:老,高寿。古人对活着的父亲或亡父皆称"考"。

[原文] 九二:干母之蛊,不可贞⁽¹⁾。

[译文] 九二:母辈的不当也要匡正,但不可强行。

[解读] 纠正前任的错误时要根据不同的对象区别对待。

【注】

(1) 不可贞:不可坚定不移、固执到底。在男权时代,"母之蛊"可能泛指家务之事,很难判出是非,不要太较真。

[原文] 九三:干父之蛊,小有悔⁽¹⁾,无大咎。

[译文] 九三:匡正父辈的弊乱,因对父辈有所不敬而生少许悔意,但不会有

大的危害。

[解读] 纠正前任的错误时可能会得罪一些人,招来一些非议,但不至于产生大的问题。

【注】

(1) 悔:对父辈的歉意。

[原文] 六四:裕⁽¹⁾父之蛊,往见吝⁽²⁾。

[译文] 六四:迁就、延续父辈的弊乱,长此以往必会憾惜。

[解读] 不治则乱。

【注】

(1) 裕:丰富,发展,纵容。

(2) 见吝:遭受不幸。

[原文] 六五:干父之蛊,用誉⁽¹⁾。

[译文] 六五:匡正父辈的弊乱,要保全他们的面子。

[解读] 批评也是门艺术。

【注】

(1) 用誉:保全脸面。誉,面子。

[原文] 上九:不事⁽¹⁾王侯,高尚⁽²⁾其事。

[译文] 上九:不可因为是王侯所为而不敢逾越,要发扬光大他们的事业⁽³⁾。

[解读] 青出于蓝而胜于蓝。

【注】

(1) 事:原意侍奉,引申义为盲从、守成。

(2) 高尚:使高尚。

(3) "不事王侯,高尚其事"一语,常认为是称颂、赞美隐士不留恋官场、不为世俗所累而隐居山林、独善其身的处世哲学。笔者根据全卦寓意,不取此解。

第十九卦　临——君临天下，亲民有方

（兑下坤上）

【原文】

（卦辞）临，元亨，利贞。至于八月有凶。

（爻辞）初九：咸临，贞吉。

九二：咸临，吉，无不利。

六三：甘临，无攸利。既忧之，无咎。

六四：至临，无咎。

六五：知临，大君之宜，吉。

上六：敦临，吉，无咎。

【导读】

《临》卦是有关"君临天下"的治民之术。卦辞用"元亨，利贞"对"君临天下"进行了充分的肯定，并谆谆告诫：作为一个领导者，如果高高在上，脱离基层；或雷声大、雨点小，推三阻四不愿与基层联系，时间一长，恐有变故。

在爻辞中，分别讨论了"咸""甘""至""知""敦"，共五种"临"民的模式。

初九和九二爻讨论的"咸"，是说在与民众接触时，要保持君王的威仪（塑造和维护自己的政治形象），并设身处地为民着想，用礼、法来规范、处理基层的问题。

六三爻提醒被教诲者，基层的情况是复杂的，要有足够的心理准备，想得太简单，可能有麻烦。

六四爻是要求临民时不摆花架子，不要做表面文章，要真正地深入基层一线调查研究，解决实际问题。

六五爻是说：在临民时，要多动脑筋、创造性地做好各项工作，不辜负领导（天子）的期望。

上六爻是说：要临民时要有爱心，办事要厚道、公平公正，这样的领导肯定受下面的欢迎，不会遇到什么麻烦。

《礼记·大学》中有"大学之道在明明德，在亲民，在止于至善"和"道得众则得国，失众则失国"等论述，即治国安邦，在于弘扬德行、德政，追求至善至美。治国之君,一定要临民,争取民心。

【临:卦辞解读】

[原文] 临[1],元亨,利贞。至于八月有凶[2]。

[译文] 深入观察,非常亨通,有利长远。(否则)到八月将有凶事。

[解读] 管理出效益,但管理的方法与手段要因时因地而宜。

【注】

(1) 临:卦名。此处指君子对国情民意的考察、治理。临字金文之字形像人居高俯首,瞪大眼睛望下看。

(2) 至于八月有凶:到八月份再"临"情况会变糟。笔者认为这仅是一个象征性的说法,临,要赶早。八月在一年已过半,再去就迟了。也有学者认为是八月阳气日衰;也有人认为八月是酷热季节,比喻不宜暴政。

【临:爻辞解读】

[原文] 初九:咸[1]临,贞[2]吉。

[译文] 初九:威仪临民,吉利。

[解读] 君子不重,则不威。

【注】

(1) 咸:古时"咸"与"感"互通。学者多译为以感化。帛《易》初九和九二爻的"咸"字都写作"禁";"咸"字甲骨文从口从斧钺[1],本义当为刑杀,喻义"威",因此,笔者认为其除了"感"义外,还包含了以"礼法""规矩""威严"的含义。

(2) 贞:正,坚持,延续。

[原文] 九二:咸临[1],吉,无不利。

[译文] 九二:以礼、法临民,吉,无不利。

[解读] 没有规矩不成方圆。

【注】

(1) 本爻与上爻均为咸临,是互为补充的关系。

[原文] 六三:甘[1]临,无攸利。既[2]忧之,无咎。

[译文] 六三:过于乐观没好处,怀忧患之心去临民,就不会有麻烦。

---

① 钺(yuè;音越)是中国先秦时代武器,为一长柄斧头,重量也较斧更大。在当时是神圣、权力和地位的象征。

[解读] 不打无准备之仗。

【注】

(1) 甘：甜蜜，此处指乐观。

(2) 既：若能。

[原文] 六四：至⁽¹⁾临，无咎。

[译文] 六四：深入到最基层临民，无咎。

[解读] 不闻不若闻之，闻之不若见之，见之不若知之，知之不若行之；学至于行之而止矣①。

【注】

(1) 至：接近、亲近、到达。

[原文] 六五：知⁽¹⁾临，大君⁽²⁾之宜⁽³⁾，吉。

[译文] 六五：用聪明睿智临民，吉利，这是天子所期待的。

[解读] 管理需要智慧。

【注】

(1) 知：通智。

(2) 大君：天子。

(3) 宜：妥当、适宜。

[原文] 上六：敦⁽¹⁾临，吉，无咎。

[译文] 上六：以德临民，吉利，无灾害。

[解读] 天道酬勤。

【注】

(1) 敦：敦厚、勤恳。

---

① 《荀子·儒效》。

第二十卦　观——调查研究，决策前提

（坤下巽上）

【原文】

（卦辞）观，盥而不荐，有孚颙若。

（爻辞）初六：童观，小人无咎，君子吝。

六二：窥观，利女贞。

六三：观我生，进退。

六四：观国之光，利用宾于王。

九五：观我生，君子无咎。

上九：观其生，君子无咎。

【导读】

《观》卦是有关调查研究的教诲。卦辞是说调研的重要性。事物之间是有联系的：观察现象，有助于判断事情的结果；观察人的举止，有助于判断他的品行。

在各爻中分别阐述"观"的原则与方法。初六爻是说：老百姓过日子，可以像孩子那样快快乐乐、无忧无虑；但作为一个管理者，在其位要谋其政，为了正确履行自己的职责，要深入调查、认真分析，社会是错综复杂的，容不得草率、肤浅。

六二爻是说：调查时要全面、仔细。从门缝里往外看人是女人所为，作为管理者可不能片面地看问题。

六三爻是说：要在对国情国力有充分了解的基础上，再制定重大决策。

六四爻是说：要注意观察和选拔人才，创造机会让他们为国家效力。

九五爻和上九爻是说：通过对属下和邻国基层民生的调查研究，掌握民心向背，准确对比双方优劣势，有针对性地出台方针政策，方能百战不殆。

《观》卦是对客观世界内在联系的正确认识，强调要在深入、全面、客观地调查研究的基础上施政，重视人才、重视民生；与邻邦交往时，要知己知彼等。这些均是先贤唯物主义认识论的闪光思想。

【观卦：卦辞解读】

［原文］观[1]，盥[2]而不荐[3]，有孚颙若[4]。

［译文］察其洗手时的态度,即使不看进献何种祭品,也能了解其对神的虔诚程度。

［解读］通过调查研究可以准确判断与预测。

【注】

(1) 观:卦名。观察,调研。

(2) 盥(guàn):古代祭典前洗手谓之盥。

(3) 荐:奉献酒食以祭为荐。

(4) 有孚颙(yóng)若:诚心诚意。颙若:庄严的样子。

【观卦:爻辞解读】

［原文］初六:童⁽¹⁾观,小人⁽²⁾无咎,君子吝。

［译文］初六:像孩童般观察社会,老百姓可以,君子会有麻烦。

［解读］没有调查就没有发言权。

【注】

(1) 童观:指幼稚浅陋的观察。童,小孩子。

(2) 小人:指平民百姓。

［原文］六二:窥⁽¹⁾观,利女贞⁽²⁾。

［译文］六二:从门缝向外观察是女子应该做的,(君子要这样做就不应该了)。

［解读］管理者观察问题要全面。

【注】

(1) 窥:繁体字为闚(kuī),从门夹缝、小孔或隐蔽处偷看。

(2) 利女贞:当时妇女的地位比较低,不抛头露面。

［原文］六三:观我生⁽¹⁾,进退⁽²⁾。

［译文］六三:观治下的庶民,定施政进退。

［解读］因时因地制宜。

【注】

(1) 生:自己管理的百姓。

(2) 进退:喻指决策。

［原文］六四:观国之光⁽¹⁾,利用宾于王⁽²⁾。

［译文］六四:留意物色国家里的优秀人才,以便为天子服务。

[解读] 为组织物色人才。

【注】

(1) 国之光:本国中可引以为荣、显耀于世的人才。国,参见《师》卦上九爻注释。

(2) 利用宾于王:有利于成为天子的座上宾。宾,即仕。

[原文] 九五:观我生⁽¹⁾,君子无咎。

[译文] 九五:观治下庶民,做出正确的决策。

[解读] 知己知彼,百战不殆。

【注】

(1) 观我生:与下一爻的"观其生"相对,此为知己,下为知彼。

[原文] 上九:观其⁽¹⁾生,君子无咎。

[译文] 上九:观他人治下百姓,有助于不犯错误。

[解读] 他山之石,可以攻玉。

【注】

(1) 其:邻国。

第二十一卦　噬嗑——小惩大诫，攻心为上

(震下离上)

【原文】

(卦辞)噬嗑，亨，利用狱。

(爻辞)初九：屦校灭趾，无咎。

六二：噬肤，灭鼻，无咎。

六三：噬腊肉，遇毒，小吝，无咎。

九四：噬干胏，得金矢，利艰贞，吉。

六五：噬干肉，得黄金，贞厉，无咎。

上九：何校灭耳，凶。

【导读】

噬嗑(shì hé)卦是关于用狱(刑罚)之道的教诲。卦辞说，维护国家秩序的刑罚，要采用刚柔相济的噬嗑之术。

爻辞中具体阐述何谓刑罚的噬嗑之术，以"噬嗑"喻"用狱"，用不同类型的肉，即"肤(肥肉)""腊肉""干胏""干肉"来喻不同的被惩罚对象①。"灭鼻""遇毒""得金矢""得黄金"是喻不同惩罚对象对抗改造的表现。每爻的后半句是对策与总结。全卦的主旨是用刑要有针对性，提倡小惩大戒，反对严刑峻法。

根据改造对象所犯错误或罪行的大小，前五爻的噬嗑力度依次递进，均给予了无咎或吉的评价。

初九爻是说：要给犯罪的人以惩罚，限制他们的行动。

六二爻是说：对犯罪程度轻的，施刑的时间和强度不要大，就像吃肥肉时，鼻子被堵住，不透气，但一会就恢复正常了。

六三爻是说：有些犯人会比较麻烦，要花力气矫正，犹如吃腊肉时，可能碰到腐败变质的部分，要把这些东西剔除掉，不能姑息。

九四爻是说：有些犯人是难啃的腊肉骨头，搞不好还会被残留在其中的箭头刺

---

① 渔猎时代的先民，已用制作腊肉、干肉的技术保存食物。《易传·系辞下》还认为市场交换由此而来：日中为市，致天下之民，聚天下之货，交易而退，各得其所，盖取诸《噬嗑》。

伤。要防止其暴力反抗,对付这样的人要有充分、长期的思想准备和相应措施。

六五爻是说:有些犯人顽固不化,阳奉阴违,暗藏祸心。犹如表面看上去不错的腊肉,其内却含伤人的箭头。要时刻提防这样的犯人,加强惩罚和改造的力度,坚决打击其嚣张气焰并对其保持高压态势。

上九爻是对全卦的总结,不分对象,不采用上述噬嗑之术,一味依靠严刑峻法,会引起动乱,后果险恶。

【噬嗑卦:卦辞解读】

[原文] 噬嗑⁽¹⁾,亨,利用狱⁽²⁾。

[译文] 好的惩戒原则与制度保(国家)亨通。

[解读] 刚柔并济,小惩大戒。

【注】

(1) 噬嗑(shì hé):卦名。本义为咬合,咀嚼,品味。以齿咬物为"噬",合口为"嗑"。本卦用进食时刚柔相济的咀嚼动作,象征对不同类型的罪犯有针对性地施以惩罚与改造。

(2) 利用狱:运用刑罚有利。狱,刑狱。

【噬嗑卦:爻辞解读】

[原文] 初九:屦校⁽¹⁾灭趾⁽²⁾,无咎。

[译文] 初九:限制行走的刑具盖住脚趾,无灾。

[解读] 出来混迟早要还的。

【注】

(1) 屦(jù)校:在脚上面套上木枷。校,木枷,木制刑具。屦,用麻、葛等物做成的鞋子。

(2) 灭趾:遮住脚趾,覆盖了脚。

[原文] 六二:噬肤⁽¹⁾,灭鼻⁽²⁾,无咎。

[译文] 六二:啃肥肉时鼻子被盖住,无灾。

[解读] 教训的同时也给出路。

【注】

(1) 肤:一般指柔软、肥美之肉,这从后几爻说"腊肉""干肉"看也可验证。

(2) 灭鼻:是说大块吃肥肉时把鼻子都给遮住了。比喻惩罚的力度不大,仅短时间把鼻子盖住,不通气。很快就恢复,无后遗症。

[原文] 六三:噬腊肉⁽¹⁾,遇毒⁽²⁾,小吝,无咎。

[译文] 六三:吃腊肉,有毒,小有不适,无灾。

[解读]刮骨疗伤。

【注】

(1)腊肉:干肉。

(2)遇毒:腊肉中有腐败变质部分,联系下两爻,此处的毒也可能指残留在肉中的铜矢和氧化物(锈)。

相对于初爻、二爻,此爻说明惩罚的力度较大:短暂的灭鼻变成了遇毒。下面两爻的叙事规律也如此。

[原文]九四:噬干胏[1],得金矢[2],利艰贞[3],吉。

[译文]九四:吃带骨肉干,遇到铜箭头,(置其于)艰难中有利守正,吉利。

[解读]积重难返,要长期改造。

【注】

(1)干胏(zǐ):带骨头的干肉,比一般腊肉还难咬动。

(2)金矢:黄铜箭头,干胏里有打猎时嵌在骨头上没取出的黄铜箭头,啃食时有划伤嘴唇的危险。

(3)利艰贞:任务艰巨,要有长期打算。贞,一直。

[原文]六五:噬干肉[1],得黄金[2],贞厉[3],无咎。

[译文]六五:啃肉干,里面有黄铜颗粒,延续高压态势,无灾。

[解读]矫枉过正。

【注】

(1)干肉:肉干。

(2)得黄金:吃肉干而咬出黄铜粒(可能是指残留在肉中的断矢),黄铜粒裹在肉中,比黄铜箭头更难防备,危险性更大。以此比喻对待罪行严重的犯人,改造难度要大、手段要多、时间要长。

(3)贞厉:维持严厉的惩罚。贞,一直。

[原文]上九:何校[1]灭耳[2],凶。

[译文]上九:木枷遮住了耳朵,凶。

[解读]不分青红皂白的一味严刑峻法不利长治久安[3]。

【注】

(1)何校:给罪犯戴枷。何,即荷,载。校,此指刑具中的枷。

(2)灭耳:在颈子上戴着木枷,遮住了耳朵,喻指木枷很大,用刑严酷。

(3)从字面也可理解成,对于罪大恶极的,要施以重刑。但从周易的一般规律看,上九爻往往带有总结和从对立面告诫的特点,特别是结尾的"凶",是对"何校灭耳"的否定,因此,笔者如此解读。

第二十二卦　贲——美化修饰，恰如其分

（离下艮上）

【原文】

（卦辞）贲,亨,小利有攸往。

（爻辞）初九：贲其趾,舍车而徒。

六二：贲其须。

九三：贲如濡如,永贞吉。

六四：贲如皤如,白马翰如,匪寇婚媾。

六五：贲于丘园,束帛戋戋,吝,终吉。

上九：白贲,无咎。

【导读】

《贲》卦是关于打扮、饰美的教诲。卦辞首先肯定追求"美"是件好事情,但也明确指出,这种外在、经过修饰的"美"仅是"小利",隐喻不能舍本求末、追求奢华,凡事还是要注重内在的本质。

初九爻非常生动地描述了爱美之情景,把脚修饰得美美的,招摇过市,车都不愿意坐了。

六二爻是说：面部清洁与修饰。

九三爻由衷称赞面色红润、仪表堂堂的自身修养,认为其有助于身心健康和事业发展。

六四爻是说：美化环境和个人装扮时,要与环境协调、不突兀,超凡脱俗,追求高雅。

六五爻以园林规划和布置为例,疏密有致、匠心独具,看似简单,但真正懂的人会欣赏的。

上九爻是说美饰的最高境界是：清水出芙蓉,天然去雕饰。没有人为的痕迹,才不失朴素与自然的真趣。

【贲卦：卦辞解读】

［原文］贲[(1)],亨,小利有攸往[(2)]。

[译文] 修饰,亨通,有助于做人做事。

[解读] 红花需要绿叶衬。

【注】

(1) 贲(bì):卦名。东汉·许慎《说文解字》曰:"贲,饰也。"上面是一个花卉的"卉",下面是一个"贝"字,花卉与贝壳是当时的装饰品。本卦中"贲"既指对人的美容美体,又包含对文字、环境、行为的文饰、装饰、粉饰之义。

(2) 小利有攸往:小,强调辅助作用。利有攸往,在周易中出现多次,指有助于其所往,有所作为。

【贲卦:爻辞解读】

[原文] 初九:贲其趾(1),舍车而徒(2)。

[译文] 初九:美饰脚趾,不乘车马而徒步行走。

[解读] 爱美之心,人皆有之。

【注】

(1) 贲其趾:文足。趾,脚趾。

(2) 舍车而徒:放弃乘车徒步行走。徒,徒步。

[原文] 六二:贲其须(1)。

[译文] 六二:面部美容。

[解读] 适宜的修饰是对他人的尊重。

【注】

(1) 贲其须:须,本指面毛胡须。与初爻美化脚趾相对,此爻应是面部的美容,泛指颈部、头部的装饰。

[原文] 九三:贲如濡如(1),永贞吉(2)。

[译文] 九三:美饰、润色,长久守正则可得吉。

[解读] 容光焕发、精神饱满、彬彬有礼,保持良好的职场形象。

【注】

(1) 贲如濡如:如,语助词。濡,水、湿润。贲如濡如可能是指每天化妆、清洁的场景。这种"如"诗韵的结构在同时代文献中是常用的,如《屯·六二》"屯如邅如"、《大有·六五》"交如威如"。

(2) 永贞吉:永,长久。贞,正,一直。

[原文] 六四:贲如皤如(1),白马翰如(2),匪寇婚媾(3)。

[译文] 六四:不求婚时,素妆配白马(也美若天仙)。

[解读] 美在协调、高雅。

【注】

(1) 贲如皤(pó)如：素妆。皤，洁白。

(2) 白马翰如：洁白毛色的马。翰，洁白。

(3) 匪寇婚媾：不是求婚者，与屯卦第二爻的"匪寇婚媾"相同。匪，不。寇，求。

[原文] 六五：贲于丘园⑴，束帛⑵戋戋⑶，吝，终吉。

[译文] 六五：装饰园林时，束束绿枝点缀其间，虽略显吝啬，但最终得吉。

[解读] 浓妆淡抹总相宜，浑然天成，胜似春光。

【注】

(1) "贲"为文饰，但与"丘园""束帛"连言，可能是指在丘园的种植。丘园：原指小土丘、王公贵族的墓地，此处可能泛指居前屋后的园林、清静自然或隐居之处。

(2) 束帛：可能是指一束束植物或悼念先人的一束白绢。

(3) 戋戋：在园林中稀疏点缀。戋，少。

[原文] 上九：白贲⑴，无咎。

[译文] 上九：不修饰，无灾。

[解读] 清水出芙蓉，天然去雕饰。

【注】

(1) 白贲：没有修饰。白，使空白。程颢认为此爻是"非无饰也，不使华没实耳"。①

---

① [宋] 程颢，程颐的《二程集》有云：上九，贲之极也。贲饰之极，则失于华伪。惟能质白其贲，则无过失之咎。白，素也。尚质素，则不失其本真。所谓尚质素者，非无饰也，不使华没实耳。

第二十三卦　剥——千里之堤，溃于蚁穴

（坤下艮上）

【原文】

（卦辞）剥，不利有攸往。

（爻辞）初六：剥床以足，蔑，贞凶。

六二：剥床以辨，蔑，贞凶。

六三：剥之，无咎。

六四：剥床以肤，凶。

六五：贯鱼，以宫人宠，无不利。

上九：硕果不食，君子得舆，小人剥庐。

【导读】

《剥》卦是关于拒腐蚀的教诲。卦辞是本卦的主旨：若贪图享受、奢侈糜烂，那将一事无成。

初六、六二、六四爻是以"床（舆）"喻君子的国家（事业）与自身，以舆被剥的程度形象说明纵欲的危害。六三、六五爻指出"人，食色，性也"（《孟子·告子上》），关键是要有所节制。上九爻再次强调，要挡得住诱惑。

初六爻是说：侵蚀刚刚开始之时，就要有警觉，如果不重视，将会向坏的方向发展。

六二爻紧接初六爻指出：侵蚀在加剧，再不重视，将大祸临头。

六三爻是说：只要重视，一些不伤筋动骨的剥，无伤大雅。

六四爻进一步告诫：如果沉溺于享乐、放纵自己的贪欲，当达到一定程度后，就无可救药。

六五爻是用实例对六三爻作了进一步解释。君王拥有后宫的众多女人，如果无所节制肯定不行。当你面对诱惑之时，如能控制住自己的贪欲，适可而止，那是很好的。

上九爻是对上面五爻的归纳和总结：管得住自己，自觉抵制诱惑，才能拥有国家、成就事业、荣华富贵，成为青史留名的君子。如果鼠目寸光，贪图享乐而不能自拔，最终将一无所有，沦落为流离失所的小人。

在经济高度发展的今天,物欲横流,声色犬马、纸醉金迷,贪腐像癌症一样侵蚀着一些人的灵魂,恶化着社会风气。感悟《剥》卦,有助于树立正确的价值观,摆脱那无尽欲求的桎梏,悬崖勒马,回头是岸。

【剥:卦辞解读】

[原文] 剥⁽¹⁾,不利有攸往⁽²⁾。

[译文] 侵蚀,对事业、前途都不利。

[解读] 小不忍则乱大谋。

【注】

(1) 剥:卦名。有剥蚀、损耗之意,此处喻奢求享受。

(2) 利有攸往:有利于实现理想,有一番作为。

【剥:爻辞解读】

[原文] 初六:剥床以足⁽¹⁾,蔑⁽²⁾,贞凶。

[译文] 初六:床被剥蚀,已及床脚,若不正视,凶。

[解读] 千里之堤,溃于蚁穴!

【注】

(1) 剥床以足:马车轮子受到侵蚀。床,马车车身,舆的主体。以,及。足,床脚,车轮。

(2) 蔑:轻蔑,不重视。

[原文] 六二:剥床以辨⁽¹⁾,蔑,贞凶。

[译文] 六二:床被剥蚀,已及床干,若不正视,凶。

[解读] 当贪图享乐、不思进取成为习惯之时,再不重视就积重难返了。

【注】

(1) 剥床以辨:侵蚀已上升到马车轮子以上,车床以下。辨,分,指小腿和大腿相分的地方,即膝头。另一说,"辨"通"半","半"义为中。

[原文] 六三:剥之⁽¹⁾,无咎⁽²⁾。

[译文] 六三:(如果重视)剥,无过错。

[解读] 松弛有度,劳逸结合。

【注】

(1) 剥之:应为"剥"。帛《易》"六三剥无咎",无"之"字;汉熹平石经《周易》,唐初陆德明《经典释文》,唐李鼎祚《周易集解》均无"之"。尚秉和曰:"'之'乃从《象》辞之衍。"

(2) 无咎:只要重视,有一些消遣、享乐没问题。上二爻均有"蔑",因此,本爻按无"蔑"

解,即"剥床以足""剥床以辨"时,不"蔑"就无咎。

[原文] 六四:剥床以肤(1),凶(2)。

[译文] 六四,已剥到床面,凶。

[解读] 迷于利欲者,如醉酒之人;人不堪其丑,而己不觉也(明·薛瑄)。

【注】

(1) 肤:本义为皮肤,与"床足""床辨"并言,指床面。

(2) 本爻象征被剥的程度越来越重,主观努力已不起作用,所以直接判断为"凶"。

[原文] 六五:贯鱼(1),以宫人(2)宠(3),无不利。

[译文] 六五:有序有度,如君王宠爱后妃,没有什么不利。

[解读] 贪如火,不遏则燎原;欲如水,不遏则滔天(明·于谦)。

【注】

(1) 贯鱼:原意指穿成串的鱼,现指君王的多个配偶。贯,穿成串的东西。鱼,指宫人。

(2) 宫人:君王的后(主妻)妃(次妻)。

(3) 宠:君王与后妃做爱,被视为君王给后妃的恩惠,又称宠幸或简称幸。

[原文] 上九:硕果不食(1),君子得舆(2),小人(3)剥庐(4)。

[译文] 上九:有硕大之果而不食,君子可得到车舆;(如果做一味沉湎贪欲的)小人,将被剥得连栖身之地都没有。

[解读] 耐得住寂寞才能守得住繁华。

【注】

(1) 硕果不食:面对诱惑而不动心。硕,大。食,摘取食用。果实有再生的功能,所以在古代文化中常以果实比喻性爱、生殖、婚姻。

(2) 得舆:得到象征前途光明、兴旺发达的马车,喻指地位与民心。

(3) 小人:原指草民,此处指贪图享乐而彻底被剥的人。

(4) 剥庐:庐原指居住的茅屋,此处用剥庐喻指比"剥床"还要更严重的后果,被剥得一无所有。

第二十四卦　复——迷途知返，改过从善

（震下坤上）

【原文】

（卦辞）复，亨。出入无疾，朋来无咎。反复其道，七日来复，利有攸往。

（爻辞）初九：不远复，无祗悔，元吉。

六二：休复，吉。

六三：频复，厉，无咎。

六四：中行独复。

六五：敦复，无悔。

上六：迷复，凶，有灾眚。用行师，终有大败；以其国君，凶，至于十年不克征。

【导读】

《复》卦是《剥》卦的综卦，二者存在着明显的辩证关系，《剥》卦讲纵欲的危害和节欲的原则。《复》卦是说当误入歧路之后应该复归正道。自然界都有起有伏（七日律），犯错误不可怕，能改正就好，浪子回头金不换。所以，卦辞认为，"复"是"利有攸往"，这与《剥》卦"不利有攸往"形成鲜明的对比。

在爻辞中，分别就不同程度、不同类型的"复"进行了阐述。初九爻是说：能做到知错即改就非常好。

六二爻是说：在错误的道路上走得较远了，但能止"剥"返"复"、休养生息，结局仍是圆满的。

六三爻是说，对那些意志不坚定、改了又犯的人，要宽容一些，只要能改正，还是要鼓励的。

六四爻是说：要有勇气毅然决然与过去告别，不受他人所左右。

六五爻是说：要敦促犯错误的人悬崖勒马、回复正道。

在讨论了不同情境下的"复"之后，上九爻是归纳与总结，并上升到相当的高度：如果不懂"复"之道，只知进，不知退；只知存，不知亡。走了弯路还一根筋地将错就错，那将是相当危险的，这样的人带兵打仗，那是必败无疑的。如果由这样的人掌管国家，那就更糟糕，国运从此将一蹶不振。

笔者认为：《复》卦中蕴涵的辩证思维方式、对行为科学的客观认识,至今仍有现实意义。先贤认为,道德修养的根本在于随时反躬自省,不断地检讨、修正自身存在的不足。《易传·系辞下》中的"复,德之本也",曾子的"吾日三省吾身：为人谋而不忠乎？与朋友交而不信乎？传不习乎？"都是对复卦最好的诠释。

【复卦：卦辞解读】

[原文] 复[1],亨。出入无疾[2],朋来无咎[3]。反复其道,七日来复[4],利有攸往。

[译文] 返回正道,亨通。犹如不仅自己的路顺利,友朋的往来也没有障碍。冬去春来,回复到正道后,更有利于长治久安。

[解读] 人非圣贤,孰能无过,过而能改,善莫大焉。

【注】

(1) 复：卦名。返,重。

(2) 无疾：无害。

(3) 朋来无咎：朋来,泛指人际间来来往往。无咎,没有阻碍。

(4) 七日来复：指七日重复律①,参见《蛊》卦卦辞注解。

【复卦：爻辞解读】

[原文] 初九：不远复[1],无祇[2]悔,元吉。

[译文] 初九：能在犯错不久后改正,就没有大的后悔,非常吉利。

[解读] 知错即改,值得鼓励。

【注】

(1) 不远复：走不远即折返。

(2) 祇(zhī)：大。

[原文] 六二：休复[1],吉。

[译文] 六二：休止失误、休养生息,复返正道,吉利。

[解读] 恢复元气需要时间与过程。

---

① 《蛊》《复》《震》《既济》四卦,均涉及"七日律"句,由此笔者以为,其表明我们的先民很早就认识到自然界存在"七日节律"现象,并已知其与月亮的盈亏有关,如在青铜器铭文中,保留有一种周初纪日法,即按月亮盈亏规律,分每月为四期,每期七日(或因大小月有八日者),从月初至月末依序取名为"初吉""既生霸""既望""既死霸"(见王国维《观堂集林》卷一《生霸死霸考》)。"七日来复",有可能揭示了《周易》作者每卦六爻的安排初衷,即,从初到上,再到初,是一个循环,共经历七个爻位。以此,最能代表阴阳消长、循环往复的辩证思想。现在的祭奠习俗仍保留了"七"的循环往复之意。

【注】
(1) 休:休息、停止。此爻"复"的时间较初爻要"远"。

[原文] 六三:频⁽¹⁾复,厉,无咎。
[译文] 六三:屡犯屡改,有危险,但(能改)还是好的。
[解读] 浪子回头金不换。
【注】
(1) 频:频,数次。帛《易》中"频"作"编",有连义。

[原文] 六四:中行⁽¹⁾独复⁽²⁾。
[译文] 六四:力排众议,毅然返回正道。
[解读] 保持清醒头脑,不随波逐流。
【注】
(1) 中行:中途。联系上下爻,是指已走了一段错误的道路。
(2) 独复:独自复归,指在错误的道路上能脱离过去的环境和同伴。

[原文] 六五:敦⁽¹⁾复,无悔。
[译文] 六五:敦促犯错者复归正道,不会留下遗憾。
[解读] 独善其身,兼爱天下。
【注】
(1) 敦:厚道,劝导、勉励。

[原文] 上六:迷⁽¹⁾复,凶,有灾眚⁽²⁾。用行师⁽³⁾,终有大败;以其国君⁽⁴⁾,凶,至于十年不克征⁽⁵⁾。
[译文] 上六:在错误的道路上执迷不悟,不思悔改,这样必有凶险。这样的人带兵作战,终将一败涂地;如治国的诸侯如此,将使国力一蹶不振。
[解读] 在错误的道路上一意孤行肯定会遭报应。其职位越高、权力越大,造成的危害也越大。
【注】
(1) 迷:迷乱,昏庸。
(2) 眚(shěng):过失,灾害。
(3) 行师:外出讨伐、作战。
(4) 国君:一国之主,指诸侯王,参见《师》卦上九爻注释。
(5) 十年不克征:长期不能出征。十年,长期。克,胜任。

第二十五卦　无妄——理性思考，处变不惊

（震下乾上）

【原文】

（卦辞）无妄，元亨，利贞。其匪正，有眚，不利有攸往。

（爻辞）初九：无妄，往吉。

六二：不耕获，不菑畬，则利有攸往。

六三：无妄之灾，或系之牛，行人之得，邑人之灾。

九四：可贞，无咎。

九五：无妄之疾，勿药有喜。

上九：无妄，行有眚，无攸利。

【导读】

《无妄》卦是关于要理性思考、不妄想妄为的教诲。卦辞是全卦的主旨，切合实际思考问题，遇事冷静处理，则元亨利贞，一切皆好。倘若不是如此，整天胡思乱想、疑神疑鬼，一有风吹草动就成惊弓之鸟、杯弓蛇影，那必遭祸患，诸事不顺。

初九爻是说：保持心理健康，学会客观分析问题，事情就会向好的方向发展。

六二爻是说：天上不会掉馅饼，不要想入非非。没有不劳而获的非分之想，才能定下心来，踏踏实实地做实事。

六三和九四爻以邑人无故被怀疑是偷牛贼为例来说明：有些事纯属误会，当你受冤屈时，要相信清者自清，总会水落石出的。

九五爻是说：人生不如意事十之八九。遇到一些小麻烦，没什么大不了，兵来将挡，水来土掩。有信心，就没有迈不过去的坎。

上九爻几乎与卦辞相同，再次告诫：要用积极的心态正确认识客观世界，不要把复杂的问题想简单了，更不能把简单的问题弄复杂了；否则，没什么好处。

【无妄卦：卦辞解读】

［原文］无妄[1]，元亨，利贞。其匪正[2]，有眚[3]，不利有攸往。

［译文］没有不切实际的奢望和幻想，诸事顺利。反之，那将有麻烦，前景不妙。

［解读］脚踏实地，实事求是。

【注】

(1) 无妄：卦名。指不妄想妄为，不猜忌。妄，虚妄，脱离实际。

(2) 其匪正：如果不是。其，若，如。匪，不。

(3) 有眚：原指眼睛有病，喻指不能正确认识和判断(妄)。眚，眼疾。

【无妄卦：爻辞解读】

［原文］初九：无妄，往⁽¹⁾吉。

［译文］初九：不妄动妄求，前程吉祥。

［解读］心诚则灵。

【注】

(1) 往：行动，前程。

［原文］六二：不耕获，不菑畬⁽¹⁾，则利有攸往⁽²⁾。

［译文］六二：没有不耕而获，不垦而有良田的(无妄之想)，有利于做一番实事。

［解读］天上不会掉馅饼。

【注】

(1) 菑(zī)畬(yú)：菑，原指荒田，此为开垦。畬，古三岁治田称"畬"，亦即熟田。

(2) 从前后爻的关系分析，不耕获，不菑畬是指"无妄之想"。

［原文］六三：无妄之灾⁽¹⁾，或系之牛⁽²⁾，行人之得⁽³⁾，邑人⁽⁴⁾之灾。

［译文］六三：无缘无故而遭受灾祸。好比有人把一头牛拴在村边道路旁，路过的人顺手把牛牵走了，而同村的人却被怀疑而蒙受不白之冤。

［解读］有些事情纯属偶然，坦然面对为上策。

【注】

(1) 无妄之灾：莫名其妙的窘境、飞来的横祸。

(2) 或系之牛：或，不定代词，某人。系，拴。之，他的。

(3) 行人之得：行人，路人。之得，得之。

(4) 邑人：部落中的人，指普通百姓。

［原文］九四：可贞⁽¹⁾，无咎。

［译文］九四：问心无愧、没有麻烦⁽²⁾。

［解读］身正不怕影子歪。

【注】

(1) 贞:正,继续。

(2) 本爻紧接前一爻所言,真相总会大白。

［原文］九五:无妄之疾(1),勿药(2)有喜(3)。

［译文］九五:偶染小疾,多吃点药,也就会病愈。

［解读］偶遇挫折,没必要惊慌失措。

【注】

(1) 无妄之疾:没有征兆的小病。在古代,"疾"字单用时是指小病。

(2) 勿药:多用点药。勿,聚众,参见《乾》卦初九爻注。有攸往,有所往。

(3) 有喜:有病愈之喜。"有喜"与疾病相联系时,是指病愈,《周易》中有三个"有喜",都是这种用法。

［原文］上九:无妄,行有眚(1),无攸(2)利。

［译文］上九:不妄动,(否则),就看不清自己走的路,没什么好处(3)。

［解读］切勿杯弓蛇影,自己吓唬自己。

【注】

(1) 行有眚:眼睛不好的路人,喻指妄想妄为之人。眚:眼疾。

(2) 攸:所,于是。

(3) 本爻表达的思想和句式结构与卦辞相同:前面是肯定无妄的行为;后半句是讲"假如"不"无妄"则会如何如何。

第二十六卦 大畜——十年树木,百年树人

(乾下艮上)

【原文】

(卦辞)大畜,利贞。不家食,吉,利涉大川。

(爻辞)初九:有厉,利已。

九二:舆说輹。

九三:良马逐,利艰贞。日闲舆卫,利有攸往。

六四:童牛之牿,元吉。

六五:豶豕之牙,吉。

上九:何天之衢,亨。

【导读】

《大畜》卦是关于人才的论述。卦辞是全卦的主旨:要成就大事、长治久安就必须珍惜人才,培养、储备人才。

初九、九二爻与《屯·六三》卦的"即鹿无虞,惟入于林中,君子几,不如舍"异曲同工:人才是重中之重,没有优秀的部将协助君王,就犹如车架与轮子分了家,车辆无法正常运转。没有人才,很多事情都干不了;碰到险情之时,与其贸然前行,还不如先停下来,养精蓄锐,挑选和培养合适的人才。

三、四、五爻说的是培养人才(大畜)的方法。九三爻说:千里马要不断放逐才能显出本色,竞争的氛围有利于发现和培养人才。熟能生巧、百炼成钢,好的驾车手是在日积月累的实践和训练中成长起来的,要为人才提供锻炼的舞台,提供成长的机会。

六四爻以童牛戴牿为例,说明十年树木,百年树人。培养人才要有计划和耐心,从小抓起、严格训练。

六五爻是说:要采取有效手段驯服人才,培育其忠诚、能战斗的精神。

上九爻是说:拥有一支训练有素的人才队伍,替天行道,畅通无阻。

为国之道,惟在得人。本卦在揭示天下兴亡、社稷安危、国运盛衰,皆系于人才的道理之后,就如何识人、培养人才和驾驭人才作了详细的论述。历代开明君主和有识之士,都把人才问题作为治国安邦的首要问题。西周时期,姜尚就提出

"治国安家,得人也。亡国破家,失人也"的思想。唐太宗李世民集前辈人才观之大成,结合自己的实践,提出"为政之要,惟在得人"的著名论断。清康熙云:"自古选贤任能,为治之大道""致治之道,首重人才"。

【大畜:卦辞解读】

[原文]大畜[1],利贞[2]。不家食[3],吉,利涉大川[4]。

[译文]培育人才,为国效力。可备不时之需,有利于开创伟业,吉利。

[解读]人才是第一生产力。

【注】

(1) 大畜:卦名。原指大牲畜(如本卦中的马、牛、豕),大牲畜是当时重要的生产力要素,是人类改造自然能力和决定战争胜负的物质标志。引申义为蓄积人才。

(2) 利贞:有利于长久发展。贞,正,一直。

(3) 不家食:不稼而食,指有贮备,可应付所需。古"家"通稼。

(4) 利涉大川:宜于克服艰难险阻,干大事,参见《需》卦卦辞解。

【大畜:爻辞解读】

[原文]初九:有厉[1],利已[2]。

[译文]初九:遇到险境之时,最好是暂缓、观望。

[解读]小不忍则乱大谋。

【注】

(1) 厉,危厉。

(2) 已,停止。

[原文]九二:舆说輹[1]。

[译文]九二:车身与车轴分离。

[解读]三军易得,一帅难求[2]。

【注】

(1) 舆说輹:《小畜》卦中为"舆说辐",在当时可能常来比喻分离。舆,车。说,脱。輹与辐同义,指连接车厢与车轴的部件。在《小畜》卦形容应彻底分离,而本卦中,从前后语境分析,是说没有人才,国家机器不能正常运转。

[原文]九三:良马逐[1],利艰贞。日闲[2]舆卫[3],利有攸往。

[译文]九三:良马常追逐训练,才能承担重任;车手勤操练,才能在关键时刻发挥作用。

[解读] 只要工夫深,铁杵磨成针。

【注】

(1) 逐:飞奔。

(2) 日闲:日,每天,经常。闲,练习、操练、熟悉。

(3) 舆卫:驾车人、卫兵。

[原文] 六四:童牛之牿⁽¹⁾,元吉。

[译文] 六四:给小公牛头上缚上一块横木,大吉大利。

[解读] 养成教育宜早不宜迟。

【注】

(1) 牿:束缚牛角的木头,以防其角渐大伤人。

[原文] 六五:豮豕⁽¹⁾之牙,吉。

[译文] 六五:被阉割的公猪没有凶性,吉祥。

[解读] 严师出高徒。

【注】

(1) 豮(fén)豕:阉割后的公猪。

[原文] 上九:何天之衢⁽¹⁾,亨。

[译文] 上九:替天行道,亨通。

[解读] 众志成城。

【注】

(1) 何天之衢(qú):(大畜的人才)为君王的事业奋斗。何,通荷,承载,肩负。天,君子,上天。衢,四通八达的道路,广阔无边。

第二十七卦 颐——以农为本,自力更生

(震下艮上)

【原文】

(卦辞)颐,贞吉。观颐,自求口实。

(爻辞)初九:舍尔灵龟,观我朵颐,凶。

六二:颠颐,拂经于丘;颐征,凶。

六三:拂颐,贞凶,十年勿用,无攸利。

六四:颠颐,吉。虎视眈眈,其欲逐逐,无咎。

六五:拂经,居贞吉,不可涉大川。

上九:由颐,厉,吉,利涉大川。

【导读】

《颐》卦是关于保障食品供给的教诲。在卦辞中,强调"颐"的重要性和保障"颐"的基本原则,即解决好食物(颐),才有利于可持续发展(贞吉),要切实了解所需总量和库存(观),立足于自力更生、自给自足。各爻从不同的角度对卦辞进行了诠释。

初九爻是说:看不到自己的优势,对自己没有信心,总盯着别人的幸福,期待他人的施舍,这是万万要不得的。

六二爻是说:以农为本。开荒种地,用扩大生产的方式解决粮食问题。狩猎带有不确定性,不能舍本求末。

六三爻是说:指望用狩猎或战争掠夺来满足温饱,那是非常危险的。不能鼓励民众有这种不劳而获的思想,这样的事,只能偶尔为之,少数人为之。

六四爻再次告诫,老老实实、一心一意地着眼于农业生产,以农作物为主要粮食来源,这不会有错的。

六五爻是对上一爻的补充,开荒种地虽然好,但不要离家太远,否则不便于管理。

上九爻是说:要鼓励藏富于民;任由人们追求富庶的生活,对君子的管理会有一定影响(厉),但权衡之下,民富毕竟比民穷要好。民富了,国才能强;国强了,才能长治久安,才能应付大风大浪。

从《颐》卦可见,在《周易》成书时,先民正告别游牧而向农业部落迈进,从攫取经济(渔猎)向生产经济过渡。《颐》卦中的民以食为天、自力更生、以农为本、藏富于民的思想是中华传统文化中的精华。

【颐:卦辞解读】

[原文]颐(1),贞吉。观颐,自求口实(2)。

[译文]重视颐养,有利于发展,吉利;要随时了解并掌握粮食供给状况,立足于自己解决所需。

[解读]民以食为天,自力更生为上策。

【注】

(1) 颐:卦名。颐,即腮部。食物由口入而养生,故"颐"又引申为"养"。

(2) 自求口实:自力更生。口实,口中的食物。

【颐:爻辞解读】

[原文]初九:舍尔灵龟(1),观我朵颐(2),凶。

[译文]初九:舍弃自己神龟般的能力,反而眼馋他人的富足,凶险。

[解读]捧着金饭碗去要饭,悲哀。

【注】

(1) 舍尔灵龟:放弃你神龟般的能力。舍,舍弃。尔,你的。灵龟,长寿生物,善食气自养。

(2) 朵颐:隆起的腮帮子,口里在咀嚼食物,喻指富裕的生活。朵,隆起的样子。

[原文]六二:颠颐(1),拂经于丘(2);颐征(3),凶。

[译文]六二:垦荒种地,以农林为本;仅靠狩猎解决温饱,凶。

[解读]发展生产,保障供给。

【注】

(1) 颠颐:指以果实或根茎为食物。颠,颠倒,引申为二端。

(2) 拂(fú)经于丘:在山丘上开路垦荒。拂,击打、砍。经,道路。丘,丘陵、荒地。本爻可能反映《周易》成书时,已实施井田制①,拂经于丘是在原基础上扩大可耕面积。

(3) 颐征:群体出动狩猎。

---

① 井田制是我国奴隶社会实行的一种土地使用的管理制度。所谓"井田"是指将方圆九百亩土地,划为九块,每块一百亩,八家共耕中间的一百亩公田,每家都有一百亩私田,这种土地的划分使用方式,其形犹如"井"字,是一种农业、行政与军事组织形式合一的重要制度。

［原文］六三：拂颐⁽¹⁾,贞凶,十年勿用,无攸利⁽²⁾。

［译文］六三：仅依赖狩猎或战争解决供给,前途必然凶险。长期用这种方法解决众人的温饱,没好处。

［解读］歪门邪术,不可为道。

【注】

(1) 拂颐：与上一爻的"拂经"相对,指通过狩猎或战争解决供给。拂,引申义为掠夺。

(2) 十年勿用,无攸利：众人长期依赖(拂颐),没有好处。这是对"拂颐,贞凶"的进一步说明：偶尔为之,可以；少数人为之,可以；但众人都指望这个,是不行的。十年,指长期,十为概数。勿用,很多人用。参见《乾》卦初九爻注。

［原文］六四：颠颐,吉。**虎视眈眈⁽¹⁾,其欲逐逐⁽²⁾,无咎**。

［译文］六四：农林为本,吉利。像老虎觅食那样,专心致志、孜孜以求,没有什么不妥。

［解读］专心致志,立足根本。

【注】

(1) 眈眈：目光紧盯的样子。

(2) 逐逐：专注、急迫的样子。

［原文］六五：拂经⁽¹⁾,居贞吉,不可涉大川⁽²⁾。

［译文］六五：选择垦荒的地点不要太远,在居住地附近较好⁽³⁾。

［解读］要开拓进取,也须统筹兼顾。

【注】

(1) 拂经：为六二爻"拂经于丘"的省略。

(2) 涉大川：远涉大江大河,指距离遥远。参见《需》卦卦辞解。

相对于成熟的井田,水利等不完善。在当时,可能还存在掠夺,如果在离住地太远的地方拓荒,将不利于管理。

［原文］上九：由⁽¹⁾颐⁽²⁾,厉⁽²⁾,吉,利涉大川。

［译文］上九：鼓励追求富庶的生活,可能有管理上的麻烦,但(最终)为吉,有利于排难涉险。

［解读］民富方能国强。

【注】

(1) 由：遵循、默许、沿着。

(2) 厉：可能指统治者对待民富的担心。

第二十八卦 大过——矫枉过正,化险为夷

(巽下兑上)

【原文】

(卦辞)大过,栋桡。利有攸往,亨。

(爻辞)初六:藉用白茅,无咎。

九二:枯杨生稊,老夫得其女妻,无不利。

九三:栋桡,凶。

九四:栋隆,吉。有它,吝。

九五:枯杨生华,老妇得其士夫。无咎,无誉。

上六:过涉灭顶,凶,无咎。

【导读】

《大过》卦是关于如何应对危机(栋桡)的教诲。卦辞点明主旨:面临严峻的形势,必须用超常规的方法与手段力挽狂澜。各爻从不同的角度论述了如何认识、正确看待危机,以及拯救危机的原则、方法和风险。

初六爻是说:人在做,天在看。面临危境,首先要检讨自己是否存在过失,要比平时更虔诚地祷告,祈求老天的宽恕和对拯救危机的保佑。

九二爻用生活中老夫娶少妻后焕发青春活力的例子,来证明"大过"的效果,有些看似已成定局的事,在"大过"时也会有奇迹发生,变不可能为可能。

九三爻是说:要高度重视危机、认清形势,不存侥幸心理。

九四爻是说:在特殊时期,不能墨守成规,为力挽狂澜,矫枉过正也在所不惜。

九五爻与九二爻相似,不同的是,还有在非常时期不要瞻前顾后、在乎舆论,不要怕人家说三道四的意思。

上六爻是进一步分析说:尽管"大过"可能带来灭顶之灾,但与其坐以待毙,还不如奋力一搏,否则一线生机都没有了。

《大过》卦中蕴含的危机管理思想至今仍有现实意义:首先要防患于未然,高度重视。当危机发生时,先检讨自己的过失,力求老天的谅解与支持。在生死存亡的关键时刻,不能轻言放弃,更不能前怕狼后怕虎,要拿出壮士断腕的决心和

勇气,中流击水,力挽狂澜。

孔子在解读《大过》卦时,曾谆谆告诫:"大过之时,义大矣哉①。"面临危机,要"君子以独立不惧,遁世无闷"②。

【大过:卦辞解读】

[原文] 大过(1),栋桡(2)。利有攸往(3),亨。

[译文] (面临危机)如房屋的栋梁弯曲,只有超出常规的手段(大过)方能力挽狂澜,实现亨通。

[解读] 高度重视危机管理,兵来将挡。

【注】

(1) 大过:卦名。本卦指君王应对危机的方法。大,指君王,领导者。过,越过,非常规。参见《小过》卦。

(2) 栋桡(ráo):大梁弯曲。栋,栋梁,承载屋顶重量的关键构件。桡,弯曲,喻指古代社会政治生活极危险的社会势态,如军事上、经济上的失利,诸侯、臣子犯上,自然灾害等。所以,九三爻直接判断"栋桡,凶"。

(3) 利有攸往:在《周易》中出现多次,指在"栋桡"之时,"大过"有助于其所往,有所作为。

【大过:爻辞解读】

[原文] 初六:藉用白茅(1),无咎。

[译文] 初六:(祭祀时,祭器下)用白茅铺垫,没有灾祸(2)。

[解读] 特殊时刻应慎之又慎。

【注】

(1) 藉用白茅:古时,献祭人祭祀时在盛供品的器皿垫上一层柔软的茅草。藉,祭祀时的铺垫。白茅,白色的茅草,喻指经过精挑细选。

(2) 天人合一是中国传统文化中的一个重要概念。先贤认为:天与人有感应关系的存在,人的吉凶祸福与天有关,因此,碰到危机时,首先要检讨自己的过失,用祭祀的方法祈祷上天的护佑。

[原文] 九二:枯杨生稊(1),老夫(2)得其女妻(3),无不利。

[译文] 九二:干枯的杨树上长出新枝,犹如龙钟的老汉娶了少妻(而又青春焕发),没有什么不好。

[解读] 困难之时,不要轻言放弃,也许会有转机。

---

① 《易传·象·大过》曰:"大过,大者过也。栋桡,本末弱也。刚过而中,巽而说行,利有攸往,乃亨。大过之时,义大矣哉!"

② 《易传·象·大过》曰:"泽灭木,大过。君子以独立不惧,遁世无闷。"

【注】
(1) 稊(tí):柔嫩的叶子。
(2) 老夫:老年男子。
(3) 女妻:生育能力正当年的年轻妻子。

[原文]九三:栋桡,凶(1)。
[译文]九三:房屋的栋梁受重压而弯曲,凶险。
[解读]形势严峻时要勇敢面对。
【注】
(1) 栋桡,凶:形势严峻(必须用"大过"之法)。本爻与卦辞相比,多了一个凶。再次证明,《周易》的卦辞多为全卦主旨的综合。

[原文]九四:栋隆(1),吉。有它(2),吝。
[译文]九四:(用非常手段解决了栋桡)虽矫枉过正,但吉祥;其他的方法都行不通。
[解读]力挽狂澜,矫枉过正也在所不惜。
【注】
(1) 栋隆:隆起,升高,为栋桡的反方向。
(2) 有它:"大过"之外的方法。

[原文]九五:枯杨生华(1),老妇得其士夫(2)。无咎,无誉。
[译文]九五:枯萎的杨树开了花,犹如龙钟的老太嫁给小丈夫(焕发了青春)。没有危害,没有赞誉(3)。
[解读]在危急关头,切不可瞻前顾后,畏首畏尾。
【注】
(1) 华:通"花"。
(2) 士夫:年轻的丈夫。士,年轻的成年男子。
(3) 老妇得其士夫。无咎,无誉:与九二爻的"老夫得其女妻。无不利。"相对。无誉,可能与当时的婚姻文化有关。"老妇得其士夫"是不被社会认同的,但本爻强调的是"枯杨生华",即用"大过"能获得看似不可能的结果,所以,仍然给出了无咎的判断。本爻比九二爻还多一层意思就是为了生死存亡的问题,不要被平时的价值判断原则所累,果断用"大过"之法。

[原文]上六:过涉灭顶(1),凶,无咎。
[译文]上六:涉水过深,头顶都淹没了,凶险,没有错。
[解读]置之死地而后生。
【注】
(1) 过涉灭顶:"大过"的本身确实存在风险。过涉,涉水过深。灭顶,淹没头顶。

第二十九卦 坎——保存实力，走出困境

（坎下坎上）

【原文】

（卦辞）习坎，有孚维心，亨，行有尚。

（爻辞）初六：习坎，入于坎窞，凶。

九二：坎有险，求小得。

六三：来之坎，坎险且枕。入于坎窞，勿用。

六四：樽酒，簋贰，用缶，纳约自牖，终无咎。

九五：坎不盈，祇既平，无咎。

上六：系用徽纆，寘于丛棘，三岁不得，凶。

【导读】

《坎》卦是处险之道的教诲。卦辞是说处于危险时，唯有诚，方能取得同情和帮助，逐渐走出困境。

各爻分述了面临不同困境下的应对策略：前两爻提醒要认清险情，调整需求。三爻是说与其坐以待毙，不如奋力一搏。四爻以牢狱之灾为比喻，说明位于险"坎"之中，求生存是第一。五、六爻是说在困境中要保持一个好的心态，看到积极的一面。一定要避免陷入进退两难的尴尬局面。

初六爻是说：当危险不断来临之际，不能掉以轻心，若任其发展，后果不堪设想。

九二爻是说：在困境中，要调整自己的预期目标，以稳为上，不可贪大贪多，小有所得即可。

六三爻是说：危险接踵而来、陷入困境之时，唯有率众背水一战。

六四爻是说：在最困苦的时候，只要能填饱肚子，保住命就行了，留得青山在，不怕没柴烧。

九五爻是说：只要没遇到灭顶之灾，还有一线希望，那就要坚持。

上六爻是以深陷囹圄，多年不见转机为例说明：当灾难真的来临之时，要面对现实，不可盲目乐观。

《大过》卦要求在面临险境要先与老天对话（藉用白茅），《坎》卦以诚信作为

拯救危难的指导思想(有孚维心),二者在"天人合一,以诚为本"上一脉相承,在主题上又有递进关系:《大过》卦是说拯救危机的原则、方法和风险;《坎》卦则是讲处于被动地位时,如何面对现实,发挥人的主观能动性。

孔子的"行险不失其信①",孟子的"天时不如地利,地利不如人和,……得道者多助,失道者寡助"等表明:儒家的这些价值取向也许源于对《易经》的解读。

【坎:卦辞解读】

[原文]习坎(1),有孚维心(2),亨,行有尚(3)。

[译文]在困难重重之时,要心怀诚信,方能维系人心、脱离险境。

[解读]以诚感人、走出困境。

【注】

(1) 习坎:重重艰险。习,重复,应对。坎,水患,喻指艰险,作卦名时指应对危机。

(2) 有孚维心:诚信维系于心。面对自然困境,仍坚持诚信为上,反映了先贤天人合一的理念;可能也表明,由于当时的能力有限,人在大自然灾害面前的被动与无奈。孚,信。维,系。

(3) 尚:增加,有助于。

【坎:爻辞解读】

[原文]初六:习坎,入于坎窞(1),凶。

[译文]初六:重重坎险,(若)落入陷坑之底,凶。

[解读]山雨欲来风满楼,黑云压城城欲摧。

【注】

(1) 窞(dàn):坑,陷阱。

[原文]九二:坎有险,求小得(1)。

[译文]九二:遭遇困难时,降低一些要求。

[解读]处于低谷时要面对现实,避险为上,不要抱太大的奢望。

【注】

(1) 小得:微小所得。

[原文]六三:来之(1)坎,坎险且枕(2)。入于坎窞(3),勿用(4)。

---

① 《易传·彖·坎》曰:习坎,重险也。水流而不盈。行险而不失其信。维心亨,乃以刚中也。行有尚,往有功也。天险不可升也,地险,山川丘陵也。王公设险,以守其国。险之时,用大矣哉!

[译文] 六三：往来进退均很艰难，坎险且深。危难之时，只有率众奋力拼搏。

[解读] 背水一战，置之死地而后生。

【注】

(1) 来之：来去。之，往、去。

(2) 枕：沈、深。

(3) 入于坎窞：与初六爻同，意思上有递进，前面是提醒，有可能会进入"坎窞"，本爻是即将进入"坎窞"。

(4) 勿用：率领众人应付。勿用，聚众，参见《乾》卦初九爻注。

[原文] 六四：樽酒(1)，簋贰(2)，用缶(3)，纳约自牖(4)，终无咎(5)。

[译文] 六四：一樽酒，两簋饭，装在瓦缶之中，自窗户送给（陷入坎窞之人），最终不会有灾祸。

[解读] 保存实力，坚持是硬道理。

【注】

(1) 樽(zūn)酒：一壶酒。樽：古代盛酒的器具。

(2) 簋(guǐ)贰：两碗饭。簋：古代盛食物的器具。

(3) 缶(fǒu)：大肚小口的瓦器，相当于贵族所用的礼器，是最普通不过的实用容器。

(4) 纳约自牖(yǒu)：可能指从窗户给关在坎窞中的人以饮食。纳，送入。约，挤紧，指上述的缶。牖，窗户。

(5) 终无咎：深陷困境之中，坚持，就有希望。

[原文] 九五：坎不盈(1)，祇既平(2)，无咎。

[译文] 九五：陷阱没有被水充满，障碍也开始平复，必无咎害。

[解读] 困境中更要看到希望。

【注】

(1) 盈：满，深。

(2) 祇(zhī)：是坻(dǐ)的借字，指小山丘。平：变低平。

[原文] 上六：系(1)用徽纆(2)，寘(3)于丛棘(4)，三岁(5)不得(6)，凶。

[译文] 上六：被绳索重重捆绑，囚在荆棘丛生的牢狱中，多年不得解脱，十分凶险。

[解读] 切戒咎由自取，力避不可收拾。

【注】

(1) 系：捆绑。

(2) 徽纆(mò)：粗韧结实的绳索，三股的叫徽，两股的叫纆。
(3) 寘(zhì)：放置。
(4) 丛棘，古代在狱外种的荆棘，据说有"九棘"，以防罪人逃跑，犹如现在的铁丝网。
(5) 三岁：多年。
(6) 得：解脱。

第三十卦　离——人尽其才,悉用其力

（离下离上）

【原文】

（卦辞）离,利贞,亨。畜牝牛,吉。

（爻辞）初九:履错然,敬之,无咎。

六二:黄离,元吉。

九三:日昃之离,不鼓缶而歌,则大耋之嗟,凶。

九四:突如,其来如,焚如,死如,弃如。

六五:出涕沱若,戚嗟若,吉。

上九:王用出征,有嘉折首。获匪其丑,无咎。

【导读】

《离》卦是关于人才管理艺术的教诲。卦辞中以蓄养母牛作比喻①,高度赞扬网罗、培养、发展壮大人才队伍的重要性。

初九爻是说:要选好人才的苗子,首要的是观其德行,看其是否敬业;对待新人,要允许其有个成长过程。

六二爻是说:要做好人才储备,要跟得上国家发展的需要,在关键时候要有人才保障,才能一帆风顺。

九三爻紧接六二爻,若没有预见性,到要用人时才想到培养人才,临时抱佛脚会误事,后悔都来不及。

九四、六五爻非常生动地描述了门下贤士的众生相。九四爻说:作为领导者,不但要网罗人才,还要允许部下畅所欲言、相互争辩,兼听各方意见。

六五爻是说:被采纳主张之人的兴奋与激动和没有被采纳主张之人的伤心,这些喜怒哀乐是情理之中的反应,是正常现象。

上九爻有两层意思:首先是说要给予"中标"者精神和物质鼓励;最后是提醒君王,在决策时要保持清醒的头脑,不要随大流,兼听则明,偏信则暗,只听一方面意见,可能酿成大错。

---

① 参见本书下篇第二十六卦《大畜》。

《大畜》卦和《离》卦的主题都是关于人才的:前者主要谈人才的培养;后者侧重于礼贤下士和驭才。

【离卦:卦辞解读】

[原文] 离(1),利贞,亨。畜牝牛(2),吉。

[译文] 网罗人才,利于坚守正道,亨通;犹如畜养柔顺的母牛,吉祥。

[解读] 培养与引进人才是头等大事。

【注】

(1) 离:卦名。在本卦中为网罗人才之义。在帛《易》中,本卦称"罗卦"。"罗"本指捕鱼、捕鸟的网,相当于"门可罗雀"与"网罗人才"中的罗。《易传·序卦下》曰:"作结绳而为网罟(gǔ),以佃以渔,盖取诸离。"

(2) 畜牝牛:畜养母牛。牝,雌性的动物。母牛干活温顺,还能繁殖,因此,吉。

【离卦:爻辞解读】

[原文] 初九:履(1)错然(2),敬之(3),无咎。

[译文] 初九:履新之人做事杂乱,但很敬业,无大碍。

[解读] 选对敬业之才,允许其有一个成长过程。

【注】

(1) 履:履任(到任)、履位(就位)。

(2) 错然:杂乱、莽撞。

(3) 敬之:敬业。

[原文] 六二:黄离(1),元吉。

[译文] 六二:如日中天,网罗人才,大吉大利。

[解读] 事业鼎盛之时更需要人才的支撑。

【注】

(1) 黄离:联系下爻的"日昃之离",此时应指"正当午之离"。黄,中,中色。

[原文] 九三:日昃(1)之离,不鼓缶而歌(2),则大耋(3)之嗟(4),凶。

[译文] 九三:不趁热打铁,等到太阳西斜(才想到网罗人才),必将致"老暮"之嗟,凶险。

[解读] 莫等闲,白了少年头,空悲切。

【注】

(1) 昃(zè):太阳西斜。

(2) 鼓缶而歌：边击缶边歌唱，此处有趁热打铁的意思。鼓，敲打。缶，陶器。

(3) 耋(dié)：八十岁老人，泛指老人。

(4) 嗟：哀叹。

[原文] 九四：突如⁽¹⁾，其来如⁽²⁾，焚如⁽³⁾，死如⁽⁴⁾，弃如⁽⁵⁾。

[译文] 九四：人才涌现、争先恐后（献计献策）、争论不休，有人认为要死守，有人则认为应放弃⁽⁶⁾。

[解读] 百花齐放，百家争鸣。

[注]

(1) 突如：人才脱颖而出。突，突出。帛《易》作"出"。

(2) 其来如：人才聚集在一起。这可能是春秋战国时养士、门客文化的雏形。其，代指人才。

(3) 焚如：纷纷，众多。帛《易》中"焚"为"纷"。

(4) 死如：固执。坚持原有的观点。

(5) 弃如：放弃。指经过争辩后，放弃或不采纳某观点。

(6) 本爻的结构是"动词＋如"，"突如、其来如、焚如、死如、弃如"之间均为并列关系，"如"均为语气助词。

[原文] 六五：出涕沱若⁽¹⁾，戚⁽²⁾嗟若，吉。

[译文] 六五：激动的泪水像河水般流淌，悲伤的叹惜此起彼伏，吉。

[解读] 士为知己者死。

[注]

(1) 沱若：大雨滂沱的样子，形容泪水多。

(2) 戚：忧伤，悲痛。

[原文] 上九：王用出征⁽¹⁾，有嘉⁽²⁾折首⁽³⁾。获匪其丑⁽⁴⁾，无咎。

[译文] 上九：王采纳计谋之后，给予嘉奖与首肯。采纳的依据并不是说的人多，就无碍。

[解读] 管理者既要调动集体的智慧，还要有自己的主见。

[注]

(1) 王用出征：君王采纳其计谋。征，泛指国策。

(2) 有嘉：给予表扬。

(3) 折首：首肯，鼓励。

(4) 获匪其丑：采纳的依据并不是根据赞同人的多寡。获，收获，采用。匪，非。其，指九四爻的"突如、其来如"中的"其"，指献计之人；丑，众。

第三十一卦　咸——两情相悦，天长地久

（艮下兑上）

【原文】

（卦辞）咸，亨，利贞。取女，吉。

（卦辞）初六：咸其拇。

六二：咸其腓，凶；居，吉。

九三：咸其股，执其随往，吝。

九四：贞吉，悔亡，憧憧往来，朋从尔思。

九五：咸其脢，无悔。

上六：咸其辅、颊、舌。

【导读】

《咸》卦与《诗经》中的《国风·周南·关雎》相似①，只不过主人公是君子而不是淑女。作者教导君子如何向心仪的姑娘表达爱意，赞美了纯真的爱情。

卦辞是全卦的主旨，其讨论的是如今看来都十分有意义的命题：感情要培养（利贞），性爱要两情相悦（咸，亨），建立在感情基础之上的婚姻吉利（取女，吉）。

初六爻是说：当你喜欢一个姑娘时，不可莽撞行事，可先试探一下她的反应（咸其拇）。

六二爻是说：为了让姑娘明白你的爱意，再直白一点（咸其腓），这可能会冒犯美女，但如果她默许你的行为，那说明她也对你有意。

九三爻很生动，是说：当进一步抚摸时，情难自制，但动作鲁莽粗暴，操之过急会引起反感（吝）。

九四爻是说：水到渠成、瓜熟蒂落（贞吉、悔亡），两情相悦（朋从尔思）、男女媾和（憧憧往来）。

九五、上六爻是进一步描绘云罢雨收之后的余音绕梁：紧紧相拥，热烈亲吻，共享爱情的美好。

---

① 《国风·周南·关雎》为先秦时代华夏族民歌，是《诗经》中的第一篇诗歌，通常认为是一首描写男女恋爱的情歌。第一段为："关关雎鸠，在河之洲，窈窕淑女，君子好逑。"

《周易》的作者在本卦中初咸其拇,二咸其腓,三咸其股,五咸其脢,六咸其辅颊舌;把"执其随往"和四爻咸的身体部位(私处)省略。其描述男女肌肤之亲的细腻生动、落落大方,无矫揉造作之嫌和淫秽之感,这样的艺术功力实乃大师手笔。

《咸》卦还反映了先民在性爱问题上健康淳厚、热烈大方而不乏细腻的情感。先民在性问题上的开放、直率和坦诚的态度,与西方民族的"原罪意识"迥然不同。

【咸:卦辞解读】

[原文]咸(1),亨,利贞。取女(2),吉。

[译文]男女沟通交感,亨通,有利于正道;此时娶妻吉祥。

[解读]建立在真挚感情基础上的婚姻是美满的;心怀诚意、充分而有效的沟通有利于找到志同道合的人才。

[注]

(1) 咸:卦名。感,感动,感应。

(2) 取女:同"娶"。女:妻。

【咸:爻辞解读】

[原文]初六:咸其拇(1)。

[译文]初六:碰碰她的手。

[解读]丢个石头试水深。

[注]

(1) 拇:指手、脚大指。先贤多译为脚上的大拇指,依据是自下而上,由脚至小腿……《易经》中足指用"趾"为多,如"屦校灭趾""贲其趾""壮于趾""鼎颠趾""艮其趾"等,从人际交流而言,与手接触的幅度较小,试探时更有回旋余地,所以,笔者译为"手指"。

[原文]六二:咸其腓(1),凶;居(2),吉。

[译文]六二:摸摸她的小腿,有危险;但若她默许你的爱抚,吉祥。

[解读]试探性地表达心意。

[注]

(1) 腓:小腿。

(2) 居:停留,指对方默许。

[原文]九三:咸其股(1),执其随(2),往吝。

［译文］九三：抚摸她的大腿，强迫她服从你，粗鲁的行为会受到斥责。

［解读］两情相悦，方能水到渠成。

【注】

(1) 股：大腿。

(2) 执其随：强行求爱。指咸其股后不能自制，动作鲁莽。执，抓住，强制。随，跟随。

［原文］九四：**贞吉，悔亡，憧憧往来**(1)，**朋从尔思**(2)。

［译文］九四：纯洁无邪，吉祥，才不会有悔意；（做到了这一点，才能达到）两情相悦的境界。

［解读］真心倾慕，心心相印。

【注】

(1) 憧憧(chōng)往来：意乱情迷，共浴爱河。憧憧，往来不绝的样子。往来，男女交合行为。

(2) 朋从尔思：心仪的她顺从你的心思。

［原文］九五：**咸其脢**(1)，**无悔**(2)。

［译文］九五：紧紧拥抱，无怨无悔。

［解读］情投意合才能亲密无间。

【注】

(1) 咸其脢(méi)：亲密拥抱。脢：背脊上的肉。

(2) 无悔：指双方已到达你情我愿的境界。

［原文］上六：**咸其辅**(1)、**颊**(2)、**舌**。

［译文］上六：热烈亲吻。

［解读］激情荡漾。

【注】

(1) 辅：颊骨。

(2) 颊：面颊。

第三十二卦　恒——锲而不舍，金石可镂

（巽下震上）

【原文】

（卦辞）恒，亨，无咎。利贞，利有攸往。

（爻辞）初六：浚恒，贞凶，无攸利。

九二：悔亡。

九三：不恒其德，或承之羞。贞吝。

九四：田无禽。

六五：恒其德，贞。妇人吉，夫子凶。

上六：振恒，凶。

【导读】

《恒》卦是关于持之以恒的教诲。卦辞阐述了全卦的主旨，能坚守恒久之道，诸事顺利，伟业必成。

初六爻是说：恒心动摇、意志减退，那将是非常危险的，势必一事无成。

九二爻紧接初爻说：如果意志坚定，就不会后悔。

九三爻是说：作为一个君子，要有自己的做人原则并一以贯之，如果朝秦暮楚或晚节不保，必将前功尽弃、自取其辱，久而久之就麻烦了。

九四爻是用狩猎举例说明：若没有恒心，耐不住寂寞，不坚持，哪来收获？

六五爻进一步诠释"恒其德"的内涵：执行者，不折不扣是"恒其德"；而决策者，奉常处变才是"恒其德"。有些事必须一成不变，有些事则要与时偕行。

上六爻是说：如果犹豫不决，摇摆不定，那肯定有凶险。

先贤从天人合一的角度，对《恒》卦奉常处变的思想进行了阐发。如《易传·象·恒》曰："日月得天而能久照，四时变化而能久成。观其所恒，而天地万物之情可见矣。"唐孔颖达在《周易正义》中说："恒久之道，所贵变通""变通随时，方可长久。能久能通，乃无咎也"。

【恒:卦辞解读】

［原文］恒[1]，亨，无咎。利贞，利有攸往。

[译文] 恒,亨通,没有麻烦,有利于坚守正道、做大做强。

[解读] 持之以恒才能克服困难,可持续发展。

【注】

(1) 恒:卦名。常,久,坚持。

【恒:爻辞解读】

[原文] 初六:浚恒⁽¹⁾,贞凶,无攸利。

[译文] 初六:动摇了"恒"心,如此下去必有凶险,没有什么好处。

[解读] 坚持,贵在心无杂念。

【注】

(1) 浚(jùn)恒:使恒松动而发生改变。浚,疏通,挖深。

[原文] 九二:悔亡。

[译文] 九二:(停止"浚恒")⁽¹⁾就不会后悔。

[解读] 坚持就是胜利。

【注】

(1) 本爻紧接上爻的话题,"浚恒"贞凶,改之则悔亡。

[原文] 九三:不恒其德⁽¹⁾,或⁽²⁾承⁽³⁾之羞⁽⁴⁾。贞吝。

[译文] 九三:不能坚守道德标准,可能会因自己的行为而蒙受他人的羞辱,长此以往,定有遗憾。

[解读] 晚节不保,前功尽弃。

【注】

(1) 德:恩惠、德政、贤明。

(2) 或:必,将。

(3) 承:蒙受。

(4) 羞:耻辱。

[原文] 九四:田无禽⁽¹⁾。

[译文] 九四:(缺乏恒心)⁽²⁾狩猎时也不会有所得。

[解读] 三心二意的小猫是钓不到鱼的。

【注】

(1) 田无禽(qín):捕不到猎物。田,打猎。禽,鸟兽。参见《师》六五爻解。

(2) 承上爻,不恒其德,田无禽。

[原文] 六五:恒其德,贞。妇人吉,夫子凶[1]。

[译文] 六五:遵守教诲,坚守规则。女人从一而终,吉祥;男人仅认准一个女人则有凶险。

[解读] 领导者的决策须与时偕行,下属执行时必须不折不扣。

【注】

(1) 妇人吉,夫子凶:此处用当时男女有别的双重标准对"恒其德"作补充解释,有些"德"就是要守常,如女子持家。而有些"德"是要因时而变,如男人在处理政务军务时,守常不变则凶险。"妇人吉,夫子凶"说明当时已进入男权社会。

[原文] 上六:振[1]恒,凶。

[译文] 上六:摇摆不定,不守常道,凶。

[解读] 朝三暮四,一事无成。

【注】

(1) 振:动摇,反复。

第三十三卦　遯——审时度势,急流勇退

(艮下乾上)

【原文】

(卦辞)遯,亨,小利贞。

(爻辞)初六:遯尾,厉。勿用有攸往。

　　　六二:执之用黄牛之革,莫之胜说。

　　　九三:系遯,有疾,厉。畜臣妾,吉。

　　　九四:好遯,君子吉,小人否。

　　　九五:嘉遯,贞吉。

　　　上九:肥遯,无不利。

【导读】

《遯》卦表述的是《周易》中一个很重要的思想,即任何事物都有两面性,切不可只知进不知退,只知存不知亡。《遯》卦的思想与老子《道德经》中的精髓如出一辙。

作为君子,除了要有阳刚之道,还得有阴柔之术。要拿得起,放得下,有时要会退让,甚至于全身而退。

遇到过不去的坎时要退;在建功、盛名、富庶三种顺境之时也要审时度势,保持清醒头脑,抑制自身的欲望,排除外界的诱惑,心静如水,适时而退。

卦辞是全卦的主旨:学会退,才有可能保全自己,有机会东山再起。

前三爻大致说的是在逆境时要早作打算,识时务者为俊杰。初六爻是说:无论在顺境还是逆境,均要有两手准备。若情况不妙,当断则断,率众而退。否则,贻误了战机,麻烦会更大。

六二爻是紧接初爻说,若不及时而退,等到被牛皮绳子拴得牢牢的,想退也来不及了,不遭杀身之祸才怪呢。

九三爻是说:要勇于全身而退,如果黏黏糊糊,藕断丝还连,那问题就大了。远离政治漩涡,躲进家里做个宅男,老婆孩子热炕头最好。

后三爻句式相同,分别说了处在三种顺境之时,也要学会急流勇退。小隐隐于野,中隐隐于市,大隐隐于朝。

九四爻是说：在发展顺利、功成名就之时要学会"退"，不能像小人一样，给点颜料就想开染坊。

九五爻是说：当你成为政治明星，赞美之词不绝于耳之时，要保持清醒头脑，果断选择"退"，这才能保全自己。

上九爻是说：当你成为富翁时，不张扬、不显摆，适时而"退"，那就没有什么过不去的坎了。

孔子在《易传·文言》中的一段话，可谓是此卦的最好诠释："知进而不知退，知存而不知亡，知得而不知丧。其唯圣人乎？知进退存亡，而不失其正者，其为圣人乎？"在现实生活中，"英雄豪杰"因为不懂这个道理，而被"执之用黄牛之革，莫之胜说"的例子俯拾皆是。

【遯：卦辞解读】

［原文］遯⁽¹⁾，亨，小利贞⁽²⁾。

［译文］适时的退避，亨通，有利于前途。

［解读］以退为进，以柔克刚。

【注】

（1）遯(dùn)：卦名。音义通"遁"，本义当为奔跑的猪，引申为迁移、逃避、隐藏、躲避等义。

（2）亨，小利贞：相对于《乾》卦等的卦辞：元、亨、利、贞。《遯》卦卦辞没有"元"，多了一个"小"字，反映了周易的作者视主动进取者为元，即为大，随机应变为次，即为小。对于遁者而言，亨就是能够保存自己。

【遯：爻辞解读】

［原文］初六：遯尾，厉⁽¹⁾。勿用有攸往⁽²⁾。

［译文］初六：（该隐退时）要果断率众撤退，错过了时机很危险。

［解读］当断不断，必受其乱。

【注】

（1）遯尾，厉：退隐当在前，若在后，危险。

（2）勿用有攸往：统一号令，迅速撤退。勿用，聚众，参见《乾》卦初九爻注。有攸往，有所往。

［原文］六二：执之用黄牛之革⁽¹⁾，莫之胜说⁽²⁾。

［译文］六二：若被黄牛皮拧成的绳子拎缚住，没有人能逃脱。

［解读］见风使舵，随机应变。

【注】

(1) 执之用黄牛之革:被人用黄牛皮做的绳子束缚住。执,系,捆绑,束缚。之,未能及时遯者。黄牛之革,黄牛皮做成的绳子。

(2) 莫之胜说:没有人能逃脱。莫,不。之,助词。胜,能够。说,音义通"脱",逃脱。本爻是接上爻而言,更进一步阐明遯尾之后的"厉"。

[原文] 九三:系遯⁽¹⁾,有疾厉⁽²⁾。畜⁽³⁾臣妾⁽⁴⁾,吉。

[译文] 九三:退而不隐,就像疾病缠身那样危险。(如不问世事)专心调教家中的奴仆、婢妾,反倒吉祥。

[解读] 跳出三界外,不在五行中。

【注】

(1) 系遯:遯了以后还心有所系。

(2) 有疾厉:如同大病一般的苦恼。疾,大病。厉,苦痛。

(3) 畜:豢养。

(4) 臣妾:男奴为臣,女奴为妾。

[原文] 九四:好遯⁽¹⁾,君子吉,小人否⁽²⁾。

[译文] 九四:君子在功成名就之时懂得适时隐退,吉祥;而小人(只知进)不知退。

[解读] 功成,名遂,身退,天之道①。

【注】

(1) 好遯:前辈多注为"喜好退隐,追求退隐"。笔者联系上下爻,译为在顺境时能想到退。

(2) 君子吉,小人否(pǐ):为倒装句,能做到"好遯"是君子,吉祥;做不到"好遯"是小人,下场不好。

[原文] 九五:嘉⁽¹⁾遯,贞吉。

[译文] 九五:在受到赞美之时还能头脑冷静地选择隐退避让,正固吉祥。

[解读] 高处不胜寒。

【注】

(1) 嘉:嘉许,赞美。与上爻"好遯"是同一句式。

---

① 《道德经》第九章:"持而盈之,不如其已,揣而锐之,不可长保。金玉满堂,莫之能守,富贵而骄,自遗其咎。功成,名遂,身退,天之道。"其大意为:人若自满而傲,对己没有好处,如果锋芒太露,锐势很难保持长久。过刚则折,咄咄逼人将自取灾祸,即使金玉满堂也未能永久守住。富贵而骄,翩翩得意忘形,很多过失都避之不及。所以,应不自满,不自夸,功成名就而不显,这才合乎天道。

［原文］上九：肥⁽¹⁾遯，无不利。

［译文］上九：富裕之时选择遯，诸事顺利。

［解读］放下包袱才能轻装前进。

【注】

(1) 肥：本义为多肉，引申为胖、丰富、富裕、肥沃等义。

第三十四卦　大壮——维稳治乱，用法术势

（乾下震上）

【原文】

（卦辞）大壮，利贞。

（爻辞）初九：壮于趾，征凶，有孚。

九二：贞吉。

九三：小人用壮，君子用罔，贞厉。羝羊触藩，羸其角。

九四：贞吉，悔亡。藩决不羸，壮于大舆之輹。

六五：丧羊于易，无悔。

上六：羝羊触藩，不能退，不能遂，无攸利。艰则吉。

【导读】

《大壮》卦是教诲君子如何应对恃强犯上之徒。卦辞很简略，大意为：有效地控制局面，制止犯上作乱的行为，维持社会的稳定，才能安居乐业，天下太平。

初九爻是说：先礼后兵，刚出现闹事的苗头时，就施以重拳、马上派兵围剿是不妥的，还是应该以德治在先。

九二爻是说：经过感化、威慑，能悬崖勒马、安安分分了，吉祥。

九三爻是说：当小人蠢蠢欲动时，君子还麻木不仁、毫无警觉或措施不得力、不到位，那情况就糟糕了。发情的公羊要冲破篱笆，你必须牢牢地钳制住它的角。

九四爻是说：能控制住局面，就不会出大问题。如果应对不当，让其得势，就会更疯狂，那麻烦就大了。

九五爻是说：要下决心，干净、彻底地消灭这些害群之马，不留后患。

上六爻是说：当出现僵持局面时，不要丧失信心，艰苦卓绝的努力，有助于正义战胜邪恶。

《大壮》卦蕴含着"治"的思想，且有"德治"的萌芽。法家的代表人物韩非曾提出君主治国应当是"法""术""势"三者缺一不可。他说："君无术，则弊于上，臣无法，则乱于下，此不可一无，皆帝王之具也"（《韩非子·定法》）。

【大壮：卦辞解读】

[原文] 大壮⁽¹⁾,利贞。

[译文] 制止暴力,有利于坚守正道。

[解读] 对待制造麻烦者要有足够的威慑力和措施。

【注】

(1) 大壮:卦名。卦义有不同的说法,分歧主要就在"壮"字的解释。笔者将"壮"从"强盛"解,指小人的咄咄逼人的犯上行为。大壮,是指如何大于"壮"、超越"壮"、制伏"壮"。

【大壮：爻辞解读】

[原文] 初九:壮于趾⁽¹⁾,征凶。有孚。

[译文] 初九:在其恃强好胜之初就付诸武力,凶险。应以诚相待。

[解读] 动之以情,晓之以理。

【注】

(1) 壮于趾:壮,强。趾,脚趾,指称强之初。《周易》中"趾"多在初爻,指开始。

[原文] 九二:贞吉。

[译文] 九二:(如能以诚劝说他放弃"壮")⁽¹⁾结局完满。

[解读] 和为贵。

【注】

(1) 本爻是紧接上爻"有孚"而言。

[原文] 九三:小人⁽¹⁾用壮,君子用罔⁽²⁾,贞厉。羝羊⁽³⁾触藩⁽⁴⁾,羸⁽⁵⁾其角。

[译文] 九三:小人恃强好胜时,君子若没有警觉,那将是非常危险的。发情的公羊撞击篱笆时,必须控制住羊角。

[解读] 警钟长鸣,发现苗头,就要击中要害。

【注】

(1) 小人:泛指平民,此处指制造麻烦者。

(2) 君子用罔(wǎng):君子漠视①。罔同"惘",迷茫,失意。君子,泛指官僚士大夫阶层(作者的教诲对象)。

(3) 羝(dī)羊:公羊。

---

① 也有学者将"小人用壮,君子用罔"意译为,小人用强力,君子用计谋。但此说,与其后的"贞厉"有矛盾。

(4) 藩:篱笆。

(5) 羸(léi):大绳索,又解为困。

[原文] 九四:贞吉,悔亡。藩决不羸⁽¹⁾,壮于大舆⁽²⁾之輹⁽³⁾。

[译文] 九四:(控制住局面),前途吉祥,不会有后悔。倘若让公羊冲破了篱笆,就像滚滚向前的车轮,势不可挡。

[解读] 千里之堤,溃于蚁穴。

【注】

(1) 藩决不羸:公羊冲破了篱笆,以其形容小人制造的动乱得势。

(2) 舆:大车。用于比喻,参见《剥》卦。

(3) 輹:同辐,指车轮上的辐条。

[原文] 六五:丧羊于易⁽¹⁾,无悔。

[译文] 六五:铲除这些不安分的小人,没有什么遗憾。

[解读] 害群之马被制裁是其咎由自取。

【注】

(1) 丧羊于易:剔除用"壮"小人。相对于上爻的"藩决不羸",指已控制并清除"触藩"的"羝羊"。丧:丧失,剔除。易①,变化、转折、市场交换。易的字形由"日"和"月"组成,原意指太阳升起,月亮下山,即白天与黑夜交接的时分;此处指"羊"的变化,由温顺变成触藩。

[原文] 上六:羝羊触藩,不能退,不能遂⁽¹⁾,无攸利。艰则吉。

[译文] 上六:公羊冲撞篱笆,一时又控制不了,相持不下,真没什么好处。唯有努力应对才吉祥。

[解读] 再坚持一下,你就会成功!

【注】

(1) 遂:顺、进。

---

① 关于《大壮·六五》的"丧羊于易"和《旅·上九》的"丧牛于易",顾颉刚认为都是王亥的事迹,是说商人先祖王亥在有易这个地方放牧牛羊,被有易部落首领杀害的故事。他认为,易是地名(顾颉刚.周易卦爻辞中的故事.燕京学报,1929,12)。有很多学者从此说。

第三十五卦　晋——百尺竿头，更进一步

（坤下离上）

【原文】

（卦辞）晋，康侯用锡马，蕃庶，昼日三接。

（爻辞）初六：晋如摧如，贞吉。罔，孚，裕，无咎。

六二：晋如愁如，贞吉。受兹介福，于其王母。

六三：众允，悔亡。

九四：晋如，鼫鼠，贞厉。

六五：悔亡，失得勿恤。往吉，无不利。

上九：晋其角，维用伐邑。厉，吉，无咎。贞吝。

【导读】

《晋》卦是教诲君子掌握晋升之道。卦辞是全卦的主旨，以实例开宗明义：要想得到王的首肯与赏识、获得晋升，唯有用能力与实绩说话。

初六爻是说：当你晋升时，切勿得意忘形。低调处人为事，才能获吉利。不要刻意显摆你的聪明，难得糊涂为好，要以诚待人，与人为善，宽以待人。

六二爻是说：晋升之时，仍要常存忧患之心。把问题想得复杂些、考虑周全些才能走得更快、更稳。你能爬到现在的地位，是"王"有意栽培的结果，别以为自己有多了不起。

六三爻是说：你升职了，这仅是个开始，要众人真正拥戴你才行。倘若一升迁就翘尾巴，可能导致众叛亲离，最后成为光杆司令，到时候，后悔都来不及。

前面三爻是说晋升之后如何做人和处理人际关系。后面三爻主要是谈晋升不是船到码头车到站，还要百尺竿头，更进一步。

九四爻是说：要珍惜得到的晋升机遇，努力学习，有真才实学才能胜任岗位。如果外强中干、有名无实，那是维持不了多少时间的。

六五爻是说：功夫不负有心人，原先的很多担忧终于平稳度过。今日终于实现了晋升的目标，从此，一个新的阶段开始了，相信会更加的顺利。

上九爻与卦辞相呼应：要想在众多的竞争对手中脱颖而出，凭的是真才实学。战争，最能考验人。战争的洗礼虽然残酷，但不经历风雨怎么能见彩虹，根

据战争中的表现选拔人才最靠谱,但战争可遇不可求,没有战争时,也不能忽略选拔人才。

【晋:卦辞解读】

[原文] 晋(1),康侯(2)用(3)锡(4)马,蕃庶(5),昼日三接(6)。

[译文] 晋升,如康侯(大获全胜),俘马甚众,以献于王,因而一日之内多次见到天子。

[解读] 用实力说话,发展是硬道理。

[注]

(1) 晋:卦名。意为晋升。

(2) 康侯:安邦定国的诸侯(一说为周武王的弟弟卫康叔)。

(3) 用:因。

(4) 锡:通赐,此处作"献"解。

(5) 蕃庶:多不用数。蕃,草茂。庶,众。

(6) 昼日三接:一天内多次接见。昼日,一天一夜。三,多。

【晋:爻辞解读】

[原文] 初六:晋如摧如(1),贞吉。罔(2),孚,裕(3),无咎。

[译文] 初六:升迁了,如能坚持低调为人,吉祥;善意的掩饰、以诚待人、宽以待人,没有麻烦。

[解读] 木秀于林,风必摧之。

[注]

(1) 晋如摧如:晋升后仍摧眉折腰。帛《易》中"摧"作"浚"。如,语气助词,"晋如摧如"与下爻的"晋如愁如"对仗,增加了诗的韵味。第一个"如"为连词,相当于"而",后一个为助词,是词缀,相当"然"。

(2) 罔:(刻意的)迷茫。

(3) 裕:宽容。

[原文] 六二:晋如愁(1)如,贞吉。受兹介福(2),于其王母(3)。

[译文] 六二:升迁后不沾沾自喜,始终小心翼翼,吉祥。你能得到如此洪福,全靠王的谋略。

[解读] 谦虚谨慎是种大智慧。吃水不忘挖井人。

[注]

(1) 愁:谨小慎微的样子。

(2) 受兹介福:指卦辞中立功,受奖,得以晋升。兹,此。介,大。
(3) 母:当为谋①。

[原文] 六三:众允⁽¹⁾,悔亡。

[译文] 六三:众人认同,悔恨消失。

[解读] 众人拾柴火焰高。

[注]

(1) 众允:众人信任。允,信。

[原文] 九四:晋如,鼫鼠⁽¹⁾,贞厉。

[译文] 九四:爬上了高位,却如鼫鼠般无能,长此以往,会有危险。

[解读] 没有金刚钻,别揽瓷器活。

[注]

(1) 鼫(shí)鼠:五技鼠②,喻只会摆花架子,没有真本事。

[原文] 六五:悔亡,失得勿恤⁽¹⁾。往吉,无不利。

[译文] 六五:(晋升后)原先的担忧消失了。从此会更吉祥,无所不利。

[解读] 百尺竿头,更进一步。

[注]

(1) 失得勿恤:(原先的)很多担心不再。勿恤:种种的担心。勿,众。参见《乾》卦初九爻注。

[原文] 上九:晋其角⁽¹⁾,维用伐邑⁽²⁾。厉,吉,无咎。贞吝⁽³⁾。

[译文] 上九:在竞争中取胜,唯有经过战争的考验。有危险但吉祥,不致咎害;一直如此,则不好。

[解读] 不经历风雨,怎能见彩虹。

[注]

(1) 晋其角(jué):为了晋升而竞争。角,比试、竞争,斗。
(2) 维用伐邑:维用,只有用,维通唯。伐邑,天子出兵讨伐自己治下逆乱的属国,泛指受命独立完成军事任务。
(3) 贞吝:一直如此则吝。这是对本爻前半部分的否定,可能指不宜频繁发动战争或仅依赖战争选择人才也是行不通的。

---

① 廖名春.《周易·晋》卦爻辞新释.社会科学战线.2010,4.
② 东汉许慎《说文解字》:"鼫,五技鼠也。能飞不能过屋,能缘不能穷木,能游不能渡谷,能穴不能掩身,能走不能先人。从鼠,石声。"汉蔡邕《劝学篇》:"鼫鼠五能,不成一技。"

第三十六卦　明夷——韬光养晦，明哲保身

（离下坤上）

【原文】

（卦辞）明夷，利艰贞。

（爻辞）初九：明夷于飞，垂其翼。君子于行，三日不食。有攸往，主人有言。

六二：明夷，夷于左股，用拯马壮，吉。

九三：明夷于南狩，得其大首，不可疾贞。

六四：入于左腹，获明夷之心，于出门庭。

六五：箕子之明夷，利贞。

上六：不明，晦。初登于天，后入于地。

【导读】

《明夷》卦是《晋》卦的综卦，《晋》卦谈太平盛世时，君子如何努力去争取功名，《明夷》则是教诲君子在黑暗的政治时代，如何韬光养晦、明哲保身。

卦辞是对明夷时代的基本判断与价值取向，要做好过苦日子的准备，忍辱负重，渡过难关。

初九爻是说：在是非颠倒、政治黑暗的大背景下，首先应该明哲保身，低调做人。这个时候，你的想法再好，你的计划再妙，糊涂的大王都是听不进去的。

六二爻是说：在形势变糟糕的最初，如果采取得力的补救措施，还有挽回的余地。

九三爻是说：大王刚愎自用、一意孤行的品行在关键时刻暴露无遗，一时半会，回天乏术。

六四爻是说：当你意识到昏庸的大王已"病"入膏肓，认清他的本质，不再对其存有幻想，还是三十六计走为上吧，惹不起，躲得起。

六五爻是说：如果走不成的话，像箕子那样装疯卖傻、苟且偷生，也比糊里糊涂地毁掉名声或性命要强。

上六爻是对明夷之主的感叹与惋惜，也是对将为人君者的告诫：可惜啊！教训啊！创业不易，守成更难。大好的江山会因为自己的过失而丢掉，警惕呵！

【明夷:卦辞解读】

[原文] 明夷⁽¹⁾,利艰贞。

[译文] 昏君当道,政治黑暗。此时,要克服艰难方能维持正道。

[解读] 在是非颠倒的乱世,一要智慧,二要勇气。

【注】

(1) 明夷:卦名。光明受损,喻指君王的昏庸。有学者认为本卦就是指商纣王的暴虐黑暗统治。明,阳光。夷,铲平,消除。

【明夷:爻辞解读】

[原文] 初九:明夷于飞⁽¹⁾,垂其翼。君子于行⁽²⁾,三日不食⁽³⁾。有攸往,主人有言⁽⁴⁾。

[译文] 初九:(君王)昏庸之时,要小心翼翼地伴其左右(就像多日没吃饭时而没精神那样)。因为此时你要想做事,反而会受到责怪。

[解读] 处乱世时要学会等待。

【注】

(1) 于飞:正在飞行。古汉语动词前加"于",表示事情正在前行。

(2) 于行:正在行程中,指在昏君之朝为人处事。

(3) 三日不食:多天没有吃饭,形象地描述垂其翼。三,泛指多。

(4) 有攸往,主人有言:想表现,但会吃力不讨好,进一步说明为什么要选择低调的原因。主人,指君王。

[原文] 六二:明夷,夷于左股⁽¹⁾,用拯马壮⁽²⁾,吉。

[译文] 六二:明夷,(但程度不深)仅伤了左大腿。若借用好马助其前行,吉利。

[解读] 有药可救之时,要果断强力出手相助。

【注】

(1) 夷于左股:左腿受伤,古人贵右贱左,以此喻示君主"明夷"的程度不太重。

(2) 用拯马壮:用壮马拯救。拯:援救。

[原文] 九三:明夷于南狩⁽¹⁾,得其大首⁽²⁾,不可疾贞⁽³⁾。

[译文] 九三:在向南方征伐时,明夷现象已很明显,无法迅速纠正了。

[解读] 疾风知劲草。

【注】

(1) 南狩:向南方征讨,可能指当时的某次战争。狩,打猎,用兵。

(2) 得其大首①：指昏君明夷的程度已十分突出。首，显明。其，指昏君，结合六五爻，有学者认为是指商纣王。

(3) 疾贞：很快地改正。疾，速。与上爻的"用拯马壮"相对，此时，不能指望快速地纠偏。

[原文] 六四：入于左腹⁽¹⁾，获明夷之心⁽²⁾，于出门庭。

[译文] 六四：（明夷）,已病入膏肓，无可救药，只能远离。

[解读] 良禽择木而栖。

【注】

(1) 入于左腹：深入腹地，喻程度。

(2) 获明夷之心：左腹离心脏近，古人认为心决定思维，心受伤喻"明"彻底被夷。

[原文] 六五：箕子⁽¹⁾之明夷，利贞。

[译文] 六五：箕子在明夷时的做法，有利于自保。

[解读] 留得青山在，不怕没柴烧。

【注】

(1) 箕子：据《史记·殷本纪》载，箕子为商纣时的贤臣，因为反对纣王的淫乱不为纣王所容，为求生佯装疯狂，后被纣王罚为奴隶。

[原文] 上六：不明，晦⁽¹⁾。初登于天，后入于地。

[译文] 上六：明被夷而转入黑暗。起初登临天上，最终坠落地下。

[解读] 君主不犯糊涂，才能永葆基业长青。

【注】

(1) 晦：夜晚、昏暗。

---

① 很多学者认为"得其大首"是指在黑暗中南征，捕获了敌方元凶。笔者认为，二、三、四爻是说明夷的不同程度，句式结构相同，且由浅入深。因此，将"首"作"显"解。

第三十七卦 家人——修身齐家,再治天下

(离下巽上)

【原文】

(卦辞)家人,利女贞。

(爻辞)初九:闲有家,悔亡。

六二:无攸遂,在中馈,贞吉。

九三:家人,嗃嗃,悔厉,吉。妇子嘻嘻,终吝。

六四:富家,大吉。

九五:王假有家,勿恤,吉。

上九:有孚,威如,终吉。

【导读】

《家人》卦是关于如何齐家、治国的教诲。卦辞点明全卦的主旨:掌握了治家之道,你这个家才能安而不乱、欣欣向荣。

初九爻是说:没有规矩不成方圆,要主动、积极、有效地治家;否则,出了事,后悔都来不及。

六二爻是说:家庭财产的再分配,不患寡而患不均。你作为一家之主,一碗水要端平,在内部分配上要公平公正,不要有所偏颇,人为制造矛盾。

九三爻认为:治家宁严勿宽。严,也许有些不近人情,但棍棒底下出孝子。如果整天嘻嘻哈哈,没大没小,到最后,肯定要后悔的。

六四爻是说:治家不光是管人,还得大力发展生产,搞好经济,大河有水小河满。保家卫国、改善生活,有钱才能办好事。

九五爻是讲,小家搞好了,还不能忘了大家。作为诸侯国,要和天子搞好关系,背靠大树好乘凉。天子倘若驾临,要搞好接待和进贡之事,小心翼翼地侍候着,这样皆大欢喜。

上九爻再次强调,上梁不正下梁歪,要从自己做起,言而有信、严于律己,树立威信,"家齐"则自然"国治""天下平"。

程颐在释《家人》卦时说:"父子兄弟夫妇各得其道,则家道正矣。推一家之道可以及天下,故家正则天下定矣"(《伊川易传》卷三《家人》)。他认为"治家"与

"治天下"的关系是:"夫人有诸身者则能施于家,行于家者则能施于国,至于天下治。治天下之道,盖治家之道也",其后又反复强调:"家者,国之则也""夫王者之道,修身以齐家,家正则天下治矣"。

【家人:卦辞解读】

[原文] 家人⁽¹⁾,利女贞⁽²⁾。

[译文] 治家有方,家道正,家人受益。

[解读] 家和万事兴。

【注】

(1) 家人:卦名。周时,天子分封诸侯称"建国",诸侯立大夫称"立家"。家,不仅仅指血亲之家,而且是指部落、采邑这样的群体。在说法上,"家"与"国"常为一体,从全卦分析,特别是从九五爻的"王假有家"可见,本卦所言的"家人",乃是指教诲如何管理"家国"。参见《师》卦上九爻注释。

(2) 利女贞:因是女主内,男主外的时代①,故此处是指有利于国(家)兴旺。

【家人:爻辞解读】

[原文] 初九:闲⁽¹⁾有家⁽²⁾,悔亡。

[译文] 初九:家,重在治理,防患于未然,悔恨就会消亡。

[解读] 管理出效益。

【注】

(1) 闲:闲的本意即关门上拴,此处的引申义是治理、防御。

(2) 有家:大家。古汉语"有"用于名词前表示"大",如"有周"是"大周","有唐"是"大唐"等。

[原文] 六二:无攸遂⁽¹⁾,在中馈⁽²⁾,贞吉。

[译文] 六二:分配时不偏不倚,守正,吉利。

[解读] 不患寡而患不均。

【注】

(1) 无攸遂:没有偏爱。攸,所。遂,推荐、举荐。

(2) 馈:泛指赠送物。

[原文] 九三:家人,嗃嗃⁽¹⁾,悔厉,吉。妇子⁽²⁾嘻嘻⁽³⁾,终吝。

---

① 《易传·彖·家人》:"家人,女正位乎内,男正位乎外。男女正,天地之大义也。家人有严君焉,父母之谓也。父父、子子、兄兄、弟弟、夫夫、妇妇而家道正,正家而天下定矣。"

[译文]九三:从严治家,难免怨声载道,为此而有悔,但终是吉祥。若任凭妻小嘻嘻哈哈,最终的结果决不会好。

[解读]养不教,父之过;教不严,师之惰。

【注】

(1) 嗃嗃(hè):嗷嗷叫。喻过于严厉,家人怨声载道。

(2) 妇子:妻子。

(3) 嘻嘻:嬉闹,不严肃。

[原文]六四:富家[1],大吉。

[译文]六四:使家中的财富增加,大吉。

[解读]国富才能民强,物质是教化的基础。

【注】

(1) 富家:为国家的富裕而努力。

[原文]九五:王假有家[1],勿恤[2],吉。

[译文]九五:天子来时(要多进贡),加倍小心地陪伴,吉利。

[解读]牢记社会责任和义务。

【注】

(1) 王假有家:天子莅临诸侯国。假,至。有家:大家。

(2) 勿恤:加倍小心。勿,众。参见《乾·初九》注。恤,作紧张、唯唯诺诺解。

[原文]上九:有孚,威如[1],终吉。

[译文]上九:有诚信而又威严,最终得吉。

[解读]有威则可畏,有信则乐从,凡欲服人者,必兼具威信。

【注】

(1) 威如:敬畏貌。

第三十八卦 睽——遇变不惊,安之若素

(兑下离上)

【原文】

(卦辞)睽,小事,吉。

(爻辞)初九:悔亡。丧马,勿逐,自复。见恶人,无咎。

九二:遇主于巷,无咎。

六三:见舆曳,其牛掣,其人天且劓。无初有终。

九四:睽孤,遇元夫,交孚。厉,无咎。

六五:悔亡。厥宗噬肤,往何咎。

上九:睽孤,见豕负涂,载鬼一车。先张之弧,后说之弧。匪寇婚媾,往遇雨,则吉。

【导读】

《睽》卦是教诲君子要保持积极向上的心态,沉着冷静地应对诡异现象。

卦辞是对全卦主旨的概括:当遇到令人诧异之事时,没必要大惊小怪,没什么大不了的。如果想得太多,那是自己吓自己。不过度担心,静观其变,无为而治,事情也就过去了。

前三爻是举例说明,现实生活中常有一些意想不到的古怪事情发生,你不以为然,也就不会有什么事。倘若你惊慌失措,尽往坏处想,匆忙中做这做那,那将来后悔都来不及。

初九爻说了两个实例:第一个例子是你的马不见了,用不着怀疑这怀疑那,兴师动众地去找。马能识途,过不了多久,它自己就回来了。第二个例子是你与恶人不期而遇,别以为人家是冲着你来的,马上就摆出决斗的架势,说不定人家还没看到你,你不惹火烧身,自然平安无事。

九二爻是说:本应该在朝廷上才能相见的大王,却和你在陋巷碰上了。你可不要以为他是微服私访,专门来找你的,这也许就是一种巧合,什么事也不会发生。

六三爻非常生动地描述了看似一幅荒诞不经的画面:车子往下坡溜,牛拖着往前走,赶车的人额头上一片刺青、鼻子也被挖掉了……别以为你碰着鬼了。过不

了多久,车子就能正常到达终点。

前三爻主要是说在遇到一些蹊跷的事时,不要尽往坏处想,不要急于采取行动。后三爻是说:当你为一些诡异现象郁闷、心里感到孤独时,最好还是与人多沟通,这是化解的良方。

九四爻是说:真诚地与朋友聊聊天,心中的纠结就会排解掉。

六五爻是说:和亲友在一起吃吃喝喝,放松放松心情,比闷在家里瞎想要好得多。

上九爻是说:当你碰到看似载鬼之车,本能反应张弓欲射时,冷静一看,哪里有什么鬼车,原来就是一头浑身沾满泥的猪。你平静地放下弓,不再为之烦恼。又不是去娶亲,脏就脏一点,等到下雨时冲冲就好了。这是用实例说明:若经常和人交流、见多识广,再碰到诡异之事时就能从容应对,不再疑神疑鬼。

【睽:卦辞解读】

[原文] 睽⁽¹⁾,小事,吉⁽²⁾。

[译文] 遇到乖异之事,不大惊小怪,吉利。

[解读] 处变不惊,不疑神疑鬼。

【注】

(1) 睽(kuí):卦名。指乖异之事的应对。原意为目不相视,引申为乖异、离散、矛盾。

(2) 小事,吉:从各爻对"睽",用"无咎""有终""悔亡""遇雨则吉"分析可见,"小事,吉"应该是指,当"睽"发生时,心理负担不要太重(小事),因势利导,自然乖异能消、睽违终合。

【睽:爻辞解读】

[原文] 初九:悔亡⁽¹⁾。丧马⁽²⁾,勿逐⁽³⁾,自复⁽⁴⁾。见恶人⁽⁵⁾,无咎。

[译文] 初九:跑掉的马,很多人去找(也无果),却自己回来了。遇到面貌狰狞之人,也没出现麻烦。

[解读] 沉着冷静,遇事不慌。

【注】

(1) 悔亡:此爻为倒装句。发生这些乖异的事,你如不惊慌失措,就不会后悔。

(2) 丧马:马不见了。

(3) 勿逐:大张旗鼓的去寻找(也找不到)。勿,众。参见《乾》卦初九爻注。

(4) 自复:自己回来。

(5) 恶人:结合下文分析,应该是面貌狰狞或貌似不友善之人。

[原文] 九二:遇主于巷⁽¹⁾,无咎。

[译文] 九二:君臣在小巷相遇,仅是巧合,不会有什么麻烦。

[解读]没做亏心事,不怕鬼敲门。

【注】

(1) 遇主于巷:君臣本应在朝相会,现偶在陋巷相遇,属乖异之事。

[原文]六三:见舆曳⁽¹⁾,其牛掣⁽²⁾,其人天且劓⁽³⁾。无初有终⁽⁴⁾。

[译文]六三:车向后坠,牛向前拉,受过"天""劓"之刑的人在驾着车。(虽然怪怪的)但车最后到了终点。

[解读]不以貌取人,着重看效果。

【注】

(1) 舆曳(yè):车因重力向后拉。舆,车。曳,拉,牵引。

(2) 其牛掣(chè):拉车的牛向前拖。掣,拉,拽。

(3) 其人天且劓(yì):驾车的是个被黥了额、割了鼻的人(受过酷刑)。天,在额上刺字,即黥刑。劓,割鼻子。

(4) 无初有终:起初不顺,最终正常行驶,到达终点。无初,指初期的怪异,即"见舆曳,其牛掣"和受过酷刑、面目丑陋的拉车人。

[原文]九四:睽孤⁽¹⁾,遇元夫⁽²⁾,交孚⁽³⁾。厉,无咎。

[译文]九四:乖异孤独时,若能遇到谦谦君子,相互信任。所以,最初虽孤,但终无咎害。

[解读]多沟通,早日放下思想包袱。

【注】

(1) 睽孤:因乖异而孤独。

(2) 元夫:男子汉。元,大,善。夫,男人。

(3) 交孚:相互信任,诚信无间。

[原文]六五:悔亡⁽¹⁾。厥宗⁽²⁾噬肤⁽³⁾,往何咎。

[译文]六五:宗亲们在一起享受美味,参与进去,不会有麻烦。如果不去,将要为此后悔。

[解读]融入集体有利于身心健康。

【注】

(1) 悔亡:此句初九爻相同,仍是倒装句,指若参与噬肤才不会后悔。

(2) 厥宗:那个宗族人。厥,其他的,那个的。宗,族人,宗庙。

(3) 噬肤:吃肥肉(参见《噬嗑·九二》"噬肤亡鼻")。

[原文]上九:睽孤,见豕⁽¹⁾负涂⁽²⁾,载鬼一车⁽³⁾。先张之弧,后说之弧⁽⁴⁾。

匪寇婚媾⁽⁵⁾，往遇雨，则吉。

[译文] 上九：乖异孤独之际，看见一头浑身是泥的猪，就像一辆载鬼之车。先张弓欲射，又把弓放下。又不是去求婚，等下场雨冲冲不就好了吗。

[解读] 见怪不怪，其怪自败。

【注】

(1) 豕(shǐ)：猪。

(2) 负涂：沾满泥土。

(3) 载鬼一车：车脏得惨不忍睹，如鬼车一般。

(4) 先张之弧，后说之弧：看见"鬼车"，惊异欲射，后发现不过是负涂的自家猪，因此又把弓放下了。张，拉开。弧，木弓。说，同脱，放下。

(5) 匪寇婚媾：应是说装猪的车脏得不像样子，但又不是去求婚，礼仪上差点没关系。参见《屯·六二》《贲·六四》。

第三十九卦　蹇——虚怀若谷，纳谏如流

(艮下坎上)

【原文】

（卦辞）蹇，利西南，不利东北。利见大人，贞吉。

（爻辞）初六：往蹇，来誉。

六二：王臣蹇蹇，匪躬之故。

九三：往蹇，来反。

六四：往蹇，来连。

九五：大蹇，朋来。

上六：往蹇，来硕，吉，利见大人。

【导读】

《蹇》卦是关于要纳谏的教诲。卦辞是全卦的主旨：能虚心接纳批评和建议的君王，政治形象好，对国家的管理和前途均有利。

初六爻是说：要营造言论自由的政治局面，对勇于表达自己意见的要予以鼓励。

六二爻是对初六爻的补充：要认识到，臣子们敢于直言，相互之间甚至于争执不下，他们并不是为了一己私利，而是为江山社稷着想。

九三爻是说：虚心接受臣子直言不讳的批评，反省自己的行为，有则改之，无则加勉。

六四爻是说：能主动谏言的臣子是你的财富，忠言逆耳，千万不能为了他说话不中听而将之打入冷宫，应该主动地多与其联系。

九五爻是说：当有重大决策时，要多听多方面的意见。

上九爻是说：你要特别关注那些"意见领袖"和智者，虚心向他们求教，有利于树立你的威信，更有利于国家的长治久安。

在中国几千年的官僚历史上，忠臣劝谏可谓一道独特的风景。唐太宗李世民认真分析历朝灭亡的重要因素就是：为人君者"护短拒谏""偏听佞臣""除谏官以掩其过"。由于他广开言路、虚心纳谏，因而有了房玄龄、魏征、虞世南、长孙无忌等一大批谏臣，进而开创了"贞观之治"盛世。

【蹇:卦辞解读】

［原文］蹇⁽¹⁾,利西南,不利东北⁽²⁾。利见大人⁽³⁾,贞吉。

［译文］部下能直言相谏,有利于你处理国家的内政外交。要表现出大人的风范,坚守正道,可获吉祥。

［解读］纳谏如流。

【注】

(1) 蹇(jiǎn):卦名。原意为跛,引申为行动不便,有险难之意。本文根据全卦意蕴分析,取高亨先生之解:"蹇"字乃借为"謇(jiǎn)",训直谏,指对君主作直言规劝。①

(2) 利西南,不利东北:与《坤·卦辞》中的"利西南得朋,东北丧朋"应该同义,即有利于维护友邦的关系。

(3) 利见大人:倒装句,做表率、做君子有利。参见《乾》《讼》卦。

【蹇:爻辞解读】

［原文］初六:往蹇,来⁽¹⁾誉。

［译文］初六:部下直言相谏,要予以鼓励。

［解读］兼听则明。

【注】

(1) 来:本卦中各爻多为"往"与"来"对言,"往"指臣子直谏或反复坚持自己的观点;"来"指君王对臣子直谏的反应。

［原文］六二:王臣蹇蹇,匪⁽¹⁾躬⁽²⁾之故。

［译文］六二:臣子们直言苦谏,不是为了一己之私。

［解读］忠言逆耳,苦口婆心。

【注】

(1) 匪:不是。

(2) 躬:自己。

［原文］九三:往蹇,来反⁽¹⁾。

［译文］九三:有人直言相谏时,要反省自己。

［解读］虚怀若谷。

【注】

(1) 反:反省。

---

① 高亨.周易古经今注(重订本).上海:中华书局,1984:273.

[原文] 六四:往蹇,来连⁽¹⁾。

[译文] 六四:直言相谏的臣子,可多与其接触。

[解读] 良药苦口。

【注】

(1) 连:连接、联系。

[原文] 九五:大蹇,朋⁽¹⁾来。

[译文] 九五:在一些重大决策时,应多听各方面的意见。

[解读] 众人划桨开大船。

【注】

(1) 朋:朋友,指多人。

[原文] 上六:往蹇,来硕⁽¹⁾,吉,利见大人。

[译文] 上六:接纳相谏,尤其注重高人的意见,更有利于树立君主的高大形象。

[解读] 坦诚相见,合力无穷。

【注】

(1) 硕:原指知识渊博,此处喻指高人。

第四十卦　解——让利于民，取信于众

（坎下震上）

【原文】

（卦辞）解，利西南。无所往，其来复，吉。有攸往，夙，吉。

（爻辞）初六：无咎。

九二：田获三狐，得黄矢。贞吉。

六三：负且乘，致寇至。贞吝。

九四：解而拇，朋至斯孚。

六五：君子维有解，吉。有孚于小人。

上六：公用射隼于高墉之上，获之，无不利。

【导读】

《解》卦的主旨是教诲君子不要做守财奴，要让利于民。

卦辞是把正确的财富观提高到有利于国家管理的高度：把财富看得淡一点，有利于协调与诸侯国之间的关系。没有什么大事的时候，要时不时地给盟国和下属施以恩惠（解），形势紧张时，更应早作安排。

初六爻是说：让利于民，没有什么不好。

九二爻举例来说明"解"的好处：打猎时"王用三驱，失前禽"，虽然放走一些猎物，但有利于禽兽种群质量与数量的提高；管理国家也应如此，切不可焚林而田，竭泽而渔。

六三爻是说：倘若不"解"会带来的严重后果。小有所得，但一毛不拔，还总是显摆，那是引火烧身。

九四爻是说：要礼贤下士，花点小钱（解）沟通感情，没事的时候小聚聚，喝点小酒、放松放松、加深了解、消除隔阂、增进友谊，何乐而不为？

六五爻紧接上一爻说：你身居高位，应以开放的心态，主动与他人沟通，不把钱财看得太重，老百姓才愿意亲近你，才信得过你。

上六爻是对前几爻的补充：不要把资源都揽在自己的手里，放开一些领域，让大家自由竞争，拿出一些平台，给人一些展示才华、获取财富的空间，这不会影响你的所得，没有什么不好。

《解》卦与《蹇》互为综卦,二者似有主题上的关联,都是谈如何与下属处理好关系。《蹇》卦强调要虚心纳谏,礼贤下士;《解》卦是说为君者应该"舍得",以缓解君臣、君民之间的矛盾,聚拢人心,巩固统治(利西南)。

【解卦:卦辞解读】

[原文] 解(1),利西南(2)。无所往(3),其来复(4)吉。有攸往,夙,吉(5)。

[译文] 解,有利于国家的管理和关系的维护。平时,礼尚往来,吉。如有所求,提前沟通,更吉利。

[解读] 投我以木桃,报之以琼瑶。

【注】

(1) 解:卦名。本义为用刀分割动物,引申为分裂、解开、理解等义。本卦指要让利于他人,化解矛盾。

(2) 利西南:《坤》卦和《蹇》卦中均有此句,意思应该相同,指"面南之术",维护和协调诸侯国之间的关系。

(3) 无所往:指平时的正常状态。

(4) 来复:经常的意思。本意指七日周期律,参见《蛊》《复》《震》《既济》等卦。

(5) 有攸往,夙,吉:如有所求,更要早"解",方吉。夙(sù),早。与上句的"无所往,其来复吉"相同句式。

【解卦:爻辞解读】

[原文] 初六:无咎(1)。

[译文] 初六:(维护好关系)没有什么不好。

[解读] 和为贵。

【注】

(1) 无咎:没有麻烦。省略了"解"。

[原文] 九二:田获(1)三狐(2),得黄矢(3),贞吉。

[译文] 九二:(虽然网开一面(4),仍)猎获了许多野兽,黄色铜矢也都没丢,坚持下去,吉利。

[解读] 网开一面,可持续发展。

【注】

(1) 田获:打猎。参见《师》六五爻解。

(2) 三狐:很多猎物,三,泛指多;狐,代指猎物。

(3) 黄矢:黄铜箭头,当时很稀有。此处强调得黄矢,可能指虽然"失前禽",但黄矢的回收率却提高了。

(4) 上下爻都是谈"解"。所以,笔者认为此处省略了打猎时的"解"——"王用三驱,失前禽"。参见《比》九五爻解。

[原文] 六三:**负且乘**⁽¹⁾,**致寇至**⁽²⁾。**贞吝**。

[译文] 六三:背负着贵重物品又登上高处,必然会招致盗寇前来,老是这样,会很难堪。

[解读] 枪打出头鸟。

【注】

(1) 负且乘:背着东西。乘:此处作登高解。参见《同人·九四》"乘其墉,弗克攻"。

(2) 致寇至:招致盗贼到来。

[原文] 九四:**解而拇**⁽¹⁾,**朋至斯孚**⁽²⁾。

[译文] 九四:放松心情,摆设酒宴,好友相聚,增进友谊。

[解读] 学会放松,学会沟通。

【注】

(1) 解而拇:与他人加强沟通。而:同尔,代词,你。拇:大拇指,此处指行酒令类游戏。

(2) 朋至斯孚:朋友相聚,坦诚相待。斯,就,乃。孚,信,友谊。

[原文] 六五:**君子维有解**⁽¹⁾,**吉**。**有孚于小人**⁽²⁾。

[译文] 六五:君子不做守财奴,吉利,百姓们才信得过你。

[解读] 仗义疏财。

【注】

(1) 维:约束,维持,指固守。

(2) 小人:地位低下的普通人。

[原文] 上六:**公用**⁽¹⁾ **射隼**⁽²⁾ **于高墉**⁽³⁾ **之上,获之,无不利**。

[译文] 上六:让大家登上城头,箭射那盘旋的恶鸟,获取这样的猎物,没有什么不好⁽⁴⁾。

[解读] 让利于民。

【注】

(1) 公用:放开制约,大家都可以做的事。

(2) 隼(sǔn):苍鹰类凶残的鸟,飞行速度快。

(3) 墉:城墙。

(4) 在城头上射隼是个难度很高的技术活,这样的领域不如"解"。

第四十一卦　损——投我以桃,报之以李

(兑下艮上)

【原文】

(卦辞)损,有孚,元吉,无咎,可贞,利有攸往。曷之用,二簋可用享。

(爻辞)初九:已事遄往,无咎,酌损之。

九二:利贞。征凶,弗损,益之。

六三:三人行,则损一人;一人行,则得其友。

六四:损其疾,使遄有喜,无咎。

六五:或益之十朋之龟,弗克违,元吉。

上九:弗损,益之,无咎,贞吉。利有攸往,得臣无家。

【导读】

《损》卦是关于合理支配财政的教诲。卦辞中开宗明义:节俭是种美德,非常好。奢靡、奢侈、奢华的做派是不利于持续发展的。哪怕是祭祀这样的大事,重在心诚,而不在于祭品的多寡。

各爻中更多的是讲述哪些情况下不能省(弗省,益之)。

初九爻与卦辞相呼应,是说:要及时拨付祭祀用的物质,但在用量上要本着节约的原则,能省则省。

九二爻是说:战争是残酷的,有很多不确定因素,因此,打战要用的物资不能省,要尽可能多准备一些。

六三爻是说:地区、部门之间的物资调配原则要保持大致均衡,多的要减少,少的可增加,避免两极分化。

六四爻是说:当有天灾人祸发生时,这个时候不能省,要迅速投放物资,助其早日恢复生机。

六五爻是说:当形势所迫或义务所在,必须付出大笔财富时,不要吝啬,花钱保太平。

上九爻是说:有些事非但不能减少,还要增加投入。为了做大事、为了人才,要不惜倾其所有。

先贤对《损》卦有很多进一步的阐发。《易传·彖·损》说:"损下益上,损刚

益柔"、要效天法地"损益盈虚,与时偕行"。《易传·象·损》曰:"损;君子以惩忿窒欲。"《易传·系辞下》云:"损,德之修也。"

【损:卦辞解读】

[原文]损⁽¹⁾有孚,元吉,无咎,可贞,利有攸往。曷之用⁽²⁾,二簋⁽³⁾可用享。

[译文]损,以诚为原则,大吉,不会招来祸患,可坚守正道,有利于干一番事业。犹如祭祀时,只要心诚,用两簋粗淡的食物也可。

[解读]历览前贤国与家,成由勤俭败由奢。

【注】

(1) 损:卦名。本卦指支配、消耗。
(2) 曷(hé)之用:用何,用什么。曷,古代疑问词,怎么,何时。之,语助词。
(3) 簋(guǐ):古代盛食物的器具,圆口,有两个耳子。

【损:爻辞解读】

[原文]初九:巳⁽¹⁾事遄⁽²⁾往,无咎,酌损之⁽³⁾。

[译文]初九:祭祀所需要早早拨付,就不会出现问题,(但祭品的数量)可酌情而定。

[解读]心诚则灵。

【注】

(1) 巳:同祀,祭祀之事。
(2) 遄(chuán):快,迅速。
(3) 酌损之:酌情使用。之,指祭祀。

[原文]九二:利贞。征凶⁽¹⁾,弗⁽²⁾损,益⁽³⁾之。

[译文]九二:战争凶险,保障物资供应才有利。

[解读]兵马未动,粮草先行。

【注】

(1) 征:战争。
(2) 弗:不。
(3) 益:增加,补充。与损相对。

[原文]六三:三人行⁽¹⁾,则损一人;一人行,则得其友。

[译文]六三:三人共事,减少一人;一人独行时,能得到朋友。

[解读]损有余,方能益不足。

【注】

(1) 三人行:多人相处。三,泛指多。

[原文] 六四:损其疾⁽¹⁾,使遄有喜⁽²⁾,无咎。

[译文] 六四:要救济天灾人祸,使其迅速好转,不会有非议。

[解读] 以备不时之需。

【注】

(1) 疾:天灾人祸。

(2) 有喜:病愈,指恢复生机。

[原文] 六五:或⁽¹⁾益之十朋之龟⁽²⁾,弗克违⁽³⁾,元吉。

[译文] 六五:(为了国家)需要进贡十朋之龟时,不能推辞,至为吉祥⁽⁴⁾。

[解读] 牢记自己的社会责任和义务。

【注】

(1) 或:也许,无定代词。

(2) 十朋之龟:龟是当时占卜的灵物。价值十串贝壳的大龟,极言可贵。当时的货币是贝壳,一串十个,叫一朋。

(3) 弗克违:不能推辞。弗,不。克,能。违,违背。从语气上推断,是被动付出"十朋之龟",可能指向天子进贡。

(4) 本爻要和《益》对照,是说"损"已"益"王,向天子进贡祭祀用品。本爻与《家人·九五》的"王假有家,勿恤,吉"有类似之处。

[原文] 上九:弗损,益之,无咎,贞吉。利有攸往,得臣无家⁽¹⁾。

[译文] 上九:为了做大事、为了人才,要不惜加大投入,倾其所有。这没有过失,守正则吉⁽²⁾。

[解读] 何以守位曰仁,何以聚人曰财①。

【注】

(1) 得臣无家:为了人才,宁愿牺牲自己的利益。家,封地。帛《易》为"得仆无家",古时臣仆同义。

(2) 本爻可参照《益》卦的卦辞。

---

① 语出《易传·系辞下》,意为要以仁爱忠厚之心荟萃人才,而聚集人才也离不开财物。

第四十二卦 益——心系国计，情牵民生

（震下巽上）

【原文】

（卦辞）益，利有攸往，利涉大川。

（爻辞）初九：利用为大作，元吉，无咎。

六二：或益之十朋之龟，弗克违，永贞吉。王用享于帝，吉。

六三：益之用凶事，无咎。有孚，中行，告公用圭。

六四：中行告公从，利用为依迁国。

九五：有孚，惠心勿问，元吉。有孚，惠我德。

上九：莫益之，或击之。立心勿恒，凶。

【导读】

《益》卦是有关如何配给（益）国家财富的教诲。卦辞概括了"益"的基本原则，即要用在正道之上，用在关键的时候，有利于国计民生。

初九爻首先说，国家储备首先要用于基本建设，保障重点工程之需，有长远眼光，才大吉大利。

六二爻是说：周天子作为领袖，承载着替天行道的重任。各诸侯国应及时进贡（纳税），必要时，应该把最贵重的东西上交。不折不扣地履行自己的义务，才能永保平安。

六三爻是说：储备物资应付自然灾害、战争等紧急救助；对那些突然而致的求援，要注意判断是否属实。

六四爻是紧接上一爻说：如果求助者确实遇到了天灾人祸，应该及时给予支持，帮助其渡过难关。

九五爻进一步说：对待友邻，要给予真诚的帮助，让其感受到多方面的温暖。投之以桃，报之以李，他们会因此而记住恩德，至忠至诚。

上九爻是从另一角度告诫：那些反复无常的小人是非常危险的。当他们求援时，不能心慈手软，非但不能施援，甚至还要趁此机会予以其致命的打击。

《损》《益》二卦互为综卦，"损"中有"益"，"益"中有"损"，相对而言。消耗了自己的财政称"损"；而重点工程、战争、纳贡的王、受援的部属和邻邦等因"损"而

"益"。

两卦的共同点是：国家财政首先要保证国内重点工程建设和战争、人才的需要(利有攸往,利涉大川);要尽对周天子进贡的义务。

在《损》《益》二卦,无论是从立场、对象还是措施,都明显带有作者对储君管理国家的政治教诲语气。《易传·彖》的解读更是精准:与时偕行的损上益下,是造福一方的民心工程,有百利而无一害①。《易传·系辞下》认为:"损,德之修也。益,德之裕也"。《易传·象》从中得出人生修养感悟,曰:"风雷益。君子以见善则迁,有过则改。"

【益:卦辞解读】

[原文] 益[1],利有攸往,利涉大川。
[译文] 财政充裕,有利于开创宏基伟业,克服艰难险阻,长治久安。
[解读] 做大事需要经济基础。

[注]
(1) 益:卦名。本卦指增加物质财富的供给。

【益:爻辞解读】

[原文] 初九:利用为大作[1],元吉,无咎。
[译文] 初九:(有足够的财力)作重点工程的建设,大吉大利,没有问题。
[解读] 好钢用在刀刃上。

[注]
(1) 大作:筑城、建宫殿等大型工程。

[原文] 六二:或益之十朋之龟[1],弗克违,永贞吉。王用享于帝[2],吉。
[译文] 六二:要及时奉上天子祭天所用的十朋之龟,不犹豫、不推辞,才永远守正,吉利。
[解读] 国计民生的支出省不得。

[注]
(1) 本爻的前一句与《损》卦六五爻几乎相同,《损》卦中强调必须要舍得"损"己,而《益》卦强调必须要"益"王。意思相同。
(2) 王用享于帝:天子受此"益"是为了祭天。帝,天帝。

---

① 《易传·彖·益》曰:益,损上益下,民说无疆。自上下下,其道大光。利有攸往,中正有庆。利涉大川,木道乃行。益动而巽,日进无疆。天施地生,其益无方。凡益之道,与时偕行。

[原文] 六三：益之用凶事⁽¹⁾，无咎。有孚，中行⁽²⁾，告公⁽³⁾用圭⁽⁴⁾。

[译文] 六三：接到真实、可靠的求援报告后，用国家的财力支援解除危难和灾祸，没有什么不对。

[解读] 一方有难，八方支援。

【注】

(1) 凶事：指饥馑、战乱、灾疫等。参见《损》卦六四爻："损其疾，使遄有喜，无咎。"
(2) 中行：中途，指灾难发生后。
(3) 告公：向君王、诸侯请求、报告。
(4) 圭：瑞玉，上园下方，古代的信物。

[原文] 六四：中行⁽¹⁾告公从，利用为依⁽²⁾迁国⁽³⁾。

[译文] 六四：灾难发生后，救援的请求获得王公认可，在国家财力支持下把受难的国都迁移到安全地区。

[解读] 做好应对突发事件的物资保障。

【注】

(1) 中行：过程中间。
(2) 依：帛《易》作"家"。指"中行"之告。
(3) 迁国：古代诸侯为了安全而迁都是常事。

[原文] 九五：有孚，惠⁽¹⁾心勿问⁽²⁾，元吉。有孚，惠我德。

[译文] 九五：诚心实意、号召众人施以爱心，至为吉祥。受助者也会诚心诚意地报答我们的恩德。

[解读] 惠则足以使人①。

【注】

(1) 惠：恩赐、施惠于人。
(2) 勿问：动员众人关心。勿：聚众，参见《乾》卦初九爻解。

[原文] 上九：莫⁽¹⁾益之，或击之。立心勿恒⁽²⁾，凶。

[译文] 上九：立场不坚定的邻邦是潜在的威胁，对这些人，非但不给予支援，甚至于还要教训教训他。

[解读] 分清敌我。

---

① 语出《论语·阳货篇》：子张问仁于孔子。孔子曰："能行五者于天下为仁矣。"请问之。曰："恭、宽、信、敏、惠。恭则不侮，宽则得众，信则人任焉，敏则有功，惠则足以使人。"

【注】

(1) 莫:不要。

(2) 立心勿恒:指受益对象心术不正,是墙头草,见风倒,不可为盟的小人。参见《恒·九三》:"不恒其德,或承之羞。"勿:摇旗,多。参见《乾》卦初九爻解。

第四十三卦　夬——勇敢果断,避其锋芒

（乾下兑上）

【原文】

（卦辞）夬,扬于王庭,孚号:"有厉,告自邑,不利即戎,利有攸往。"

（爻辞）初九:壮于前趾,往不胜,为咎。

九二:惕号,莫夜有戎,勿恤。

九三:壮于頄,有凶。君子夬夬独行,遇雨若濡,有愠无咎。

九四:臀无肤,其行次且。牵羊悔亡,闻言不信。

九五:苋陆夬夬,中行无咎。

上六:无号,终有凶。

【导读】

《夬》卦是教诲君子要审时度势,知难而退。卦辞是全卦的主旨:面临危机,实力不允许正面应对时,就不能死撑面子,要果断地选择避让,并坦诚地告知部下,让他们了解所处的困境和你保存实力、从长计议的战略选择。

初爻至五爻是分析为什么要选择以退为进的策略。初九爻是说:因为实力受损,若强行应战则胜算很小,会陷入更危险的地步。

九二爻是说:当形势危急,对我方明显不利时,要下达警戒的命令,准备还击来犯之敌。

九三爻是说:当你受到重创、面子和实力受损时,不能再摆谱。要耐得住寂寞,学会忍声吞气,夹着尾巴做人,好汉不提当年勇。

九四爻是说:当有生力量不复存在,已被逼到苟延残喘的窘境时,第一要务是求生存,就算要寄人篱下、忍辱负重也在所不惜,不在乎他人说三道四和冷嘲热讽。

九五爻是说:位于低谷时要避开锋芒、养精蓄锐,以图东山再起。

上六爻再次强调:紧急关头,必须毅然决然作出"夬"的决定——下令进行战略防御和撤退,否则必有凶险。

人在屋檐下,不得不低头。低头之后,还得有承受"龙游浅水遭虾戏,虎落平阳被犬欺"的心理准备。越王勾践被吴打败,在危急关头,他听从范蠡之计,君臣

在吴国为奴三年,饱受屈辱,麻痹了吴王而被放回越国。后励精图治,成功复国,成为春秋时期最后一个霸主。

【夬:卦辞解读】

[原文] 夬(1),扬(2)于王庭(3),孚号(4):"有厉,告自邑(5),不利即戎(6),利有攸往。"

[译文] 毅然决然、坦诚地在朝廷上宣布:"边关告急,处在险境,现在迎战的条件不成熟,必须想法回避(夬)。"

[解读] 指挥员要有果断撤退的勇气和决心。

【注】

(1) 夬(guài):卦名。本卦指下决心退避。原意分决,有冲开,去掉之义。

(2) 扬:宣告,宣布。

(3) 王庭:君王、朝廷。

(4) 孚号:坦诚宣告。

(5) 告邑:边关告急。邑,诸侯领地,国。

(6) 即戎:即刻动武。

【夬:爻辞解读】

[原文] 初九:壮(1)于前趾(2),往不胜,为咎。

[译文] 初九:前进的脚步受阻,进攻的胜算较小,恐有灾祸。

[解读] 知己知彼,方能百战百胜。

【注】

(1) 壮:伤,通"戕(qiāng)"。

(2) 趾:足。

[原文] 九二:惕(1)号,莫(2)夜有戎,勿恤(3)。

[译文] 九二:告诫下属,今晚可能有来犯,要加强警戒。

[解读] 位于守势,低调为上。

【注】

(1) 惕:惧。

(2) 莫:暮的古字,引申为昏暗,傍晚的时候。

(3) 勿恤:加强警戒。勿,众。参见《乾》卦初九爻注。恤,疑心,戒备。

[原文] 九三:壮于頄(1),有凶。君子夬夬独行,遇雨若濡(2),有愠无咎。

［译文］九三：脸部受伤，凶险。君子决然撤离，途中遇雨而被淋湿，虽然很不舒服，但无害。

［解读］审时度势，随遇而安。

【注】

(1) 壮于頄(kuí)：伤了脸面。頄，颧骨，即脸面。

(2) 濡：沾湿。

［原文］九四：臀无肤(1)，其行次且(2)。牵羊(3)悔亡，闻言(4)不信。

［译文］九四：瘦得皮包骨（臀部无肥肉），行动困难。牵羊而行，不嫌丑，不要听信传言。

［解读］留得青山在，不怕没柴烧。

【注】

(1) 臀无肤：连臀部也没有肉了，形容骨瘦如柴。臀，屁股。肤，肥肉。

(2) 次且：同趑趄(zī jū)，行走困难。

(3) 牵羊：喻艰难之时，没有马、驴、牛等大牲畜，只能借助羊的微弱力量，以此形容境况之窘迫。先儒等对羊解释很多，有的认为是投降仪式，有的认为象征财富。

(4) 闻言：听到七嘴八舌的议论。

［原文］九五：苋(1)陆(2)夬夬，中行无咎。

［译文］九五：羊牵着你在小路上逃跑，守中而行，不会有灾祸。

［解读］小心谨慎，可渡难关。

【注】

(1) 苋：细角山羊。苋，古人多解，有说"苋陆"为草名者，有说兽名者。依东汉许慎《说文解字》解"萈(huán)"为"山羊细角者"；元、明讲《易》者多从之。可能是古人抄写时将"萈"少抄了一点。本书笔者认为，本爻是紧接上一爻的比喻，行走已困难的"君子"，借助于羊的力量，慢慢移动。因为地方偏僻，相对安全。

(2) 陆：陆地，此处指山羊喜攀登的陡峭山间小路。

［原文］上六：无号(1)，终有凶。

［译文］上六：如果不及时通告险情（并采取措施），最终必然有凶险临头。

［解读］当断不断，必受其乱。

【注】

(1) 无号：没有勇气宣告与应对。号：与卦辞中的"扬于王庭，孚号"同义。

第四十四卦　姤——窈窕淑女,君子好逑

(巽下乾上)

【原文】

(卦辞)姤,女壮,勿用取女。

(爻辞)初六:系于金柅,贞吉。有攸往,见凶。羸豕孚蹢躅。

九二:包有鱼,无咎,不利宾。

九三:臀无肤,其行次且,厉,无大咎。

九四:包无鱼,起凶。

九五:以杞包瓜,含章,有陨自天。

上九:姤其角,吝,无咎。

【导读】

《姤》卦是教诲男人如何择偶。卦辞是全卦的主旨:选个好女子,明媒正娶。

初六爻是说:男耕女织,女人要勤于内务,恪守妇道;若选择没有自制能力、水性杨花的女人将带来灾祸。

九二爻是说:女子要有女人相,要能传宗接代,主内不主外。

九三爻是说:健康、丰满、充满活力是最好的,不过,如果很贤惠,这些条件差一点也问题不大。

九四爻是九二爻的另一面:不具备生育能力的女人问题很大,会给家庭带来凶兆。

九五爻用一幅藤、树、果组成的田园美景作比喻,对理想婚姻进行诗意般的赞美,你情我意、缠缠绵绵、硕果累累,是天作之合。

上九爻是说:婚礼上的争争抢抢是图个热闹,有时候貌似尴尬,其实没有任何问题。

本卦的择偶观是当时夫权制社会的反映,几千年以来,对国人的伦理与婚恋文化有着深刻的影响。

【姤:卦辞解读】

[原文] 姤[1],女壮[2],勿用取女[3]。

[译文] 女大当嫁,明媒正娶。

[解读] 选好人,选对人。

【注】

(1) 姤(gòu):卦名。同"媾",结合,交好,男女交合。本卦指婚配。

(2) 女壮:发育成熟之后的女子。从全卦看,应指内外兼修的好女子。

(3) 勿用取女:与《蒙·六三》的"勿用取女"同义。勿,聚众,参见《乾》卦初九爻注。取女,就是"娶女"。

【姤:爻辞解读】

[原文] 初六:**系于金柅**(1),**贞吉。有攸往,见凶**(2)。**羸豕孚蹢躅**(3)。

[译文] 初六:(女人)心系家中的织机,守正,吉利;若其不安于妇道,如被绳索捆住的猪一样躁动不安,就会出现凶险。

[解读] 爱岗敬业需要"螺丝钉"精神。

【注】

(1) 系于金柅(ní):喻指男耕女织时代的勤劳女子。柅,梨木类树木名。因木质紧密坚韧、不易变形,在古代常用其制作织梭等,为更耐用和减少摩擦力,往往会在其两端加上铜箍,故称金柅,相当于现在纺织上所说的"金梭"。

(2) 有攸往,见凶:与"系于金柅,贞吉"相对,若不安分守己,见异思迁,肯定会有凶险。

(3) 羸(léi)豕(shǐ)孚蹢(zhí)躅(zhú):被绳子束缚的猪仍躁动不安,形象地说明前句"有攸往",形容不安分的女人。羸,绳索捆扎,参见《大壮·九三》的"羝羊触藩,羸其角"。孚:帛《易》作"复",指不断挣扎状。蹢躅:行走不利落,徘徊不前。

[原文] 九二:**包有鱼**(1),**无咎,不利宾**(2)。

[译文] 九二:丰乳肥臀、生育力强的女人,没什么不好,但不宜抛头露面。

[解读] 人才是事业的保障。

【注】

(1) 包有鱼:丰乳肥臀、生育能力旺盛。东汉许慎《说文解字》:"包,象人裹妊,已在中,象子未成形也。"鱼:源于先民的生殖崇拜①,现在玉雕文化中仍有此寓意。

(2) 不利宾:不适于抛头露面。《周易》成书时,已发展为男权社会,男主外,女主内。

[原文] 九三:**臀无肤,其行次且**(1),**厉,无大咎**。

[译文] 九三:臀部无肥肉,行动困难,虽有危险,但无大祸。

[解读] 不以貌取人。

---

① 向策."鱼"的生殖崇拜意义.青年文学家,2010,17.

【注】

(1) 臀无肤,其行次且:与夬卦九四爻字面与意思相同,连臀部也没有肉了,形容骨瘦如柴。本爻应指体形不佳者(不性感),没有青春活力。与上爻"包有鱼"相对应,反映了当时对女性的审美观。次且,趑趄(zī jū)的通假字,喻行走困难。

[原文]九四:包无鱼⁽¹⁾,起凶⁽²⁾。

[译文]九四:没有生育能力的女人,会带来凶兆。

[解读]草率组建的团队必有后患。

【注】

(1) 包无鱼:与九二爻相对,喻指不能生育或生育能力很差的配偶。

(2) 起凶:开始有凶。

[原文]九五:以杞包瓜⁽¹⁾,含章⁽²⁾,有陨自天⁽³⁾。

[译文]九五:藤蔓缠绕着大树,葫芦悬挂在树枝下,透着成熟的华彩,犹如天作之美。

[解读]天作地合,琴瑟合鸣。

【注】

(1) 以杞(qǐ)包瓜:葫芦的藤蔓缠绕着树干,果实悬挂在树枝下。杞,大叶树。包瓜,即匏瓜,现称葫芦。古解分歧大,本文结合卦辞取现解。

(2) 含章:《坤·六三》"含章可贞"中"含章"义同,指内在的美德。

(3) 有陨自天:陨石来自天外。形容美满的婚姻从天而降。

[原文]上九:姤其角⁽¹⁾,吝,无咎。

[译文]上九:婚礼时的争抢,虽尴尬,但没什么大不了。

[解读]氛围需要营造。

【注】

(1)姤其角(jué):与《晋·上九》的"晋其角"同构,现指在婚礼中的争斗现象,属抢婚习俗的遗存。角,比试、竞争,斗。

第四十五卦　萃——筑巢引凤，荟萃群英

（坤下兑上）

【原文】

（卦辞）萃，亨。王假有庙，利见大人，亨、利、贞。用大牲，吉。利有攸往。

（爻辞）初六：有孚不终，乃乱乃萃。若号，一握为笑。勿恤，往无咎。

六二：引，吉，无咎，孚乃利用禴。

六三：萃如嗟如，无攸利。往无咎，小吝。

九四：大，吉，无咎。

九五：萃有位，无咎。匪孚，元永贞，悔亡。

上六：赍咨，涕洟，无咎。

【导读】

《萃》卦是关于如何萃聚人心、树立君王地位与形象的教诲。卦辞是说：王者，要怀着至诚之心、亲力亲为地去网罗人才，这样有利于树立自己的良好形象，干一番事业。

在爻辞中，从各个侧面论述萃聚群英时应该注意的事项。

初六爻是说：要高举诚信的大旗，方能聚拢人心。人心向背，在你自己。大伙若信得过你，就是被打散了，你招呼一声，马上又能聚在一起。

六二爻是说：在打响了第一炮之后，还要不断地招徕人才。但此时，要更加的务实，祭祀时不宜铺张（这与卦辞中用大牲形成鲜明对照）。

六三爻是说：为人才队伍建设的形势大好而欢歌、兴奋，甚至骄傲，心情可以理解，虽没有什么坏处，但也没多大好处，甚至还会带来点小麻烦。

六四爻是说：萃聚人才的成果空前，发展超出自己的预期，很吉利。

六五爻是说：初期，投到你帐下的一些人还是有观望态度的，不一定真心对你。但只要你始终坚持正确的方向，以诚待人，给他们成长的机会和位置，久而久之，他们就会真心地拥戴你，不再有二心。

上六爻是说：要重赏为你出谋划策的人，让他们对你感激涕零，这样做没什么不妥。

【萃:卦辞解读】

[原文]萃(1),亨。王假有庙(2),利见大人,亨、利、贞。用大牲(3),吉。利有攸往。

[译文]君主亲临朝廷,萃聚人才,亨通。有利于树立大人形象,亨通、顺利、贞正。犹如献祭时用牛羊等大牲,吉祥。(用至诚之心荟萃人才)有利于开创伟业。

[解读]人格魅力与诚信理念是职场领袖的必备要素。

【注】

(1)萃:卦名。本义为草丛生貌,引申为类、群、聚集等,本卦用聚集之义。

(2)王假有庙:王,君王。假,至。有,大。庙,朝廷。参见《家人》卦,在《周易》成书的时代,宫殿较为简单,为前庙后寝,并供奉祖宗的牌位。后来,随着宫殿的扩建,供祖先及议家事、议国事的地方才分开来,庙则成了家庙的专用词。所以,本爻中的庙应指议事的殿堂,也即朝廷。

(3)用大牲:指祭祀用牛羊等牲畜,是规格很高的祭祀,此处是用来教诲,要像大祭那样重视"萃"。

【萃:爻辞解读】

[原文]初六:有孚不终(1),乃乱乃萃(2)。若号(3),一握(4)为笑。勿恤(5),往无咎。

[译文]初六:坚守诚信,失去的人心也会很快集聚。在你真诚的召唤下,顷刻之间就会欢笑。(所以)加倍小心,如此前往,没有过错。

[解读]以诚为本,方能吸引天下英雄加盟。

【注】

(1)不终:没有终点,坚守的意思。

(2)乃乱乃萃:边散边聚。乃,于是。乱,与萃意相反。

(3)号:呼叫。

(4)一握:量词,指时间短暂。

(5)勿恤:加倍小心。勿,众。参见《乾》卦初九爻注。恤,疑心、戒备。

[原文]六二:引(1),吉、无咎,孚乃利用禴(2)。

[译文]六二:持续选拔人才,吉利、没有害处;(此时)即使用微薄祭品供奉神明也不失虔诚。

[解读]人才是第一生产力,天道酬诚。

【注】
(1) 引:延长、继续。
(2) 禴(yuè):原指四时之祭中最为节省的春祭,后代指不用大牲的薄祭。

[原文] 六三:萃如嗟如[1],无攸利,往无咎,小吝。
[译文] 六三:汇聚人才、自我陶醉,没有什么好处;虽没有大的麻烦,也会小有坎坷。
[解读] 虚心万事能成,自满十事九空。
【注】
(1) 萃如嗟如:与上爻的"引"相对,因人多势众而自豪、骄傲。如:语助词。嗟:感叹。

[原文] 九四:大[1],吉,无咎。
[译文] 九四:广泛地会聚,吉利,无害。
[解读] 团结一切可以团结的人。
【注】
(1) 大:继六二爻"引",相对于初六爻的"有孚不终,乃乱乃萃"和六三爻的"萃如嗟如"而言,指最完美的"萃"。

[原文] 九五:萃有位,无咎。匪孚[1],元永贞[2],悔亡。
[译文] 九五:要为人才提供合适的岗位,才不会有麻烦。自始至终走正道,有异心之人也会臣服。
[解读] 留住人才必须成就人才。
【注】
(1) 匪孚:指貌合神离之人。匪,同非。孚,作信服解。
(2) 元永贞:与卦辞"亨、利、贞"呼应。参见《乾》卦辞注。

[原文] 上六:赍咨[1],涕洟[2],无咎。
[译文] 上六:奖赏有功之谋士,(他们)涕泪交加,无害。
[解读] 论功行赏。
【注】
(1) 赍(jī)咨:酬谢出主意的人。赍,把东西给人。咨,商议,询问。
(2) 涕洟(yí):涕,眼泪。洟,鼻涕。

第四十六卦　升——步步高升，大展宏图

（巽下坤上）

【原文】

（卦辞）升，元亨，用见大人，勿恤，南征吉。

（爻辞）初六：允，升，大吉。

九二：孚乃利用禴，无咎。

九三：升虚邑。

六四：王用亨于岐山，吉，无咎。

六五：贞吉，升阶。

上六：冥升，利于不息之贞。

【导读】

《升》卦是关于提拔之道的教诲。卦辞充分肯定了升（提拔）的积极意义，并指出要学会用人，给他们施展能力的舞台。给下属加官晋爵，才有利于树立你的权威，提升领导力，带领大家脚踏实地、共同开创新的局面。

初爻是说：为官一任，要造福一方，做事要公允，才有可能得到认可、升迁，才能大吉大利。

九二爻是说：讲诚信的人才有机会升，品德重于物质，守诚之人，老天都会帮你。

九三爻与卦辞中"南征吉"相呼应：一步一个脚印，得到升迁，疆土拓展，有了更多的城邑。

六四爻是说：国家兴旺（升）了，别忘了感恩，要像周天子那样及时祭祀，感谢上苍和祖宗的护佑。

六五爻是说：对忠实、始终如一跟着你的栋梁之才，一定要厚待他们，给他们更高的官衔。

上六爻是说：持续不断地灵活运用"升"这个杠杆，有利于国家永不停息、勇往直前。

上一卦为《萃》卦，谈招徕人才。《萃》后紧接《升》卦，讲述如何以加官晋爵、提拔重用为手段来激励人才。前后两卦，似作者的刻意安排。

《易传·象·升》认为:培养人才,犹如植树,要顺应自然规律,不断积累,逐步成长与进步,以塑造其高大完美的人格(地中生木,升。君子以顺德,积小以高大)。

【升:卦辞解读】

[原文] 升⁽¹⁾,元亨,用见大人⁽²⁾,勿恤⁽³⁾,南征⁽⁴⁾吉。
[译文] 大胆提拔,树立威望,亨通。大家兢兢业业,开创新的局面。
[解读] 激励人才,打造团队,开创未来。

【注】

(1) 升:卦名。提拔、发展。
(2) 用见大人:与"利见大人"同义。在帛《易》中就是"利见大人"。
(3) 勿恤:加倍小心。勿,众。参见《乾》卦初九爻注。恤,戒备。
(4) 南征:指管理国家,即中国古代崇尚的"面南之术"。先贤多译为:前进也(程颐《程氏易传》、朱熹《周易本义》)。

【升:爻辞解读】

[原文] 初六:允⁽¹⁾,升,大吉。
[译文] 初六:处事公平得当,升迁,大吉大利。
[解读] 人心自有一杆秤。

【注】

(1) 允:公允,公平。

[原文] 九二:孚乃利用禴⁽¹⁾,无咎。
[译文] 九二:坚持诚信,即使用微薄祭品供奉神明,也没有什么害处。
[解读] 心诚则灵。

【注】

(1) 孚乃利用禴(yuè):本爻与《萃》卦第二爻字义相同,但《萃》卦中的语境是汇聚人心,本卦是激励人才,强调诚信的重要性。

[原文] 九三:升虚邑⁽¹⁾。
[译文] 九三:给晋升者更多的城邑。
[解读] 责权利,相吻合。

【注】

(1) 升虚邑:喻指升到一定的地位,封地增加。当时的官爵大小是以封地和家庭数为指标。升,登。虚,丘、土山。邑,古代既指国(诸侯部落),也指国都。

[原文] 六四:王用亨于岐山⁽¹⁾,吉,无咎。
[译文] 六四:君王到岐山祭祀神灵,吉祥,没有灾祸。
[解读] 成功时更要感恩。
【注】
(1) 岐山:西周境内山名,在西周首都镐京的西边,故也叫西山(即《随·上六》的"王用亨于西山"中的西山),是周王朝的发源地,国家最盛大的祭祀活动都在那里举行。

[原文] 六五:贞吉,升阶⁽¹⁾。
[译文] 六五:持续吉利,赋予更高职位。
[解读] 一分耕耘,一分收获。
【注】
(1) 升阶:登阶而上,指更高的官衔。阶,台阶。

[原文] 上六:冥升⁽¹⁾,利于不息⁽²⁾之贞。
[译文] 上六:不断地激励人才,有利于沿正道前行。
[解读] 持之以恒,事半功倍。
【注】
(1) 冥升:日夜不停,持续不断。冥,昏暗。
(2) 息:停止。

第四十七卦　困——傲雪梅花，香自苦寒

（坎下兑上）

【原文】

（卦辞）困，亨，贞，大人吉，无咎。有言不信。

（爻辞）初六：臀困于株木，入于幽谷，三岁不觌。

九二：困于酒食，朱绂方来。利用享祀，征凶。无咎。

六三：困于石，据于蒺藜；入于其宫，不见其妻。凶。

九四：来徐徐，困于金车。吝，有终。

九五：劓刖，困于赤绂。乃徐有说，利用祭祀。

上六：困于葛藟、于臲卼，曰动悔。有悔，征吉。

【导读】

《困》卦是关于如何正确看待和应对压力（困）的教诲。

卦辞是全卦的主旨：勇挑重担，能锻炼一个领袖的才干，辛苦点没什么关系，不要在意他人的闲言碎语，不要像小人一样多干点活就发牢骚。

在各爻中，针对不同的困境分别进行了论述。有的困境要坚持（初六爻）；有时身不由己，可随遇而安。人在做，天在看，逢场作戏时要对得起自己的良心（九二、九五爻）；有的困境是自己的失误造成的，要尽量避免（六三、九四爻）；人生不如意十之八九，身陷困境并不可怕，重在以积极的心态去冷静分析和总结，勇敢面对（上六爻）。

初六爻是说：吃得苦中苦，方为人上人。为了事业，要能耐得住寂寞（困），潜心研究，努力工作。

九二爻是说：人逢喜事精神爽，官场得意之时，朋友间开怀畅饮，弹冠相庆是人之常情。吃水不忘挖井人，要感谢祖宗和老天的辅佐。因为正在兴头上，易犯轻敌的错误，此时，外出征战恐有凶险。

六三爻是说：在征伐途中，如果选择路线不当，山路崎岖、荆棘丛生，势必被困，贻误战机，无法实现战争的目的。

九四爻紧接前爻：如果选择的路线得当，哪怕车子走得慢一点，颠簸难行，但只要能慢慢地走，结局还是好的。

九五爻是说：用酷刑惩治罪人，是管理职责所在。要想办法摆脱这种困境，除了祭祀的需要外，要少开杀戒。

上六爻是对前几爻的归纳与补充，与卦辞相呼应：无论是外在的"困"（葛藟），还是内心之困（臲卼），若总感到事事不顺，那肯定处处碰壁。唯有勇敢面对，不断积累经验，才能克服这些"困"。

《易传·彖·困》的"困而不失其所，亨"与《易传·象·困》的"困，君子以致命遂志"都对《困》卦卦义进行了精确的解读。

【困：卦辞解读】

[原文] 困[1]，亨，贞，大人吉，无咎。有言不信[2]。

[译文] 为事业而执著，亨通。对大人吉利，不会有灾祸。不要在乎闲言碎语。

[解读] 工作着就是美丽的，默默耕耘，任劳任怨。

【注】

(1) 困：卦名。前人常视其为穷困自守之道，笔者认为是忙碌于某种事务之中不能脱身的意思。

(2) 有言不信：不必在意他人的挑唆，与《夬·九四》的"闻言不信"意同。有言，有不同说法，指责，参见《需·九二》《讼·初六》《明夷·初九》《震·初六》《渐·初六》。

【困：爻辞解读】

[原文] 初六：臀困于株木[1]，入于幽谷[2]，三岁不觌[3]。

[译文] 初六：潜心研究（坐在板凳上不动），犹如陷在幽深的山谷里，多年都不能与外人相见。

[解读] 两耳不闻窗外事。

【注】

(1) 臀困于株木：屁股困在板凳上，指在桌案前工作繁忙。臀，屁股。株木，树桩子。

(2) 幽谷：幽深的沟谷，喻幽深、僻静之地。

(3) 三岁不觌（dí）：三岁，泛指多年。觌：见，露面。

[原文] 九二：困于酒食，朱绂[1]方来。利用享祀[2]，征凶[3]。无咎[4]。

[译文] 九二：获升迁之时，摆酒设宴相庆，不会有问题。此时，有利于祭祀，如急于出征则有凶险。

[解读] 有成就时不能忘乎所以，目空一切。

【注】

(1) 朱绂（fú）：官服上的饰带，三公九卿曰"朱绂"，诸侯曰"赤绂"，借喻荣禄、官爵。

(2) 利用享祀:及时到宗庙祭祀有利。
(3) 征凶:征战有凶险,指刚升官时不宜马上出征。
(4) 无咎:没有麻烦。对朱绂方来、困于酒食的评价。

[原文]六三:困于石,据于蒺藜(1);入于其宫(2),不见其妻(3)。凶。

[译文]六三:乱石挡道,荆棘缠身;攻入敌人的宫殿,已经空空荡荡无所获,凶险。

[解读]时不我待。

[注]

(1) 蒺藜(jí lí):本是果实带刺的植物。古代用木或金属混合而成的带刺障碍物,设置在地面,以阻碍敌军前进。因与蒺藜果实形状相似,故名。

(2) 宫:官员的高级住宅。

(3) 不见其妻:虽破其城,但已空空如也。抢夺人、财、物是古时征伐目的之一,而因为被困,敌人已有充分的时间准备。所以,虽然胜利,却得不到财物。

[原文]九四:来徐徐(1),困于金车(2)。吝,有终。

[译文]九四:慢腾腾来迟,原来是被困在金车之中。车虽遇到了麻烦,但最终没事了。

[解读]受点小挫折,没必要放在心上。

[注]

(1) 徐徐:缓慢。

(2) 金车:装饰着黄铜的车子。

[原文]九五:劓刖(1),困于赤绂(2)。乃徐有说(3),利用祭祀(4)。

[译文]九五:职责所困,不得不用酷刑。逐渐从这种事务中解脱,利于祭祀。

[解读]牢记使命,不以自己的好恶来左右自己的情绪。

[注]

(1) 劓(yì)刖(yuè):代指伤残人的身体直至把人处死的酷刑。周代以"墨、劓、宫、刖、杀"为五刑,割鼻称"劓",断足称"刖"。帛《易》及王肃本等均为臲卼(niè wù),惶惑不安之貌。

(2) 困于赤绂:本身不情愿,但因职责所困,不得不对犯人执行酷刑。赤绂,见九二爻注解,此处可能代指负责司法的官职。

(3) 乃徐有说:将逐渐解脱。乃,连词,可是,然而。徐,缓慢。说,通脱,解脱。

(4) 利用祭祀:可能指当时的人牲人殉①。

---

① 原始社会末期和奴隶制社会期间,为祭祀祖先、神灵或自然界万物而杀戮活人以为祭品,一般使用战争中的俘虏。据考证,在商代,人牲作为一种制度流行广泛,如安阳殷墟的侯家庄商王陵区,有数以千计用活人祭祖的祭祀坑。到西周,这一制度仍然保留。

［原文］上六：困于葛藟⁽¹⁾、于臲卼⁽²⁾，曰动悔⁽³⁾。有悔⁽⁴⁾，征吉⁽⁵⁾。

［译文］上六：当被纷乱缠绕的葛藟所困，或心态惶惑不安，事事不顺心。若调整好心态，出征可吉。

［解读］剪不断、理还乱之时，要保持清醒的头脑。

【注】

(1) 葛藟(lěi)：葛藤缠绕之草。

(2) 于臲卼(niè wù)：困于惶惑不安。

(3) 曰动悔：指心态不好，做什么事都不顺心。曰，语助词，无实意。

(4) 有悔：指改变困境。

(5) 征吉：出征，吉利。指摆脱上述困境后，诸事顺利。

第四十八卦　井——治国有常，民生为本

（坎上巽下）

【原文】

（卦辞）井，改邑不改井。无丧无得，往来井井。汔至，亦未繘井，羸其瓶，凶。

（爻辞）初六：井泥不食，旧井无禽。

九二：井谷射鲋，瓮敝漏。

九三：井渫不食，为我心恻，可用汲，王明，并受其福。

六四：井甃，无咎。

九五：井洌，寒泉食。

上六：井收勿幕，有孚元吉。

【导读】

《井》卦是有关要保障民生的教诲。卦辞开宗明义：无论谁做君主（改邑），都必须要重视民生（井），保障百姓赖以生存的基本需求。好的保障体系，其源泉永不枯竭，芸芸众生安居乐业，社会井然有序。如果不重视民生（井），认为其可有可无而掉以轻心，那后果不堪设想。

最初的两爻告诫不重视民生的后果。初六爻是说：若没有基本民生保障，人们将离你而远去，国将不国。

九二爻是说：民心丧尽，没有一点生气，荒芜萧条，回天无力。

后面几爻是说"井"的治理，从三爻到上爻，层次非常分明，自下而上，"井"的状况越来越好。

九三爻是说：对关系国计民生的事大意不得，要及时解决问题。作为开明的君王，一定要体察民情，与百姓同甘共苦。

六四爻是说：要建立保障民生的长效机制。

九五爻是说：领导重视、措施得力，百姓的幸福指数才能提高。

上六爻是说：民生工程不能变成权贵们的专利，要真心实意地为民众谋福祉。本爻与卦辞中的"改邑不改井。无丧无得，往来井井"相呼应，告诫君子要像"井"那样守诚，源源不断地滋养众生，才会大吉大利。

【井：卦辞解读】

［原文］井⁽¹⁾，改邑不改井⁽²⁾。无丧无得，往来井井。汔至⁽³⁾，亦未繘井⁽⁴⁾，羸⁽⁵⁾其瓶，凶。

［译文］不论谁做城邑的主人，都得重视民生（井）。好的井不会枯竭也不会溢满，取水的人来来往往、井井有条。如果井有淤塞时不及时维护，还把汲水的瓶弄坏了，那可是凶险。

［解读］无论何时何地，保障民生都是头等大事。

【注】

(1) 井：卦名。水井，喻指民生。
(2) 改邑不改井：可能指管理城邑的人可以更改，井的重要地位都不会改变。
(3) 汔(qì)至：水干涸。
(4) 繘(jú/yù)：井绳，此处代指疏通井。
(5) 羸(léi)：损坏，打破。

【井：爻辞解读】

［原文］初六：井泥不食，旧井⁽¹⁾无禽。

［译文］初六：井被泥淤满，井水已不能饮用，荒芜的井，连鸟都不光顾了。

［解读］民生不保，民心尽失。

【注】

(1) 旧井：指已淤积很久的井。

［原文］九二：井谷⁽¹⁾射鲋⁽²⁾，瓮敝漏⁽³⁾。

［译文］九二：井边洼地的积水中已可抓到小鱼，破损的瓮罐敝在那里无人问津⁽⁴⁾。

［解读］没有人气，破败萧条在所难免。

【注】

(1) 井谷：指井周边的洼地，东汉许慎《说文解字》：谷，泉出通川为谷。
(2) 射鲋(fù)：射小鱼，古有射鱼之俗。鲋，小鱼。
(3) 瓮：用以运储井水的陶罐。
(4) 本爻是接上爻描述井的破败景象：无人治理，井边的洼地积水，已有小鱼游弋。

［原文］九三：井渫⁽¹⁾不食，为我心恻，可用汲，王明，并受其福。

［译文］九三：井水污浊，不能饮用，我内心感到十分不安。要让人民能汲到

可食之水,英明的君王要与百姓同甘共苦。

[解读] 心系民生,责无旁贷。

【注】

(1) 渫(xiè):污浊、混浊。注家多译为治污。

[原文] 六四:井甃⁽¹⁾,无咎。

[译文] 六四:用砖瓦垒砌加固井壁,井壁就不会崩塌。

[解读] 用强有力的措施保障民生。

【注】

(1) 井甃(zhòu):用砖瓦垒井壁。

[原文] 九五:井冽⁽¹⁾,寒泉食。

[译文] 九五:井壁凉凉的,井水就像甘甜凉爽的泉水一样可供人饮用。

[解读] 提高民众的幸福指数。

【注】

(1) 冽:清澄,冰冷。

[原文] 上六:井收勿幕⁽¹⁾,有孚,元吉。

[译文] 上六:不要把治理好的井口加盖;只要有诚信,定能大吉大利。

[解读] 不与民争利,独乐乐不如众乐乐。

【注】

(1) 勿幕:不要覆盖。勿,作不解。幕,覆盖。

第四十九卦　革——权衡利弊，革故鼎新

（离下兑上）

【原文】

（卦辞）革，己日乃孚。元亨，利贞，悔亡。

（爻辞）初九：巩用黄牛之革。

六二：己日乃革之。征吉，无咎。

九三：征凶，贞厉。革言三就，有孚。

九四：悔亡。有孚，改命，吉。

九五：大人虎变，未占有孚。

上六：君子豹变，小人革面。征凶，居贞吉。

【导读】

《革》卦是有关变革的教诲，卦辞中讲了三层意思：把握当变之机且完美的变革才能取信于民，成功的变革有利于事业的发展，选择正确的道路就不会追悔。

在各爻辞中，《革》卦反复强调要把握变革的时机。初九爻是说：时机未到时要坚守不动。

六二爻是说：当时机来临时要迅速行动，此时变革吉利，不会有问题。

九三爻是说：变革的纲领必须兼顾方方面面的利益、取信于民，否则将非常艰难，下场糟糕。

九四爻强调：坚持改革，取信于民才有出路。

最后两爻高度赞扬了变革带来的新气象。九五爻说：经过变革，统治者华丽转身。毋庸置疑，他们在百姓中的威信将大增。

上六爻先说：成功的变革不仅使领导人形象出新，干部和民众也焕然一新。在赞扬变革带来的变化之后，作者告诫：取得变革的成功之后，要该止则止，维持稳定局面，如果持续折腾，那将是很危险的。

【革：卦辞解读】

[原文] 革[(1)]，己日[(2)]乃孚。元亨，利贞，悔亡。

[译文] 适时、成功的变革就不会有后悔，取信于民，非常亨通，利于坚守

正道。

［解读］改革是历史永恒的主题,但改革时机、动机的选择和过程的把握至关重要。

［注］

(1) 革:卦名。鞣制。取变革之意,源于鞣制皮革给人的启示:通过一定的工艺之后,将生皮改变原来的样子和性质,硬的变成软的,生的变成熟的,不好用的变成好用的。在本卦中,用作名词和动词。

(2) 己(jǐ)日:指时间与力度均合适的变革时机。古代以"十干"记日,"己"正当"十干"之中,取恰逢时机、恰到好处的象征意义。

【革:爻辞解读】

［原文］初九:巩[1]用黄牛之革[2]。

［译文］初九:用黄牛皮带捆缚住。

［解读］变革的时机还没成熟,必须按住跃跃欲试的心。

［注］

(1) 巩:繁体字为鞏,本义即为用皮革捆东西(牢固)。

(2) 黄牛之革:黄牛皮制成,在当时可能是最牢固的捆绳。参见《遯》卦六二爻。

［原文］六二:己日[1]乃革之。征吉,无咎。

［译文］六二:在合适的时机及时变革,前途必获吉祥,不会有灾祸。

［解读］变革时机掌握好了,就可事半功倍。

［注］

(1) 己日:适当的时机。参见本卦卦辞的注解。

［原文］九三:征凶[1],贞厉[2]。革言三就[3],有孚。

［译文］九三:变革之路充满坎坷,守成不变也危险。变革的目标充分考虑了民意,才能得到真诚的拥护。

［解读］不能因有阻力而不改革,但没有大家的支持就很难实现改革的目标。

［注］

(1) 征凶:出征打战有凶险,形容改革之路不平坦。

(2) 贞厉:不改革有麻烦。贞,不变,继续。

(3) 革言三就:改革方案要兼顾多方利益。革言,变革纲领、告示。三,多。就,迁就。

［原文］九四：悔亡。有孚,改命⁽¹⁾,吉。

［译文］九四：心存诚信,革除旧命,吉利,不会对失去的追悔。

［解读］坚持正确的方向,争取好的改革成果。

【注】

(1) 改命：除旧立新。

［原文］九五：大人虎变⁽¹⁾,未占有孚⁽²⁾。

［译文］九五：(变革成功之后)大人变得像老虎一样威武,不用占卜,肯定更得民心。

［解读］成功的改革将如虎添翼。

【注】

(1) 虎变：老虎换毛,野兽夏季脱毛,冬季毛又变厚,喻大人面貌一新,能力与威信大增。

(2) 未占有孚：不占,用不着占卜,喻毫无疑问。有孚,光大了其诚信的品德。

［原文］上六：君子豹变⁽¹⁾,小人⁽²⁾革面⁽³⁾。征凶,居贞吉。

［译文］上六：(变革成功之后)君子如豹子般矫健,小人也改变了昔日面貌。此时,继续激进必有凶险,持重稳定就会吉利。

［解读］掌握火候,见好就收。

【注】

(1) 君子豹变：喻变化显著。原指像豹子一样,出生时丑陋和普通,成年后矫健而美丽。后多比喻人去恶向善或由贱至贵。君子,指贵族,与小人相对。参见《乾》卦九二爻解。

(2) 小人：与君子相对。指地位低的人,并不是指道德意义上的小人。

(3) 革面：面貌发生改变。亦有注家译为小人并没有真正"革",而是表面顺从。

第五十卦 鼎——创新求实,基业常青

(巽下离上)

【原文】

(卦辞)鼎,元吉,亨。

(爻辞)初六:鼎颠趾,利出否。得妾以其子,无咎。

九二:鼎有实。我仇有疾,不我能即,吉。

九三:鼎耳革,其行塞,雉膏不食;方雨亏悔,终吉。

九四:鼎折足,覆公𫗧,其形渥。凶。

六五:鼎黄耳金铉,利贞。

上九:鼎玉铉,大吉,无不利。

【导读】

本卦通过鼎的足(趾)、实(腹)、耳、铉等形象比喻,来阐述创新机制(鼎新)的重要性。卦辞是对拥有"鼎新"机制的高度评价:大吉大利,亨通。

初六爻是说"鼎新"的必要性,为了基业常青,要挣脱传统的羁绊,顶住舆论的压力,果断地推翻旧体系,建立新的政权机制。

九二爻是说:国家要立足于自力更生,不可过分依赖外力,自己的实力强才是硬道理。有时候,他人是靠不住的。

前面两爻是谈政权的创建和管理理念,后面几爻主要是说体制的建设与完善。

九三爻是说:如果体制有漏洞,就会造成困难,如果处置得当,可摆脱危机。

九四爻是说:要保证政权的稳定,根基不能动摇,一旦赖以生存的基础出了问题,不仅前功尽弃,还会损坏"鼎新"的形象,带来后遗症。

九五爻是用铜耳金铉来比喻完善的"鼎新"体系与实践。

上九爻是赞美"鼎新"的成功,大吉大利。

《鼎》卦与《革》卦的主旨相近,《杂卦》云:"革,去故也;鼎,取新也。"大意为,《革》卦是除去陈旧的东西,《鼎》卦是树立新的东西,因此有了"革故鼎新"这个成语。但如前所述,《革》卦主要是从皮革的鞣制来比喻改造立新;而《鼎》卦则以"鼎"象征新政权。前者着重于更新观念,达到"大人虎变""君子豹变,小人革面"

的改革目的。后者更强调立新制度与体系的建设与保障,实现"鼎黄耳金铉、鼎玉铉",不断"出否""有实",从而"大吉,无不利"。

【鼎:卦辞解读】

［原文］鼎⁽¹⁾,元吉,亨。

［译文］破旧立新(鼎),大吉,亨通。

［解读］革故鼎新,大吉大利。

【注】

(1) 鼎:卦名。鼎是古代烹饪之器,一般三足两耳,青铜制成,盛行于商周时代,初用以煮盛食品,后置于庙宇作为铭功记绩的礼器,后演变为象征王位或国家政权的"法器"。本卦中有双重含义,国家政权及应有的破旧立新功能。

【鼎:爻辞解读】

［原文］初六:鼎颠趾⁽¹⁾,利出否⁽²⁾。得妾以其子⁽³⁾,无咎。

［译文］初六:将鼎翻倒,有利于倒出废物。(犹如元配受冷落)生了儿子的小妾被宠,不会有灾祸。

［解读］要开创新的局面,就必须勇敢地打破旧的秩序。

【注】

(1) 鼎颠趾:鼎颠覆,足向上。趾,脚。

(2) 否(pǐ):不好,恶,坏。喻鼎中原来的腐败食物。

(3) 得妾以其子:妾因为生了儿子而受宠。此处是比喻"鼎颠趾"看似不正常,但却有好处。在古人眼里,妾的身份与地位本来很低下,但因为她生了可奉祭祀承先祖的儿子,所以比没生子的元配受宠。得,得宠。以,因为。

［原文］九二:鼎有实。我仇⁽¹⁾有疾,不我能即⁽²⁾,吉。

［译文］九二:鼎中装满(烹饪好)的食物,(即使)我的盟友因故不能来帮我,也还是吉利⁽³⁾。

［解读］有实力就不怕天有不测风云。

【注】

(1) 仇(qiú):古同"逑",匹配,妻子。

(2) 即:接近。

(3) 此爻强调"鼎新"的重要性,盟友不能来,看似不利,但有充足的储备,故吉。

［原文］九三:鼎耳革,其行塞⁽¹⁾,雉膏⁽²⁾不食;方雨亏悔,终吉。

[译文]九三:鼎耳损坏,以至于不方便移动,眼看美食(要煮过头了),将无法食用;用水把火浇灭才少了一分后悔,最终吉祥。

[解读]完善体系建设,做好应急预案。

[注]

(1)鼎耳革,其行塞:鼎的两个耳朵损坏了,滚烫的鼎没法用手或用杠子抬走了。

(2)雉膏:泛指美味食物。雉,野鸡。膏,肥、甘美。

[原文]九四:鼎折足,覆公⁽¹⁾悚⁽²⁾,其形渥⁽³⁾,凶。

[译文]九四:鼎的足折了,王公的美食被倾覆,鼎身都是龌龊,有凶险。

[解读]根基是重中之重,水可载舟,亦可覆舟。

[注]

(1)公:地位高于侯的大臣。

(2)悚(sù):稀粥,有学者认为是一种糁与笋做成的八珍菜粥。

(3)渥(wò):湿漉漉水汪汪的样子。

[原文]六五:鼎黄耳⁽¹⁾金铉⁽²⁾,利贞。

[译文]六五:黄色的鼎耳,金色的杠,利于守正。

[解读]掌握重点,抓住关键。

[注]

(1)鼎黄耳:当时为铜鼎,铜本为黄色,此处称黄耳,可能是为了押韵,或表示因常用,鼎耳呈光亮的黄色,形容坚固耐用且漂亮。

(2)金铉:铉,鼎杠,穿在两个耳上以移动鼎器的横杠。杠,多用杂木制作,此处称金铉,应指镶嵌在其上的金属丝,表示贵族所用铉的质地上乘。鼎耳、铉都是用来移动鼎的,此爻是说要保障鼎平稳安全的移动。

[原文]上九:鼎玉铉⁽¹⁾,大吉,无不利。

[译文]上九:(黄色的鼎耳)配上镶玉的鼎杠,十分吉祥,不会有什么不利。

[解读]红花尚要绿叶衬。

[注]

(1)古代,玉高贵无比,所以,玉铉比金铉更高贵。

第五十一卦　震——雷厉风行，国泰民安

（震上震下）

【原文】

（卦辞）震：亨。震来虩虩，笑言哑哑。震惊百里，不丧匕鬯。

（爻辞）初九：震来虩虩，后笑言哑哑，吉。

六二：震来厉，亿丧贝，跻于九陵，勿逐。七日得。

六三：震苏苏。震行，无眚。

九四：震遂，泥。

六五：震往来厉，亿无丧，有事。

上六：震索索，视矍矍，征凶。震不于其躬，于其邻，无咎。婚媾有言。

【导读】

《震》卦用自然界雷电来比喻国家管理中的变革，以不同的雷电强度来象征变革的力度。

卦辞是对全卦的总结：首先充分肯定变革（震，享）；进而谈变革的目的、方法与艺术——实施新的管理国家法令或措施之后，政令通、万事兴，心情舒畅。要想出现国泰民安的大好局面，变革就要有一定的力度与广度，既要有威慑力，要传播到位；还要把握力度与节奏，不至于影响社会的正常秩序和基本民生。

爻辞生动形象地描述了应如何把握因"震"所引起的"厉"。初九爻是说在经历改革的阵痛之后，莺歌燕舞，其乐融融。

六二爻是说：在"变革"之初，很多人会不理解，担心失去自己的地位和财富而抵触、对抗或消沉，众人争先恐后地躲避。此时，要有耐心，过一阵子，他们就会理解而返回的。

六三爻是说：在变革时，既要有雷霆万钧之势，也要谨慎地把握节奏、掌控局面，防止节外生枝。

九四爻是说：经历了变革的阵痛，取得成功，早先的不安也随之消失。

六五爻紧接上爻说：成功的变革为后续的管理奠定了基础，民众已建立对你的信任与理解，当你推出新的措施时，他们的恐惧与抵触情绪与之前相比会少很多。

上六爻是对前五爻的归纳:要把握"震"的力度,要达到目的,也不能伤及自身。如果让臣民惶惶不可终日,长此以往,相当危险。对内要多做疏导,对外保持震慑强势,这是可以的。不过,也可能会引起盟友们的误会和怨言。

《易传·象·震》强调人要畏天,曰:"震。君子以恐惧修省"。听到震雷时要有所警觉,不断反省自己,改过迁善。人不犯天威,天威也就不会及于人。这是先贤对于天人关系的一种认识。

【震:卦辞解读】

[原文]震(1):亨。震来虩虩(2),笑言哑哑(3)。震惊百里,不丧匕鬯(4)。

[译文]高压与强势,亨通。震雷响起,敬畏之余还能谈笑自如;雷声让百里之外的人们都感到惊惧,但不至于影响祭祀活动。

[解读]对下级的管理行为既要有足够的威慑力,也要适度。

【注】

(1)震:卦名。原指霹雳,雷电。本卦紧接《革》《鼎》之后,据此,笔者认为,《震》是指强势推行的国家新法令、管理措施等。

(2)虩虩(xì):惊恐害怕的样子,同"愬愬(sù)"。

(3)笑言哑哑:笑语喧哗的声音,从初九爻的"后笑言哑哑"分析,是指"震来虩虩"之后的结果。

(4)不丧匕鬯:虽被雷震惊,但还没有丢失祭祀的礼器。匕,勺子。鬯(chàng),香酒。

【震:爻辞解读】

[原文]初九:震来虩虩,后笑言哑哑,吉。

[译文]初九:雷电袭来令人哆嗦,过后却谈笑自如,吉(1)。

[解读]管理方案的出台要切合实际,争取管理对象的理解。

【注】

(1)这条爻辞和卦辞的前两句基本相同,可能反映在《周易》中是先有爻辞,卦辞是对爻辞的概括与总结。

[原文]六二:震来厉(1),亿(2)丧贝(3),跻(4)于九陵(5),勿逐(6)。七日得(7)。

[译文]六二:雷声滚滚,令人生畏。有人害怕因此失财,争相逃避,躲进九陵高山。过些日子就会回来。

[解读]不要指望改革一蹴而就,多一分理解与宽容。

【注】

(1)震来厉:因震引起的恐惧。来,导致;厉,危险。

(2) 亿:此处通"臆",臆测,预料。
(3) 贝:贝壳,当时的货币财物。
(4) 跻:登上。
(5) 九陵:多重山坡,高山。九,泛指多。
(6) 勿逐:争先恐后躲避。勿,众。参见《乾·初九》注。
(7) 七日得:过几天就好。七,指七日律,参见《复》卦卦辞脚注。

[原文] **六三:震苏苏**⁽¹⁾。**震行**⁽²⁾,**无眚**⁽³⁾。

[译文] 六三:雷声阵阵,筋酥骨软,战战兢兢。小心行事,不会有灾。

[解读] 雷厉风行,执行到位。

【注】
(1) 苏苏:畏惧不安的样子。
(2) 震行:电闪雷鸣之下,做事小心谨慎。
(3) 眚(shěng):灾祸,损失。

[原文] **九四:震遂**⁽¹⁾,**泥**⁽²⁾。

[译文] 九四:"震"实施成功,(不安也)消失。

[解读] 以小的代价取得改革的成功。

【注】
(1) 遂:如意,成功。
(2) 泥:停止,滞留,指因震引起的不安也没有了。

[原文] **六五:震往来厉**⁽¹⁾,**亿无丧**⁽²⁾,**有事**⁽³⁾。

[译文] 六五:雷声再次响起,给人带来的恐惧(要小一些),不再担心会造成什么损失。

[解读] 有效的管理能获取理解与信任,有利于新的变革。

【注】
(1) 震往来厉:与六二爻"震来厉"相对,再次发生"震"引发的恐慌。往,复、返。
(2) 亿无丧:不再(像以前那样)担惊受怕。与六二爻"亿丧贝"相对,多了一个"无",省略了"贝"。
(3) 有事:《春秋》之中,凡祭祀皆曰"有事"。相对六二爻,本爻指经历过最初之后,当雷声反复响起时,已不会再担心失去家业而躲进九陵高山,而是到宗庙中祭祀。

[原文] **上六:震索索**⁽¹⁾,**视矍矍**⁽²⁾,**征凶**。**震不于其躬**⁽³⁾,**于其邻,无咎**⁽⁴⁾。**婚媾**⁽⁵⁾**有言**。

[译文]上六:受雷电震慑而瑟瑟发抖,两眼惶恐不安,如此下去,前景不妙。但是,如果受惊的不是自己人,而是邻邦,则没什么不妥;不过,会遭到盟友们的埋怨[6]。

[解读]操之过急的变革让众叛亲离,欲速则不达。

【注】

(1) 索索:恐惧的样子。

(2) 矍矍(jué):鸟在高处双目惊慌四顾的样子。

(3) 震不于其躬:震索索,视矍矍的力度不适合自己人。躬,自身。

(4) 于其邻,无咎:让敌对的邻国处在震慑之中(震索索,视矍矍)是可以的。

(5) 婚媾:此处指亲朋、盟友。

(6) 本爻是前五爻的总结,与卦辞异曲同工,可看出卦辞是对爻辞的归纳与提炼。

第五十二卦 艮——当断则断,不受其乱

(艮下艮上)

【原文】

(卦辞)艮其背,不获其身;行其庭,不见其人,无咎。

(爻辞)初六:艮其趾,无咎,利永贞。

六二:艮其腓,不拯其随,其心不快。

九三:艮其限,列其夤,厉,薰心。

六四:艮其身,无咎。

六五:艮其辅,言有序,悔亡。

上九:敦艮,吉。

【导读】

本卦是有关管理中叫停、为错误行为踩刹车的教诲。

卦辞概括了"止"的意义与最终目的:中止那些不当的计划,把已经开始的错误行动停下来,就可避免不可收拾的麻烦和后果。

前四爻层层递进,通过"艮其趾""艮其腓""艮其限""艮其身"的一系列比喻,对"艮"(止)时机的选择、可能遇到的阻力进行了生动形象的阐述。

初六爻强调:抑制贪欲和不良习性宜早不宜迟,及时发现并中止错误的萌芽,代价最小,后果最少。不仅"无咎",而且"利永贞"。

六二爻是说:让已经开始的事情停下来,不允许其进一步发展,肯定会遇到阻力。一时会想不通、不高兴,对此要有心理准备。

九三爻是说:叫停已付诸实施的行动也许是件很痛苦的事情,其陷得越深,痛苦越大。不仅要经过心理上的煎熬,还要忍受撕心裂肺似的疼痛。不做出一定的牺牲是不行的。

六四爻从正面肯定"艮",治病是为了救人,中止错误的行为没有什么不对。尽管一时不理解,甚至很痛苦,这都不应该动摇"艮"的决心和过程。

六五爻是说:在制止其错误行为的同时,还要控制好其抵触情绪和抱怨,管好嘴巴,不多说、不乱说,这样就不会有后悔的事发生。

上九爻是说:要充分认识到"艮"的阻力:会遇到"其心不快",会"列其夤"

"厉,薰心",所以,不仅要有"艮"的决心,还要敦促"艮"的执行,保证达到"艮其背,不见其身;行其庭,不见其人"的效果。治病与修身,都是个长期的过程,要不断地反省,这才是吉利之道。

先贤对《艮》卦推崇备至,并赋予其更多的内涵,他们认为艮卦的主旨是教人慎言慎行和与时偕行。《易传·象》曰:"君子以思不出其位",即脚踏实地,不想入非非。"不在其位,不谋其政"(《论语·泰伯》)。《易传·彖·艮》以"时"解:"艮,止也。时止则止,时行则行,动静不失其时,其道光明。"《大学》中说:"知止而后有定,定而后能静,静而后能安,安而后能虑,虑而后能得。"

在人伦日用上,"止"是终极目标。如《大学》开章即说:"大学之道,在明明德,在亲民,在止于至善""为人君,止于仁;为人臣,止于敬;为人子,止于孝;为人父,止于慈;与国人交,止于信"。

《震》卦与《艮》为一对综卦,前者从当政者角度讲贯彻新政令要雷厉风行,并控制好适当的力度和节奏。而后者则是叫停已不合时宜的政令,废止坏习惯、老规矩,中止已发生的错误。二者似有安排上的匠心。

【艮:卦辞解读】

[原文] 艮⁽¹⁾其背,不获其身⁽²⁾;行其庭,不见其人⁽³⁾,无咎。

[译文] 把其背部止住,全身也就不会动了;虽已来到庭院,(但因中途而退)见不到其人,无害。

[解读] 点问题一针见血,抓整改切中要害。

【注】

(1) 艮:卦名。止义。一说"艮"为"注视"。

(2) 艮其背,不获其身:因为中止,没有发展到全部。其,指要中止的对象。背与身,由各爻辞可知,是用人体的部位作比喻。背,指已发展到相当的阶段;身,全部,指终止了。

(3) 行其庭,不见其人:是从另一个角度表述,事件已发生,因为有效的止,所以虽闻其声,而不见其人。

【艮:爻辞解读】

[原文] 初六:艮其趾⁽¹⁾,无咎,利永贞。

[译文] 初六:早早地叫停,必无咎责,利于永久守持正固。

[解读] 把错误中止在萌芽阶段,所付出的代价最小。

【注】

(1) 趾:脚趾。《贲·初九》与《大壮·初九》的头一句分别为"贲其趾"和"壮于趾",可见"趾"在《周易》中表示事情的开始。

［原文］六二：艮其腓⁽¹⁾，不拯⁽²⁾其随⁽³⁾，其心不快⁽⁴⁾。

［译文］停止在其小腿部，不让其再向上升，心情不痛快。

［解读］要中止已开始的错误行为会遇到阻力。

【注】

(1) 腓(féi)：小腿。参见《咸》卦初爻和第二爻为"咸其拇""咸其腓"。此爻指果断地中止刚开始不久的事情，不让其再发展。

(2) 拯：帮助。

(3) 随：指小腿以上。即事件紧随"趾"后的进展。

(4) 其心不快：前功尽弃，已做的准备白费，自然有所不忍。

［原文］九三：艮其限⁽¹⁾，列其夤⁽²⁾，厉⁽³⁾，薰⁽⁴⁾心。

［译文］腰部被止，脊背肉被撕裂，痛苦，心急如焚。

［解读］要中止已成形的错误，是要经历一个痛苦的过程，甚至于作出一些牺牲。

【注】

(1) 限：界限，上下身的界限，指腰部。

(2) 列其夤(yín)：肋部肉被撕裂。夤，夹脊肉，腰部两边的肉。

(3) 厉：危急。

(4) 薰：烧灼。

［原文］六四：艮其身⁽¹⁾，无咎。

［译文］六四：止其身，无咎。

［解读］尽管已造成损失，纠正会付出代价，但若能亡羊补牢，就是件好事。

【注】

(1) 身：胸部。甲骨文中"身"像人胸部突出的样子，此处喻指关键部分。

［原文］六五：艮其辅⁽¹⁾，言有序⁽²⁾，悔亡。

［译文］六五：限制其口，讲话有条理，悔恨就会消亡。

［解读］要把负面的舆论降到最低，重视民意的征集，搞好正面的宣传。

【注】

(1) 辅：嘴巴，面部。

(2) 序：顺序。

［原文］上九：敦艮⁽¹⁾，吉。

[**译文**] 上九:敦促其止,吉利。

[**解读**] 纠偏会有很多阻力,要加强过程管理。

【注】

(1) 敦:敦促,厚道。

第五十三卦　渐——不积跬步，难致千里

（艮下巽上）

【原文】

（卦辞）渐，女归，吉，利贞。

（爻辞）初六：鸿渐于干，小子厉，有言，无咎。

六二：鸿渐于磐，饮食衎衎，吉。

九三：鸿渐于陆，夫征不复，妇孕不育，凶，利御寇。

六四：鸿渐于木，或得其桷，无咎。

九五：鸿渐于陵，妇三岁不孕，终莫之胜，吉。

上九：鸿渐于陆，其羽可用为仪，吉。

【导读】

《渐》卦用诗歌中的起兴手法，通过鸿雁从步履蹒跚到鹏程万里的成长过程来阐述循序渐进的哲理。卦辞是全卦的主旨：心急吃不了热豆腐，做事情要有章法，需要循序渐进，犹如嫁女时的礼仪，按规矩来才会皆大欢喜。

初六爻以在水中初长成的鸿开始走向陆地来说明：在成长的初期，总归会有一个幼儿学步的过程，摔点跟头、跌破点皮没什么关系。只有勇敢地尝试、不断地练习才能完成这种变革。

六二爻紧接上一爻：经过磨炼，鸿已能自主地在岸边和礁石上嬉戏、觅食，成功迈出由水向陆的第一步，勇气与实践使人进步。

九三爻和上九爻均为"鸿渐于陆"，作者的评价却截然不同，"陆"是鸿成功的最高境界，刚刚完成转变的鸿就想一步登天，显然条件不成熟。好比丈夫不在家，孕育子女的事就得再等等，国家的边防是大事，不能顾小家失大家。

六四爻是说：能在陆地自由自在之后，就可试着飞高一点，能攀上大树并站稳脚跟就是进步。

六五爻是说：经过不断的进步，鸿可飞得更高更远了，终于实现自己多年的夙愿，飞越在高陵之上。正如盼望多年的生育计划得以实现，大吉大利。

上九爻是说：经过磨炼的鸿雁成为人们赞颂和学习的榜样。本爻与九三爻均是"鸿渐于陆"，但九三爻的"鸿"还没有飞翔和长途跋涉的阅历，因此，还在

"渐"的初期,而本爻的"鸿"是经历了南征北返(候鸟)之后的"渐于陆"。

作者基于对鸿雁成长过程的观察,即从水域浮游——尝试登陆——登上稍高一点的磐石——飞到大树上站稳脚跟——飞到高山上——长途迁徙、鹏程万里,教诲储君:要像大雁那样"不积跬步,无以至千里;不积小流,无以成江海"。只有按照客观规律、循序渐进才能获取成功。人生励志也是如此,宝剑锋从磨砺出,梅花香自苦寒来。只有不怕挫折和困难,不断追求进步,一步一个脚印,在实践中不断增强自己的阅历与才干,才能最终实现自己的政治理想,达到人生的最高境界。

【渐:卦辞解读】

[原文] 渐⑴,女归⑵,吉,利贞。

[译文] 若如女子出嫁那样循序渐进,吉利,利于坚守正道。

[解读] 尊重规律,循序渐进。

【注】

(1) 渐:卦名。渐进之义①。

(2) 女归:原指女子出嫁,此处是指古礼中女子出嫁的程序②。

【渐:爻辞解读】

[原文] 初六:鸿⑴渐于干⑵,小子⑶厉,有言⑷,无咎。

[译文] 初六:雏雁渐飞到水边,如同幼子蹒跚学步时有危险,大人呵护有加,(总要有这个过程)没关系。

[解读] 起步艰难,宜稳为上。

【注】

(1) 鸿:鸿雁,飞得很高,迁得很远的候鸟。

---

① "渐"字从"水"、从"车"、从"斤"。"斤"是古代一种与斧的功用和形状相似,而比斧小、横刃的砍木工具。"斤"字与"车"字相合组成"斩"字,是砍木造车的意思。古代工具简陋,而造车的工序复杂,要求较高。为了使车轮、车轴等精密部件容易弯曲、变形而达到所要求的标准,常需要利用水使木料伸张或变软。在车造成后,也要以水测平来检测车辆是否符合标准。这种在造车的过程中以水浸润木材,使其更易加工和以水测平检测新车是否符合标准的过程,就是"渐"。或者说"渐"字的本义就是浸润、测平。由于这个过程需要循序渐进,故引申为融合、渐进、逐步、发展等义。

② 据《周礼》的记载,古代的婚娶要经过六步。第一步是纳采,男方向女方提亲,送上一只雁作为礼物。第二步是问名,相当于后来的换帖。第三步是纳吉,就是把男方占卜的结果告诉对方,吉的就相当于报喜。第四步是纳征,实际上就是要送一些聘礼订婚。第五步是请期,也就是双方商定完婚的日子,男方选择好,去征求女方同意。第六步是亲迎,就是把姑娘迎来成亲。六步合称作六礼。这个风俗直到现在还在一些地区保留着。在六礼中,问名(合婚)、纳征(订婚)、亲迎(完婚)最关键。

(2) 干:紧靠水边的岸。
(3) 小子:孩子,喻指幼小的鸿。
(4) 有言:叮咛。

[原文] 六二:鸿渐于磐⁽¹⁾,饮食衎衎⁽²⁾,吉。

[译文] 六二:鸿雁渐进,嬉戏于水中的磐石,安然得食,吉祥。

[解读] 进步着,快乐着。

【注】

(1) 磐:厚而大的石头,此处应指在水中或水边的小高地(岛屿)。帛《易》中,这个"磐"字作"坂",指水域靠近岸边的一侧的斜坡。

(2) 衎衎(kàn):快乐的样子。

[原文] 九三:鸿渐于陆⁽¹⁾,夫征不复,妇孕不育⁽²⁾,凶,利御寇⁽³⁾。

[译文] 鸿雁渐进于陆地。丈夫出征久久不归,正处于生育年龄的妻子就没机会怀孕,对小家庭不是件好事,但有利于国家防御敌寇。

[解读] 治大国若烹小鲜,欲速则不达。不到万不得已的时候不宜冒进。

【注】

(1) 陆:远离水域的陆地、高山。此处应指鸿能长途迁徙的能力。鸿雁以水生动、植物为食,此爻指鸿此时来到陆地,这里还不是其合适的生存地点。

(2) 夫征不复,妇孕不育:丈夫出征未归,适龄的妻子没办法怀孕。有人认为此指女子偷情而孕,迫于礼教而不敢生育。笔者结合本卦的九五爻"妇三岁不孕,终莫之胜"分析,取现解。

(3) 凶,利御寇:适龄未孕本身不好,但有利于边防。

[原文] 六四:鸿渐于木,或得其桷⁽¹⁾,无咎。

[译文] 六四:鸿渐进到高树之上,或许能找到较平的枝杈得以栖息,没有害。

[解读] 基础功扎实了,才有登高望远的资本。

【注】

(1) 桷(jué):方形的椽木,近似于方形的树枝。鸿的脚趾之间有蹼,踩在圆形树枝上站不稳,只有踩在类似于方形的树枝上才站得稳。

[原文] 九五:鸿渐于陵⁽¹⁾,妇三岁不孕⁽²⁾,终莫之胜⁽³⁾,吉。

[译文] 鸿雁渐进于山冈,犹如妻子多年没怀孕,现在终于实现了心愿,吉祥。

[解读]按照规律办事,就没有迈不过去的坎。

【注】

(1) 陵:丘陵、高山。

(2) 三岁不孕:与九三爻:"夫征不复,妇孕不育"相呼应。字面意思是因丈夫出征,孕育孩子的计划被耽误了多年。三,长时期。

(3) 终莫之胜:最终没有人能阻挡(怀孕)。终,最终。莫之胜,同《遯·六二》解:"执之用黄牛之革,莫之胜说",喻邪终不能胜正。

[原文]上九:鸿渐于陆,其羽(1)可用为仪(2),吉。

[译文]鸿雁渐进于远方,其循序渐进的飞翔可成为效法的榜样,吉祥。

[解读]不积跬步,无以至千里。

【注】

(1) 羽:羽毛,也可指翅膀,这里引申为飞翔。

(2) 仪:本义为法度、准则,引申为典范、效法榜样等义。鸿雁健飞且性情机警,在迁徙的南征北返时,中途很少停歇,信守时间,成群聚集,组织性强,对爱情忠贞。古人视其为"仁义礼智信"的代表、学习的榜样。

第五十四卦　归妹——化戈为帛,血浓于水

（兑下震上）

【原文】

（卦辞）归妹,征凶,无攸利。

（爻辞）初九:归妹以娣,跛能履,征吉。

九二:眇能视,利幽人之贞。

六三:归妹以须,反归以娣。

九四:归妹愆期,迟归有时。

六五:帝乙归妹,其君之袂不如其娣之袂良,月几望,吉。

上六:女承筐,无实。士刲羊,无血。无攸利。

【导读】

《归妹》卦是有关政治婚姻的教诲。卦辞开宗明义:用联姻换和平,战争是险恶的,没什么好处。

爻辞中详细论述了联姻的过程和注意事项。

初九和九二爻讲述了上层社会的婚姻习俗,并认为妹随姐嫁是一个不错的选择。姐妹间相互有个照应,若其中一个有什么闪失,也能维系关系,不至于使这段婚姻的目的失败。

六三爻是说:定亲时,态度要积极,方式可变通。例如,姐妹二人的年龄相差较大时,可以先确定关系,妹妹再回娘家,待其长大后再到夫家。

九四爻是说:联姻时要守诚信。假如因为不可抗力延误了婚期,不能就此推托,要尽快商定新的日子,成全亲事。

六五爻举例来论证政治联姻的必要性:当年,帝乙将自己的爱女下嫁姬昌,从而化干戈为玉帛,传为一段佳话,是大家效法的榜样。

上六爻再次提醒:在联姻的过程中,贵在以诚相待、相互尊重,切不可弄虚作假,那对双方都没好处。

本卦中的媵婚制度①早已成为历史。现在,把子女作为筹码、带有浓厚政治

---

① 兰甲云.周易卦爻辞研究.长沙:湖南大学出版社,2006:138.

经济意味的婚姻也为大众所不齿;但《归妹》卦给我们传递的文化信息和通过诉求亲情、友情,建立睦邻友好关系来处理纠纷、息事宁人的谋略仍有现实意义。

【归妹:卦辞解读】

[原文] 归妹⁽¹⁾,征⁽²⁾凶,无攸利。

[译文] 战争险恶,没任何好处,联姻(为上策)。

[解读] 血浓于水时就不会穷兵黩武。

【注】

(1) 归妹:卦名。归,女子出嫁曰归;妹,此处指少女。归妹连用,乃少女出嫁或嫁出少女之意。古代上层社会的婚姻往往打上政治的标签,夏商两朝,已有不少有关政治婚姻的记载。周朝时,凡是所封的异姓诸侯,周天子都通过联姻与之结成姻亲之国。汉唐时,和亲成了一项基本外交政策。

(2) 征:国家(部落)间的战争,征伐。

【归妹:爻辞解读】

[原文] 初九:归妹以娣⁽¹⁾,跛能履⁽²⁾,征吉⁽³⁾。

[译文] 初九:将小妹与其姐同嫁一夫,倘若姐足跛(不能育子或孩子夭折),还有妹替补,顺利吉祥。

[解读] 防患于未然。

【注】

(1) 归妹以娣(dì):古时一夫多妻,妹妹从姐姐出嫁称"娣",亦称"媵妾"。春秋时仍然保留了这种风俗。西部歌王王洛宾的"带上你的嫁妆,领着你的妹妹,赶着那马车来"也许就是指这种习俗的遗存。据王剑研究,媵婚是周文王儿子周公旦所创建的一项国家制度,从此卦的苦口婆心似的教诲以及帝乙归妹的实例分析,卦爻辞的作者是文王父子的可能性是有的。

(2) 跛能履①:嫁过去的女儿要能生儿子并长大成人,才能真正实现通过婚姻把政治关系变成亲戚关系,进而变成血缘关系。古时科学与医疗水平不高,女人的地位又不高,因此出现了"媵妾"制度。

(3) 征吉:两国的关系越来越巩固。征,征伐,此处作远行、继续解。吉,吉利。《泰》卦初九爻、《困》卦上六爻和《革》卦六二爻等均有"征吉",意基本相同。

[原文] 九二:眇能视⁽¹⁾,利幽人⁽²⁾之贞。

[译文] 九二:(将小女陪姐同嫁一夫)倘若姐有眼疾(不能育子或孩子夭折),妹妹还能帮上忙,有利于摆脱困境。

---

① 跛能履:很多学者认为是指娣为侧室,其地位如足跛一样,但若能克服先天不足,将顺利吉祥。

[解读]做好应急预案,东方不亮西方亮。

[注]

(1)眇能视:在《履·六三》中"眇能视,跛能履"连用,本卦可能是为了凑六爻而分为二爻,因此,本爻与初九爻都是说"归妹以娣"的作用。眇:原指一只眼瞎,后亦指两眼俱瞎之人。

(2)幽人:原指盲人,也有的译为受囚禁之人。此处,跛和幽是喻指因疾病或没有子嗣等原因而陷入的困境。

[原文]六三:归妹以须⁽¹⁾,反归以娣⁽²⁾。

[译文]六三:未成年的小女与姐姐同嫁一夫,之后返回父母家,成年后再到婆家。

[解读]在等待中成长。

[注]

(1)须:有先贤认为同婿(xū),指姐姐;也有人认为是等待意。笔者从帛《易》:为"嬬(rú)",意为弱女子。

(2)反归以娣:据兰甲云考证①,媵妾婚制规定,随嫁的媵妾与正妻一并参加婚礼之后,未成年的女子要返回父母家,等20岁时再到婆家服侍夫君和嫡姐。

[原文]九四:归妹愆期⁽¹⁾,迟归⁽²⁾有时。

[译文]九四:原定的婚期耽误了,要尽早确定成亲之时。

[解读]排除干扰,坚定信念。

[注]

(1)愆(qiān)期:错过、推迟了日期。虽然已定婚期,但因为一些不可抗力(如丧事、外交)不得不延期。

(2)迟归:晚归,推迟嫁期。

[原文]六五:帝乙归妹⁽¹⁾,其君⁽²⁾之袂⁽³⁾不如其娣之袂良,月几望⁽⁴⁾,吉。

[译文]六五:帝乙嫁女,偏房的服饰比正房的服饰都艳丽,十五月亮十六圆,吉祥。

[解读]化干戈为玉帛。

[注]

(1)帝乙归妹:同《泰·六五》注。

(2)君:与娣对举,指正室。

(3)袂(mèi):衣袖。古代举起衣袖作为行礼的样子,衣袖的好不好,能表示一个人地位

---

① 兰甲云.周易卦爻辞研究.长沙:湖南大学出版社,2006:142.

的高低。当时,可能已通过服饰来区分地位。此处,可能是指周文王对帝乙放下天子的架子,把自己的爱女给自己为妾这件事很满意,或帝乙之女温柔贤淑,备受其夫宠爱。

(4) 月几望:每月十六日为既望,此时月亮最圆,以此形容通过和亲,两国关系比任何时候都好。

[原文] 上六:**女承筐**⁽¹⁾,**无实。士刲羊**⁽²⁾,**无血**⁽³⁾。**无攸利**。

[译文] 上六:女子捧筐却内中无物,男子杀羊却不见血腥,没任何好处。

[解读] 自欺欺人,于事无补。

【注】

(1) 女承筐:指新娘到男方后的祭祀或拜见公婆时手捧盛礼品的筐。

(2) 士刲(kuī)羊:新郎娶妻时祭祀或招待送亲队伍时宰杀羊。士,古代成年男子的通称,这里指新郎。刲,割,宰杀。

(3) 无血:死病之羊。

第五十五卦　丰——尾大不掉，君所知也

（离下震上）

【原文】

（卦辞）丰，亨。王假之，勿忧。宜日中。

（爻辞）初九：遇其配主，虽旬，无咎，往有尚。

六二：丰其蔀，日中见斗。往得疑疾。有孚，发若，吉。

九三：丰其沛，日中见沫。折其右肱，无咎。

九四：丰其蔀，日中见斗。遇其夷主，吉。

六五：来章。有庆誉，吉。

上六：丰其屋，蔀其家，窥其户，阒其无人，三岁不觌，凶。

【导读】

《丰》卦是以日食为例，教诲君王如何驾驭欲与其分庭抗礼的诸侯、臣子。卦辞是对全卦的归纳与提炼：当诸侯、臣子分庭抗礼时，无疑会制造一些麻烦，君王会有很多担忧，但既来之则安之，要相信天狗吞不了太阳①，勇敢面对，亨通。

在各爻中，以日食②时的不同阶段来比喻不同类型的"丰"，及应对之策。

初爻指诸侯臣子初现盛象，对应于"初亏"之时，一切总会过去。有异心者，犹如"食既"和"生光"，不必过度担心。

六二爻是说：臣子实力强盛，好像阴影已蔽日。此时，保持必要的戒备，不必过度惊恐，以诚相待即平安无事。

九三爻的"丰"是君王不能容忍的，没有地位、没有话语权……太阳的光辉完全被埋没（食甚）。此时，要毅然决然地采取行动，用壮士断腕的决心，对有异心之人予以无情打击。这样做，虽然会遭受损失，但总比丢掉江山要强。

九四爻是说：度过了最黑暗的时刻，虽然天空还昏暗一片，但毕竟已重现光明。对立面越来越少，臣服者越来越多，吉利。

---

① 中国古人称日食为天狗食日，现民间仍有此说法。
② 日食，又作日蚀，在月球运行至太阳与地球之间时发生。由于月球位于太阳前方，因此来自太阳的部分或全部光线被挡住，看起来好像是太阳的一部分或全部消失了。日食分为日偏食、日全食、日环食。日全食发生时，根据月球圆面同太阳圆面的位置关系，可分初亏、食既、食甚、生光、复圆五种食象。

六五爻是说:蔽日的阴影全退,太阳光芒重现。诸侯、臣子虽强盛,但他们众星捧月,拥戴君王,可喜可贺,吉利。对于这样的下属,不仅不要担心其"丰",还应予以激励。

在一一对应了日食的不同阶段之后,上九爻特别警示:明枪易躲,暗箭难防。要特别提防敛财聚物,富甲一方的诸侯、臣子。他们有钱有势、阳奉阴违、多年不行为臣之礼。这样的人最难以捉摸,在看似平静的表面下可能暗藏着杀机,不得不防。

《易经》的作者通过对日全食的具体叙述、抽象概括和理论升华,非常形象地指导受教者的行为。这种通过朴素的自然现象来归纳、阐述深刻哲学内涵的方法,是《易经》的一个显著特点。

《易传·彖·丰》说:自然与社会,变,是必然的。不论何人,须与时消息①。

【丰:卦辞解读】

[原文]丰(1),亨。王假之(2),勿忧(3)。宜日中(4)。

[译文]君王面临诸侯、臣子的分庭抗礼,有很多担忧,若能泰然处之(视如日食),亨通。

[解读]风雨过后见彩虹。

【注】

(1) 丰:卦名。"丰"是豐的简体字。本义为豆形器皿所盛的物品丰满,引申为满、大、多、富饶、兴盛等义,本卦中应指丰大而遮蔽了太阳,即臣下的羽翼丰满、功高盖主。

(2) 假之:假,借,引申为面对。之,指丰。

(3) 勿忧:很多担忧。勿,众,参见《乾》卦初九爻注。

(4) 宜日中:犹如日食,指正常的天体运动,不必过度担忧。日中应是爻辞的"日中见斗""日中见沫"的简写。

【丰:爻辞解读】

[原文]初九:遇其配主(1),虽旬(2),无咎,往有尚。

[译文]初九:阴影蔽日(日蚀时的初亏),虽张扬,却无大碍,过一段时间太阳又会大放光芒。

[解读]宰相肚里能撑船,对自己要有信心,对下属也要有信心。

【注】

(1) 遇其配主:当其阴影蔽日。遇,碰到。其,阴影。配,匹配。主,太阳。

---

① 《易传·彖·丰》:"日中则昃,月盈则食;天地虚盈,与时消息,而况于人乎?况于鬼神乎?"

(2) 旬:多作"均"解,本文以为"绚",指阴影盖住日光时的绚烂、张扬。

[原文] 六二:丰其蔀⁽¹⁾,日中见斗⁽²⁾。往得疑疾⁽³⁾。有孚,发若⁽⁴⁾,吉。

[译文] 六二:乌云蔽日,大白天都看到了北斗星(日蚀时的食既),难免心生恐惧。以至诚之心去启迪,最后将吉。

[解读] 赤诚之心可感化分庭抗礼。

[注]

(1) 丰其蔀:多解为有大量的草席覆盖屋子。上古时期多以草苫屋,覆以草席,喻家道之富、财力丰厚。

(2) 日中见斗:是说日食时阴影越来越丰大,接近把整个太阳都遮住了,以至于现出了北斗七星。日中见斗,可能类似于今日的成语。

(3) 疑疾:多惊多疑之疾,精神病。

(4) 发若:去掉。若:语末助词。

[原文] 九三:丰其沛⁽¹⁾,日中见沬⁽²⁾。折其右肱⁽³⁾,无咎。

[译文] 九三:天空全暗(日蚀时的食甚)。断其右臂,没有麻烦。

[解读] 当断不断必受其乱。

[注]

(1) 沛:六二、九四爻的"蔀"和本爻的"沛",难确解其所指,可能指幡幔、旗帜。

(2) 日中见沬:日全食时,昏黑无光。沬,通"昧"。昏暗。

(3) 肱(gōng):臂。

[原文] 九四:丰其蔀,日中见斗⁽¹⁾。遇其夷主⁽²⁾,吉。

[译文] 九四:乌云蔽日,但已能见北斗星(日蚀时的生光),光明将现,吉祥。

[解读] 渡尽劫波兄弟在。

[注]

(1) 日中见斗:文字虽与六二爻相同,但应指日全食之后,阴影开始消退,能见北斗,后太阳渐露光芒。

(2) 遇其夷主:太阳开始重现。夷,阴影灭。

[原文] 六五:来章⁽¹⁾。有庆誉,吉。

[译文] 六五:蔽日的阴影全退,太阳光芒重现(日蚀时的复圆)。欢欣鼓舞,吉利。

[解读] 握手言和,欢庆胜利。

【注】

(1) 章:即彰、显,指阴影尽退,太阳光芒毕现,恢复圆形,日蚀结束。

[原文] 上六:丰其屋⁽¹⁾,蔀其家⁽²⁾,阚其户⁽³⁾,阒其⁽⁴⁾无人,三岁不觌⁽⁵⁾,凶。

[译文] 上六:富甲一方,深不可测,行为诡秘,难见其人,凶险。

[解读] 面对居心叵测且又手握重权的部下,不得不防。

【注】

(1) 丰其屋:把屋修得很大。

(2) 蔀其家:用草席子覆盖着家,室内漆黑。

(3) 阚(kuī)其户:从门或窗户中向外窥视。阚:窥的异体字。其,代词,此处指代大屋的主人。户,此处泛指门户和窗户。

(4) 阒(qù)其:静悄悄地。其:语助词。

(5) 三岁不觌(dí):多年难得一见。三岁,泛指多年。觌,看见。

第五十六卦　旅——人在旅途，生财有道

（艮下离上）

【原文】

（卦辞）旅，小亨，旅贞吉。

（爻辞）初六：旅琐琐，斯其所取灾。

六二：旅即次，怀其资，得童仆，贞。

九三：旅焚其次，丧其童仆，贞厉。

九四：旅于处，得其资斧，我心不快。

六五：射雉，一矢亡，终以誉命。

上九：鸟焚其巢，旅人先笑后号咷。丧牛于易，凶。

【导读】

《旅》卦是有关商旅活动的教诲。卦辞是对商旅活动的基本评价和指导：以农为本，"商"促流通，从商，守正则吉。

初爻是说：从事商旅的人要精明能干，落落大方；如果在外面畏畏缩缩，说起话来啰啰唆唆，这样的人是不适宜从事商旅活动的；成功与失败，很大程度上取决于自己的能力。

六二爻是说：做好生意须具备三个要素，即市场的准确定位，有一定的资本，有好的帮手。

九三爻是说：没有了核心竞争力，失去了市场地位，人心必涣散，长此以往可不妙。

九四爻进一步说：做生意要看得长远，如果目光短浅、急功近利，为了钱不择手段，生意的路会全走死了，这可没什么可骄傲的。

六五爻是说：做生意，不能只想得而不愿意付出；声誉比财富要重要得多。

上九爻再次告诫：凡事要兢兢业业、克勤克俭。如果稍有成绩便猖狂、喜形于色、骄横跋扈，那赚到的钱很快就会败光，甚至会到无家可归的下场。

《旅》卦虽然是对商旅活动的指导，但其中蕴含的哲理远不止于此，即次、焚次、于处、焚巢也是对"人生之旅"的写照。人在职场，务必要维护好自己的公众形象，做好人生规划和组织定位，准备必要的物质基础，拥有一个好的团队，视事

业与荣誉为生命,如履薄冰、如临深渊、戒骄戒躁,方能实现自己或组织的理想与抱负。

先贤对《旅》卦的解读认为:"卑则自辱,高则见疾。内止而不动于心,外明而弗迷其往"①,即人在旅途,要有涵养,不卑不亢,遇到困难时不要乱了阵脚,取得成功时切不可喜形于色。

【旅:卦辞解读】

[原文] 旅⁽¹⁾,小亨⁽²⁾,旅贞吉。

[译文] 旅,小有亨通;若守正,则可吉利。

[解读] 互通有无,诚信经营。

【注】

(1) 旅:卦名。商旅;羁旅,寄居异乡的人。

(2) 小亨:商旅活动对国家的繁荣昌盛能够起到一定的推动作用,反映了商旅活动在当时的社会地位仅处于从属地位。司马迁在《史记》中提出的"工、农、商、虞"四者并重的思想也许就是基于《周易》思想的发展。

【旅:爻辞解读】

[原文] 初六:旅琐琐⁽¹⁾,斯⁽²⁾其所取灾。

[译文] 初六:商旅之人,如表达欠佳,猥琐不堪,那是自我招致灾祸。

[解读] 人在江湖,要检点自己的行为。

【注】

(1) 琐琐:猥琐卑贱,不着要点。

(2) 斯:这,此。

[原文] 六二:旅即次⁽¹⁾,怀其资⁽²⁾,得童仆,贞。

[译文] 六二:生意上站稳了脚,有一定的本钱,又得佣人帮助,正道。

[解读] 位子和民心,从政从商都不可缺。

【注】

(1) 旅即次:旅途安定了。即,往、就。次,旅舍、地位。

(2) 怀其资:拥有资产。怀,拥有。资,钱财。

---

① 清·李光地在《御纂周易折中》中说:"范氏仲淹曰:内止而不动于心,外明而弗迷其往,以斯适旅,故得'小亨'而'贞吉'。夫旅人之志,卑则自辱,高则见疾,能执其中,可谓智矣。故初'琐琐',卑以自辱者也。三焚'次'而上焚'巢',高而见疾者也。二怀'资'而五'誉命',柔而不失其中者也。"

[原文]九三:旅焚其次⁽¹⁾,丧其童仆⁽²⁾,贞厉。

[译文]九三:生意被人抢走了,又失去了帮忙的人,这样下去,情况糟糕。

[解读]树倒猢狲散,人财两空。

[注]

(1) 旅焚其次:喻指失去了地位,被逐出生意舞台,是与上爻"即次"相对应。

(2) 丧其童仆:与上爻"得童仆"相对。

[原文]九四:旅于处⁽¹⁾,得其资斧⁽²⁾,我心不快。

[译文]九四:赚到了钱,但生意却做不下去了,高兴不起来。

[解读]前景渺茫,有钱也高兴不起来。

[注]

(1) 处:暂停、中止。与《小畜·上九》的"既雨既处"的"处"相同。

(2) 资斧:为资财,"斧"可能是指刀形铜铸货币。

[原文]六五:射雉⁽¹⁾,一矢亡⁽²⁾,终以誉命⁽³⁾。

[译文]六五:射杀野鸡时,丢失了一枝宝贵的箭,最终获得了名誉地位。

[解读]失之东隅,收之桑榆。

[注]

(1) 雉(zhì):野鸡。

(2) 一矢亡:丢了一支箭。在当时,箭很珍贵,射击后要回收;现为了射一只野山鸡而丢失精美贵重的箭,有付出高昂代价的意思。

(3) 终以誉命:最终有了名誉地位,比喻生意获得了成功。以,有。"命"和"誉"对举:誉指名誉、声誉;命指爵命,即职位。

[原文]上九:鸟焚其巢⁽¹⁾,旅人先笑后号咷⁽²⁾。丧牛于易⁽³⁾,凶。

[译文]上九:鸟巢被焚,连个窝都没有了。先前得意忘形,可哭天喊地的日子就在后面。麻痹大意,凶险。

[解读]创业容易守成难,在成绩面前要保持清醒头脑,否则极有可能败得精光。

[注]

(1) 鸟焚其巢:安身立命之所被彻底摧毁。鸟代旅人;巢与次和处相对。

(2) 号咷(táo):放声大哭。《同人·九五》有"先号咷而后笑,大师克相遇",是说化险为夷,胜利为师。本爻"旅人先笑后号咷"则是说,喜形于色、不思进取,得到的也会败光,无家可归。

(3) 丧牛于易:凌晨,又损失了贵重财富。牛,重要的生产资料。易,时间变化的节点①。

---

① 参见第三十四卦《大壮》第五爻"丧羊于易"的解与注。

第五十七卦　巽——兼听助明，顺理而行

（巽下巽上）

【原文】

（卦辞）巽，小亨。利有攸往，利见大人。

（爻辞）初六：进退，利武人之贞。

九二：巽在床下，用史巫，纷若，吉，无咎。

九三：频巽，吝。

六四：悔亡，田获三品。

九五：贞吉，悔亡，无不利。无初有终，先庚三日，后庚三日，吉。

上九：巽在床下，丧其资斧，贞凶。

【导读】

《巽》卦是关于如何用"筮"的教诲。卦辞开宗明义：筮卦求策，小事亨通，但其作用是有限的。要做大事，仍取决于你有无志向，取决于你的努力程度和能力大小。

在各爻中，作者细述了不能依赖筮卦求策的具体情形。

初六爻是说：在紧急关头，君主不能指望占筮，要像在瞬息万变的战场上的将军一样，果断指挥，迅速决策才能取胜。

九二爻是说：在占筮时，要注意听不同的人来解卦，兼听则明。

九三爻是告诫：没有主见，事无巨细均要占筮或为了一件事反复占筮，都会造成心志与信息的紊乱，带来不利局面。

六四爻进一步阐述：占筮只能作为参考。以实效作为判断好坏的依据，才不至于做傻事。

九五爻是说：当占到不好的卦时，不必灰心丧气，要坚定信念，凡事有起有落，周而复始。遇到了一些困难，过一段时间就会好的。

上九爻与九二爻句型相同，也是对前几爻的总结和与卦辞的呼应，即告诫储君：占筮之言可以参考，但不能没有自己的判断与主见，否则你将一事无成。

从《巽》卦可知，在《周易》形成的年代，在做决策时，还常用到筮卦和求策。但《周易》的作者对此已有非常理性的思考：用之，但不可尽信之，更不能盲从，要

"中正而志行①",顺理而行,因其时而制其宜。

此前,很多人认为《周易》在本质上是唯心主义的:其世界观是巫术"天命观",认识论是巫术"天人合一观",方法论是阴阳"八卦图式"……这显然有失公允,是对《周易》古经价值的严重低估。

【巽:卦辞解读】

[原文] 巽⑴,小亨。利有攸往,利见大人。

[译文] 巽,筮卦求策,用于小事亨通顺畅;但要想做番事业,还得靠大人的能力与风范。

[解读] 既要借助外力,更要立足自身。

[注]

(1) 巽:卦名。笔者依巽的甲骨文②和帛《易》,"巽"作"筭(suàn)",即计算用的工具,指筮卦用的筹策,引申为占筮③。

【巽:爻辞解读】

[原文] 初六:进退⑴,利武人⑵之贞。

[译文] 在进退维艰的紧急关头,应当效法战场上的军人,坚决果断,才会有利。

[解读] 将在外,君命有所不受。

[注]

(1) 进退:帛《易》为"进内",结合爻辞分析,应指"关键的抉择,紧急情形"。

(2) 武人:行伍,行军作战的人。

[原文] 九二:巽在床下⑴,用史巫⑵,纷若⑶,吉,无咎。

[译文] 九二:筮卦求策之后,让史官和巫祝们充分发表意见,吉利,可免咎害。

[解读] 兼听则明。

[注]

(1) 巽在床下:在坐榻旁求策。床,古时指安身的坐榻,可能指君王的帐下。

---

① 《易传·象·巽》曰:重巽以申命。刚巽乎中正而志行,柔皆顺乎刚,是以小亨,利有攸往,利见大人。
② 巽的甲骨文为上下结构,上像长跪的两人,下面是跪拜的床具。从中可看出先人对占筮(神权)的崇拜。
③ 对"巽"其意,众说不一,主要有二:一说,号令、命令;一说,入、顺、谦恭、卑顺的意思。

(2) 史巫：君王身边的参谋，有文化、能言善辩，是占卜和解卦的执行者。有研究表明：上古时代"巫"的地位很高，除从事卜筮、祭祀以及星历、教育、医药等活动外，他们的一项重要职责就是记史，即《周礼·天官》所说的"掌官书以赞治"。当时，巫与史通常一身二任，后世习称他们为"巫史"。

(3) 纷若：纷纷然，多的样子。若：语末助词。

[原文] 九三：频(1)巽，吝。

[译文] 九三：频繁、反复不断地占筮，则有难。

[解读] 没有主见，肯定一事无成。

【注】

(1) 频：频繁，反复。

[原文] 六四：悔亡，田获三品(1)。

[译文] 六四：当田猎得到多种收获时，悔恨消失。

[解读] 实践是检验真理的唯一标准。

【注】

(1) 田获三品：田猎获得了多种野兽。田，田猎。三品，泛指多种野兽①。参见《师》六五爻解。

[原文] 九五：贞吉，悔亡，无不利。无初有终，先庚三日，后庚三日(1)，吉。

[译文] 守正，吉；守正，悔事消亡，没有不利的。就是开局不利，但过了七天也就会好(2)。

[解读] 没什么大不了，坚持，风雨就会过去。

【注】

(1) 先庚三日，后庚三日：一共七天。根据"七日律"（见《蛊》《复》《震》卦注解），凡事到了第七天又会重新开始，不好的过去，美好的来到。

(2) 结合前后爻，可推测：占筮时，出现不好的卦象时，也没必要灰心丧气。只要主观上多努力，再大的困难也能克服；就是克服不了，三十年河东，三十年河西，熬过这阵子就会有转机。

---

① 关于"三品"，先儒有几说：有说"三品"指三种野兽，以狼、豕、雉为三品者；有说以鸡、羊、雉为三品者；亦有以羊、牛、豕为三品者。另有解"三品"为"上杀""中杀""下杀"。古代天子、诸侯田猎，猎取的野兽分三等：射中心脏的是"上杀"，晒干后作为祭品；射中腿的是"中杀"，可供宾客享用；射中腹的为"下杀"，供自己食用。以此表示尊神敬宾。

[原文]上九：巽在床下，丧其资斧⁽¹⁾，贞凶。

[译文]上九：筮卦求策，权势旁落，如此下去，凶。

[解读]没有自己的主见，完全听信于人是很危险的。

【注】

(1) 丧其资斧：完全听信史巫，没有自己的主见和权威。资斧，指财富，喻指权势、话语权。参见《旅·九四》注。

第五十八卦　兑——动之以情，晓之以理

（兑下兑上）

【原文】

（卦辞）兑，亨，利贞。

（爻辞）初九：和兑，吉。

九二：孚兑，吉，悔亡。

六三：来兑，凶。

九四：商兑，未宁，介疾有喜。

九五：孚于剥，有厉。

上六：引兑。

【导读】

《兑》卦是关于"沟通"的教诲。卦辞高度评价"沟通"的作用，在协调国家、集团之间的利益和处理纷争时，以沟通为上。

初九爻是说：在与人沟通时，要有包容之心，求同存异，方为吉利。

九二爻是说：双方以诚相待，才能化解矛盾。靠花言巧语解决的问题是经不起时间考验的。

六三爻是说：在谈判时，话不宜多，在不了解对方的观点之前就抢着说话，非常不好。

九四爻是说：经过充分的沟通，也许最终没有达成一致，但也消除了一些隔阂和误会。

九五爻是对九二爻的补充：在沟通过程中，不能口是心非，玩嘴上功夫，说一套做一套；当你信誉受损，说得再好也没有用。同理，在与人交往时，不仅要听其言，还要观其行；不要相信那些信誉不好、口碑差的人。

上六爻是说：在沟通时要有耐心、见机行事、顺势而为。

《易传》高度概括了《兑》的作用。《易传·象·兑》说，有效地运用"兑"，则顺天应人，百姓干活时不觉得累，勇于赴难，万死不辞①；《易传·象·兑》认为，效

---

① 《易传·象·兑》曰：兑，说也，刚中而柔外，说以利贞，是以顺乎天而应乎人。说以先民，民忘其劳。说以犯难，民忘其死。说之大，民劝矣哉！

法《兑》卦,最高兴的事是君子之间能沟通和切磋①。《论语》开头便讲:"学而时习之,不亦说乎?有朋自远方来,不亦乐乎",与《易传》可谓一脉相承。

【兑:卦辞解读】

[原文] 兑(1),亨,利贞。

[译文] 交流,亨通,利于守正。

[解读] 天地不交,而万物不兴②。上下不交,而天下无邦③。有效沟通可提高工作效率,化解管理矛盾。

[注]

(1) 兑:卦名。兑,说(shuì)④,游说,说服他人。

【兑:爻辞解读】

[原文] 初九:和(1)兑,吉。

[译文] 初九:游说时持中,吉。

[解读] 求同存异是商务交往时的基本原则。

[注]

(1) 和:持中、协调、均衡。此处的"和"应与《中庸》的"和"异曲同工⑤。

[原文] 九二:孚(1)兑,吉,悔亡。

[译文] 九二:真诚地与人沟通,吉,悔事消亡。

[解读] 童叟无欺,重诺守信,不会留遗憾。

[注]

(1) 孚:诚信。

[原文] 六三:来兑(1),凶。

[译文] 六三:见面就夸夸其谈,凶。

---

① 《易传·象》曰:"丽泽,兑。君子以朋友讲习。"
② 参见《易传·彖·归妹》。
③ 参见《易传·彖·否》。
④ 本书兼顾各家,主要采纳赵又春先生观点,从"说(shuì)"解(赵又春.我读周易.长沙:岳麓书社,2007:361)。帛《易》作"夺","兑""夺"音近通假。《易传·彖》《易传·说卦》《易传·杂卦》均曰:"兑,说也。"笔者从各爻辞分析,以为:"兑"应作"兑换"解,但因本卦文辞简略,难以考证,且存疑。
⑤ 喜怒哀乐之未发谓之中,发而皆中节谓之和。中也者,天下之大本也;和也者,天下之达道也。致中和,天地位焉,万物育焉。——《中庸》。

[解读] 言多必失。

【注】

(1) 来兑:抢着说话(取高亨注:来兑者言未及我,而我自来说也)。

[原文] 九四:商⁽¹⁾兑,未宁⁽²⁾,介疾⁽³⁾有喜⁽⁴⁾。

[译文] 九四:平等沟通,虽没达成一致,但误会已经消除。

[解读] 买卖不成仁义在。

【注】

(1) 商:商量,考虑。

(2) 宁:定,决定。

(3) 介疾:指沟通中的隔阂。介,间。疾,疾病,此处指缺点,弊病。

(4) 有喜:《周易》中专指病愈。

[原文] 九五:孚于剥⁽¹⁾,有厉。

[译文] 九五:当你的诚意受疑,(要想说服别人)就难了。

[解读] 诚信为金。

【注】

(1) 孚于剥:诚信度被损。

[原文] 上六:引⁽¹⁾兑。

[译文] 上六:逐步拓展游说成果。

[解读] 循循善诱、稳扎稳打。

【注】

(1) 引:本义为拉弓,有延长、扩大之义。帛《易》"引"作"景",景,大也。

第五十九卦　涣——力挽狂澜,中流砥柱

(坎下巽上)

【原文】

(卦辞)涣,亨。王假有庙,利涉大川,利贞。

(爻辞)初六:用拯马壮,吉。

九二:涣奔其机,悔亡。

六三:涣其躬,无悔。

六四:涣其群,元吉。涣有丘,匪夷所思。

九五:涣汗其大号。涣王居,无咎。

上九:涣其,血去逖出,无咎。

【导读】

《涣》卦是关于控制涣散局面、重聚人心的卦。卦辞首先评价:治涣,亨通。君王若能亲力亲为,勇敢面对,有利于长治久安,有利于事业发展。

初爻是说:对涣散的局面不能掉以轻心,务必下大力气力挽狂澜。

九二爻是说:要分析引起涣散的原因,从基础抓起,好的制度才能创造凝聚人心的氛围,才不会有悔。

六三爻是说:打铁还要自身硬,治涣,首先要严于律己,找出自身的不足,勇于承认和改正错误,才能问心无愧。

六四爻是说:要坚决打掉拉帮结派的小团体,才能大吉大利。如果治涣之后,还有结党营私的小山头,这是不能容忍的。

九五爻是说:要扬正气,大张旗鼓地治涣,要触及每个人的灵魂深处,连王侯贵族的成员也不例外。

上九爻是对全卦的归纳:通过治涣,有效地解除了不和谐因素,没有了隔阂和戒备,人心重聚,是件好事。

【涣:卦辞解读】

[原文] 涣[1],亨。王假有庙[2],利涉大川,利贞。

[译文] 治涣,亨通。君王亲临朝廷(凝聚人心),有利于渡过大川河流,利于

坚守之道。

[解读] 一马当先,力挽狂澜。

【注】

(1) 涣:卦名。涣本为水流散义。《易传·杂卦》《易传·序卦》《易传·系辞》皆解为"离"。也有人解释为焕然光辉,文采斑斓;还有人解释为洪水泛滥,怀山襄陵,等等。笔者在参考前辈的基础上,取"治涣",即化解隔阂、重聚离散的人心与组织。依据有四:① 全卦对"涣"的评价均为褒义词;② 初爻"用拯马壮"与《明夷·六二》的"用拯马壮"类似,均有矫枉过正之意;③ 上九爻"血去逖出"与《小畜·六四》的"血去惕出"意相近,是说通过"治涣"而取得良好的效果;④《萃》和本卦的卦辞均有"王假有庙",前者为了网罗人才,后者为了凝聚人心,均强调君王要亲力亲为,亲自临朝与祭祀。

(2) 王假有庙:君王亲力亲为,如临朝、祭祀等。同《萃》卦的卦辞注解。

【涣:爻辞解读】

[原文] 初六:**用拯马壮**[1],**吉**。

[译文] 初六:用壮马拯救危难,吉。

[解读] 矫枉过正。

【注】

(1) 用拯马壮:用跑得快的壮马作比喻,要用强有力手段纠正偏差。《明夷》卦六二爻也出现此句,意相同。

[原文] 九二:**涣奔**[1]**其机**[2],**悔亡**。

[译文] 九二:治涣,巩固了基础,悔恨远离。

[解读] 夯实基础,才有万丈高楼。

【注】

(1) 奔:帛《易》中作"贲",修饰、美化。

(2) 机:帛《易》中作"阶",虞翻解为"凭机",是古人席地而坐所用的矮脚长条桌子,指可凭依之物,通"几"。

[原文] 六三:**涣其躬**[1],**无悔**。

[译文] 六三:治涣,从自身做起,不会有后悔。

[解读] 自天子以至于庶人,壹是皆以修身为本[1]。

---

[1] 语出自《大学》:"自天子以至于庶人,壹是皆以修身为本。其本乱而未治者否矣,其所厚者薄,而其所薄者厚,未之有也。"大意为:上自天子,下至百姓,均应以修养为根本。若这个根本被扰乱,就管不好家和国。本末倒置也能做好事情,这是不可能的!

【注】

(1) 躬:自身。本爻解从朱熹等:"(六三)居得阳位,志在济时,解散其私,以得无悔。"

[原文] 六四:涣其群⁽¹⁾,元吉。涣有丘⁽²⁾,匪夷⁽³⁾所思。

[译文] 六四:治涣,散尽朋党,大吉大利。不解决结党营私的治涣,是不可想象的。

[解读] 拉帮结派是团队祸害。

【注】

(1) 群:众。

(2) 丘:山丘,涣有丘是比喻若在治涣时不一视同仁,有一批人未被"涣",那是不应该的。

(3) 匪夷:匪,通非,否定词,不是。夷,平常。

[原文] 九五:涣汗其大号⁽¹⁾。涣王居⁽²⁾,无咎。

[译文] 九五:大声发布号令,涣其内心。涣到王的居处,无咎。

[解读] 大张旗鼓、深入细致地做思想工作。

【注】

(1) 涣汗其大号:治涣至内心。帛《易》作"涣其肝大号",由九二爻"涣奔其机",六三爻"涣其躬",六四爻"涣其群"及上九爻"涣其,血去逖出"考之,当以帛《易》为是,应为"涣其肝大号",肝,内心。号,号令。

(2) 王居:王居住的地方。

[原文] 上九:涣其,血去逖出⁽¹⁾,无咎。

[译文] 上九:治涣,解除了忧虑与惊惧,无咎。

[解读] 人心重聚,信心又来。

【注】

(1) 血去逖(tì)出:血通恤,即忧虑。逖,帛《易》作"汤",即惕,惊惧。与《小畜·六四》的"血去惕出"读音全同,意应相同。

第六十卦　节——日月之行，节度有常

（兑下坎上）

【原文】

（卦辞）节，亨，苦节不可贞。

（爻辞）初九：不出户庭，无咎。

九二：不出门庭，凶。

六三：不节若，则嗟若，无咎。

六四：安节，亨。

九五：甘节，吉。往有尚。

上六：苦节，贞凶，悔亡。

【导读】

《节》卦是关于调节（管理有序）的教诲。卦辞是全卦的主旨：家国离不开管理与控制，但限制过度甚至越俎代庖则不可长久。

初九爻是说：治家有方，没有麻烦。

九二爻是说：如果统得过死，那前景不妙。

六三爻是说：要允许有个认识过程，如最初没做好"节"，但若能及时醒悟，知错就改，也不会留下遗憾。

六四爻是说：管理（节）若有方，百姓则安居乐业，不会对"节"有抵触。

九五爻是说：政通人和、国泰民安、欣欣向荣，这是最好的"节"。

上六爻告诫：节，要有度、适中，如果把事做过了头，那后果将不堪设想。

《节》卦中"苦节不可贞"的教诲是非常可贵的，可以说，在封建时代所倡导的女子为丈夫守节，臣子为君王守节等是背离了《周易》的主旨。

《节》卦不仅要求受教者应自我约束，更强调要因时因地制宜，特别是要适度的节制臣民。儒家将本卦的政治教诲意义进一步升华为国家的管理之道。如唐初大儒孔颖达就说："王者以制度为节，使用之有道，役之有时，则不伤财，不害民也。"更难能可贵的是，先贤早就将《节》卦的精神用于制度建设和资源的开发与利用，如程颐曰："天下凡资财用养于人者皆是，节之则适宜而无伤"，他认为无节则失序。如果没有合理的制度规范人的行为，则物欲横流、挥霍无度、浪费资财、危及万物、贻害民生①。

【节:卦辞解读】

[原文] 节⁽¹⁾,亨,苦节不可贞⁽²⁾。

[译文] 节制,亨通。但节过了头则不可长久。

[解读] 管理重在制衡。

【注】

（1）节：节制、控制、节俭。唐代时,将总揽一区的军、民、财、政的官员称"节度使"②。在甲骨文中,节为躬身行礼之状,最初可能是最古老的一种礼仪。东汉许慎《说文解字》云："节,竹约也。"古人把竹板剖开,各持一半为据,合以取信,这种用竹制成的合同契约就是节。

（2）苦节不可贞：过分的节不宜长久。苦,苦恼,厌恶,过分。贞,长久,如此下去。

【节:爻辞解读】

[原文] 初九：不出户庭⁽¹⁾,无咎。

[译文] 初九：有节度的家（国）,不会有什么麻烦。

[解读] 组织运营需要有效的管理。

【注】

（1）户庭：内院。帛书《易》和帛书《系辞》均作"户牖(yǒu)",指门窗。

[原文] 九二：不出门庭⁽¹⁾,凶⁽²⁾。

[译文] 九二：过分节度,则凶。

[解读] 事无巨细、管理过度,前景不妙。

【注】

（1）门庭：《玉篇·户部》："户,所以出入也。一扉曰户,两扉曰门。"相对初九爻的户庭,此处指大门内的院庭,即外院。

（2）这一爻和上一爻相比,一为"无咎",一为"凶"。对此,有多种解释。笔者认为,"户"改成了"门",可能是比喻"节"的程度。前者范围小,喻指适度的"节",对应于卦辞中的"节,亨"；而九二爻比喻"节"的范围太大,过分的"节"就成了卦辞中的"苦节",因此,"凶"。

[原文] 六三：不节若⁽¹⁾,则嗟⁽²⁾若,无咎。

[译文] 六三：没把握节,为此好懊恼,没有麻烦。

---

① 程颢,程颐.二程集.北京：中华书局,1981：834.
② 五代时期,节度使的权势达到了极点,皇帝的拥立与罢黜都取决于节度使,后梁、后唐、后晋、后汉、后周的开国君主均为节度使。宋太祖杯酒释兵权后,渐成荣誉职称,至元时,不再用此官职。

[解读]认识到不足就是进步。

【注】

(1) 若:句尾语气助词,没实际意义。

(2) 嗟:感慨,叹息。

[原文]六四:安节⁽¹⁾,亨。

[译文]六四:安于节制,亨通。

[解读]制度管理,诸事顺利。

【注】

(1) 安:安然,乐于。

[原文]九五:甘节⁽¹⁾,吉。往有尚。

[译文]九五:心甘情愿地节,吉利。发展下去,必受尊尚。

[解读]随风潜入夜,润物细无声。

【注】

(1) 甘:甘心,乐于。往:前往,如此下去。尚:崇尚。

[原文]上六:苦节,贞凶,悔亡⁽¹⁾。

[译文]上六:过分地节,延续下去有凶险;(如能及时改善)则悔恨可消亡。

[解读]凡事有度,过犹不及。

【注】

(1) 悔亡:与贞凶意思相反,很难解释。有学者疑"悔亡"前有脱文。也有人认为"悔亡"是衍文。暂将"贞凶"与"悔亡"作对比句解。

第六十一卦 中孚——以诚取信,以信取胜

(兑下巽上)

【原文】

(卦辞)中孚,豚鱼,吉;利涉大川,利贞。

(爻辞)初九:虞吉,有它不燕。

九二:鸣鹤在阴,其子和之;我有好爵,吾与尔靡之。

六三:得敌,或鼓或罢,或泣或歌。

六四:月几望,马匹亡,无咎。

九五:有孚挛如,无咎。

上九:翰音登于天,贞凶。

【导读】

《中孚》卦是关于诚信的教诲。卦辞是全卦的主旨:诚信的力量是无穷的,老天都会相助。诚信者,事业顺利、前途光明。

初爻开门见山:坚守诚信的理念,吉利;一旦偏离必致歧途。

九二爻是说:以诚相待,君王爱民如子,百姓真心拥戴;上下级之间琴瑟相和,有福同享、有难同当。

六三爻是说:遇到与自己过不去的人时,不同的应对,结果截然相反。若针尖对麦芒,互不相让,结果可能两败皆伤,哭成一片;假如偃旗息鼓、握手言和,化解了矛盾,大家都讲信用,皆大欢喜。

六四爻紧接六三爻:以诚相待的最高境界(月既望)就是,互不设防、和平共处。

九五爻在前两爻的基础上进一步说:诚信,可以化解矛盾,友好相处;消除了敌意和隔阂,大家心往一处想、劲往一处使,紧密团结,这有什么不好?

上九爻是从反面提醒:如果夸夸其谈,空话、大话、假话连篇,口蜜腹剑,骨子里没有诚意,那结局是非常危险的。

【中孚:卦辞解读】

[原文] 中孚[(1)],豚鱼[(2)],吉;利涉大川,利贞。

［译文］公正诚信,薄礼也吉利;公正诚信利于干大事、走正道。

［解读］信用重如山,心诚抵万金。

【注】

(1) 中孚:卦名。"中"指不偏不倚,强调的是处事的公正性,公正是诚信的前提。在《周易》卦爻辞中,"孚"字其实均含有"中孚"之义,中孚即中正、诚信。"孚"本义为孵化,因同一种动物的蛋被孵化的时间大致相等,所以引申出诚信、守信等义。"孚"字在《周易》卦爻辞中多次出现,强调人与人之间应"诚信"相待。甲骨文中,"孚"为父母用手抱起幼儿,孚,就是要像父母对待幼子那样真诚,那样充满爱。①

(2) 豚(tún)鱼:相对于牛等大牲畜,豚鱼是献祭和行礼时常用的物品,取《萃·六二》的"引吉无咎,孚乃利用禴"和《既济·九五》"东邻杀牛,不如西邻之禴祭,实受其福"义,即,有诚信之心,不在乎祭品或礼品的厚重。也有将豚鱼译为江豚,随风向张口,从不失信。豚:小猪。

【中孚:爻辞解读】

［原文］初九:虞⁽¹⁾吉,有它⁽²⁾不燕⁽³⁾。

［译文］初九:安守(诚信),吉祥,若不守信,将不会安宁。

［解读］诚信犹如一面镜子,一旦打破,就会出现裂痕。

【注】

(1) 虞:安乐。

(2) 它:是指非中孚的行为表现。

(3) 燕:燕子象征祥和,如莺歌燕舞。帛《易》作"宁",同义通用。

［原文］九二:鸣鹤在阴⁽¹⁾,其子和之⁽²⁾;我有好爵⁽³⁾,吾与尔靡⁽⁴⁾之。

［译文］九二:鹤在夜晚鸣叫,子鹤应声而和;我有美酒,与你共享而一醉方休。

［解读］诚以待人,上下无间;心心相印,分享快乐。

【注】

(1) 阴:与阳相对,指晚上。鹤类动物的生活习性,夜间鸣叫是其长期保持警惕性而形成的生活习性。每当值勤的鹤发出鸣叫声时,其群体均会应声相和,以示共同警觉。

(2) 其子和之:鹤的同伴用声音相应。子,挚友,情侣。

(3) 好爵:好酒。爵:盛酒的器皿。

(4) 靡:分散。这里指把酒喝干。

［原文］六三:得敌⁽¹⁾,或鼓⁽²⁾或罢⁽³⁾,或泣或歌。

---

① 徐山.释"孚".周易研究.2007,4.

[译文] 六三：遇到与你作对之人，可擂鼓进攻也可鸣金收兵；争斗的结果是两败俱伤（泣），若化解矛盾（坦诚相处）则皆大欢喜（歌）⁽⁴⁾。

[解读] 冤家宜解不宜结。

【注】

(1) 得敌：得，遭遇、碰到。敌，泛指障碍、问题。

(2) 鼓：战鼓。

(3) 罢：指收兵。

(4) 本卦其他各爻均是从不同角度赞扬"中孚"。笔者认为，本爻也是谈"诚"的好处。

[原文] 六四：月几望⁽¹⁾，马匹亡，无咎。

[译文] 六四：既望日，放马南山⁽²⁾，没有麻烦。

[解读] 诚信点亮和平之光。

【注】

(1) 月几望：帛《易》作"月既望"，每月十六日为既望。既望之后，月盈而亏。《小畜·上九》"既雨既处，尚德载，妇贞，厉；月几望，君子征凶"、《归妹·六五》："帝乙归妹，其君之袂，不如其娣之袂良；月几望，吉"均用月亮的盈亏比拟人事，月几望是最圆满的日子。

(2) 马匹亡：用于作战的马匹闲置（放马南山），比喻诚信带来了和平，没有战事。马匹，原指双马。匹，对合。

[原文] 九五：有孚挛如⁽¹⁾，无咎。

[译文] 九五：诚信之德能维系人心，所以没有祸患。

[解读] 诚聚天下。

【注】

(1) 挛如：牵系。同《小畜》九五爻辞解。如：语助词。

[原文] 上九：翰音登于天⁽¹⁾，贞凶。

[译文] 上九：锦鸡飞上天，将有凶险。

[解读] 不守诚信、名实不符的浮夸可以见效于一时，但后患无穷。

【注】

(1) 翰音登于天：翰，野鸡（又称锦鸡）。音，鸟鸣。锦鸡主要低行，当其高飞时，易成猎物，本爻以此形容不切实际攀高，自取凶险。

第六十二卦 小过——虚怀若谷，拿捏有度

(艮下震上)

【原文】

(卦辞)小过，亨，利贞。可小事，不可大事。飞鸟遗之音。不宜上，宜下，大吉。

(爻辞)初六：飞鸟以凶。

六二：过其祖，遇其妣；不及其君，遇其臣，无咎。

九三：弗过，防之，从或戕之，凶。

九四：无咎，弗过，遇之；往厉，必戒。勿用永贞。

六五：密云不雨，自我西郊。公弋取彼在穴。

上六：弗遇，过之，飞鸟离之，凶，是谓灾眚。

【导读】

《小过》卦是关于如何正确看待部属或诸侯(飞鸟)越权的教诲。卦辞是全卦的主旨：将在外，君命有所不受，下属不拘一格是件好事，一般的事情应当机立断、先斩后奏，但重大事情不宜擅自做主。既要发挥主观能动性，又不能目无领导和组织，这才能大吉大利。

在爻辞中，围绕飞鸟"小过"的程度，给出了不同的评价。

初六爻是说：一放单飞，就离经叛道，必遭凶险。

六二爻是说：虽然有所越权，但并没有离得太远，问题不大。

九三爻是说：对下属的越权放任不管或视为洪水猛兽都不对。

九四爻是说：在可控范围内的越权没关系，但如果得寸进尺，那是有风险的。指挥权一定要牢牢地把握在手，这是硬道理。

六五爻再次强调：作为一个君王，一定要树立自己的威信。既要调动下属的积极性，又要确保自己不会失去掌控的实力与能力。

上六爻是说：有些人的所作所为早已不是"小过"，他们狂妄自大、目空一切，这样的人，能力越强，破坏力越大。对这样的飞鸟，如果不将其控制住(网罗)，那将是一场灾难，是自取其辱。

【小过:卦辞解读】

[原文] 小过⁽¹⁾,亨,利贞。可小事,不可大事⁽²⁾。飞鸟遗之音⁽³⁾,不宜上,宜下⁽⁴⁾,大吉。

[译文] 适当授权(小过),亨通,利于正道。小事可,大事不宜。鸟飞过了,但还能听到其音,不继续高飞,回到正确位置,大吉大利。

[解读] 对下属充分授权,但不可失去控制权。

【注】

(1) 小过:卦名。指超越规范和职责的行为①。

(2) 可小事,不可大事:取李镜池《周易通义》解:"军事与祭祀为大事,其余为小事。"

(3) 飞鸟遗之音:鸟没有飞得太远太高,尚能听到其音。飞鸟,此处指诸侯与部属。

(4) 不宜上,宜下:不宜再继续"过",而是要减少"过"。

【小过:爻辞解读】

[原文] 初六:飞鸟以凶⁽¹⁾。

[译文] 初六,鸟(飞得太高太远)将会出现凶险。

[解读] 善战者死于兵,善泳者溺于水。

【注】

(1) 飞鸟以凶:鸟飞得太远,已听不到"遗音",即失去联系,无法控制,故凶。

[原文] 六二:过其祖⁽¹⁾,遇其妣⁽²⁾;不及其君,遇其臣,无咎。

[译文] 六二:未见祖父,遇其祖母;未见君王,遇其臣子,(不是太离谱)就没关系⁽³⁾。

[解读] 风筝再高,不脱离控制就好。

【注】

(1) 祖:祖父。

(2) 妣(bǐ):祖母②。

(3) 诸家对本爻的分歧较大,释文五花八门。笔者认为,祖父与祖母与君王与臣子都是用来举例的,看到祖母,虽没见到祖父,想必也不太远。看到君王身边的近臣在晃悠,估计君王也在附近。以此来说明,"小过"的程度不太大,属于"飞鸟遗之音",所以,无咎。

---

① 将小过释为"小错误"较多,但笔者认为这样理解更准确些,因为"小过",把握得不好才是错误,把握好的话是优点。

② 现称已去世的母亲。

［原文］九三：弗⁽¹⁾过，防之，从⁽²⁾或戕⁽³⁾之，凶。

［译文］九三：（小过的）应对之策：要防，但纵容与扼杀都有凶险。

［解读］放任越权、管得过死都不行。

【注】

(1) 弗(fú)：不，引申为不正、治理、矫正等义。

(2) 从：即纵。

(3) 戕(qiāng)：杀害。

［原文］九四：无咎，弗过，遇之⁽¹⁾；往厉，必戒，勿用⁽²⁾永贞。

［译文］九四：治过，遇之，无害；继续"过"将危险，务必存戒惕，控制住指挥权，方能永守正道。

［解读］放权不等于不管。

【注】

(1) 遇之：与六二爻的"过其祖，遇其妣；不及其君，遇其臣"同义，指越权（小过）的幅度不大，在可控范围内。

(2) 勿用：众人听令，服从调遣。勿用，参见《乾》初九爻注。

［原文］六五：密云不雨，自我西郊⁽¹⁾，公⁽²⁾弋⁽³⁾取彼⁽⁴⁾在穴。

［译文］六五：阴云密布起自我西郊，王公可用系着绳子的箭轻取穴中之鸟。

［解读］无论何时，领导要有驾驭局面的能力。

【注】

(1) 密云不雨，自我西郊：字面意思是蓄积能量，参见《小畜》卦辞解。现喻指必要时，"公"要有足够的能力控制"过"的局面。

(2) 公：古代爵位名，春秋时代为诸侯的通称。

(3) 弋(yì)取：弋为带绳子的箭，射出后可拉回。

(4) 彼：指射中的鸟。

［原文］上六：弗遇⁽¹⁾，过之，飞鸟离⁽²⁾之，凶，是谓灾眚⁽³⁾。

［译文］上六：若不网罗那些失去控制的飞鸟，凶险，将自取其辱。

［解读］天下之事皆然，过则非唯无益，反害之。

【注】

(1) 弗遇：与六二爻的"过其祖，遇其妣；不及其君，遇其臣"意思相反，"过"得太多了。

(2) 离：帛《易》作"罗"；"离""罗"通，乃捕鸟之网。

(3) 灾眚(shěng)：目光短浅而造成的灾难，眚，眼疾。

第六十三卦　既济——创业难，守成则更难

（离下坎上）

【原文】

（卦辞）既济，亨，小利贞，初吉终乱。

（爻辞）初九：曳其轮，濡其尾，无咎。

六二：妇丧其茀，勿逐，七日得。

九三：高宗伐鬼方，三年克之。小人勿用。

六四：繻有衣袽，终日戒。

九五：东邻杀牛，不如西邻之禴祭，实受其福。

上六：濡其首，厉。

【导读】

《既济》卦是关于谨慎守成的教诲。卦辞在肯定成功的同时，告诫不可得意忘形，须高瞻远瞩，防患于未然。

前两爻是说：有得必有失，有些损失在所难免，不必斤斤计较。

初九爻用比喻说明：要做成一件事，肯定会遇到一些困难、挫折（濡其尾），这很正常，把重要的部分保护好（曳其轮）就可以了。

六二爻紧接着初爻，进一步说：留得青山在，不怕没柴烧，不要为付出与损失耿耿于怀，对未来要有信心，三十年河东，三十年河西，把眼光放远点，失去的肯定能回来。

九三爻以高宗伐鬼方为例，告诫：小富即安的思想要不得，百尺竿头须更进一步。要做成大事，要坚持，还要动员更多的人参与。

后三爻主要提醒，胜利时要保持清醒头脑，不能忘乎所以。

六四爻是说：成功之时，要时刻警惕腐败堕落，成家有如针挑土，败家犹如浪打沙。

九五爻是说：做事情要重实质，而不是讲排场、搞花架子。人在做，天在看，说得好，更要干得好。

上六爻是说：切不可得意忘形，若贪图安逸，沉湎酒色，则相当危险。

【既济:卦辞解读】

［原文］既济⁽¹⁾,亨,小利贞⁽²⁾,初吉终乱。

［译文］成功渡河,亨通,有小利,宜于守正,但吉利之后要(防止)陷入混乱。

［解读］成功之时要居安思危。

【注】

(1) 既济:卦名。事已既成。既,已经。济,本意为渡水,引申为成功,成就。

(2) 亨,小利贞:相对于《乾》卦卦辞的"元亨,利贞",本卦没有"元",是已进展到成功阶段。利贞前加"小",表示一个阶段。

【既济:爻辞解读】

［原文］初九:曳⁽¹⁾其轮⁽²⁾,濡其尾⁽³⁾,无咎。

［译文］初九:(渡河时)把胸前的绶带拽住,(仅)打湿了衣服的下摆,没有咎害。

［解读］守住核心利益,为成功付出一些代价,值!

【注】

(1) 曳:牵引、拖拉。

(2) 轮:绶带状服饰,在礼仪上很重要。帛《易》作"纶",古时"轮""纶"互通。

(3) 濡(rú)其尾:沾湿了衣服后摆。濡:沾湿。尾:衣服后摆。

［原文］六二:妇丧其茀⁽¹⁾,勿逐⁽²⁾,七日得⁽³⁾。

［译文］六二:妇人头上的首饰丢了,找了很久也找不到,但过段时间又会发现的。

［解读］不要在意一时得失,留得青山在,不怕没柴烧。

【注】

(1) 茀(fú):又作"髴""髢"等,帛《易》作"发",此泛指妇女首饰。

(2) 勿逐:大张旗鼓地去寻找(也找不到)。勿,众。参见《乾·初九》注。

(3) 七日得:七,不是确数,泛指一段时间,见《蛊》卦卦辞、《复》卦卦辞、《震·六二》注解。本爻是用生活中的一个常见现象作比喻,女人的发饰不见了,刻意去找时找不到,不经意时又出来了。

［原文］九三:高宗伐鬼方⁽¹⁾,三年⁽²⁾克之。小人勿用⁽³⁾。

［译文］九三:高宗率部到鬼方讨伐,用了多年才将之征服。

［解读］胜利来之不易。

【注】
(1) 高宗伐鬼方：高宗，殷代中兴帝王，名武丁。鬼方是殷时西北边疆上的小国。
(2) 三年：多年，三不是确数。
(3) 小人勿用：指挥众将士。小人：指群众、战士，并不是指安于享乐、挥霍的人。勿用：指笼络人心，形成团队战斗力。参见《乾·初九》注。

[原文] 六四：繻⁽¹⁾有⁽²⁾衣袽⁽³⁾，终日⁽⁴⁾戒。
[译文] 六四：华美的绸衣会变成破衣烂絮，要时刻防备。
[解读] 防微杜渐，警钟长鸣。

【注】
(1) 繻(xū)：彩色的丝织品。
(2) 有：或，或许。
(3) 袽(rú)：败絮。
(4) 终日：整天。

[原文] 九五：东邻杀牛⁽¹⁾，不如西邻之禴祭⁽²⁾，实受其福。
[译文] 九五：东邻杀牛（举行盛大祭祀），却不如西邻简单的祭祀，更能受到神灵保佑。
[解读] 做实事比花架子管用。

【注】
(1) 杀牛：用大牲祭祀。
(2) 禴(yuè)祭：一种薄祭，只用饭菜，不用大牲。本爻与《萃·六二》的"引吉无咎，孚乃利用禴"意相同。

[原文] 上六：濡其首⁽¹⁾，厉。
[译文] 上六：弄湿了头，有危险。
[解读] 得意忘形，咎由自取。

【注】
(1) 濡其首：纵情滥饮，被酒淋湿了头。前人多根据初爻，认为是过河时弄湿了头。笔者认为：本卦与未济卦是紧密关联的。《未济·上九》的"濡其首，有孚失是"紧跟在"于饮酒，无咎"之后，显然，"濡其首"指酒后的醉态。

第六十四卦　未济——同舟共济，勇登彼岸

（坎下离上）

【原文】

（卦辞）未济，亨，小狐汔济。濡其尾，无攸利。

（爻辞）初六：濡其尾，吝。

　　　　九二：曳其轮，贞吉。

　　　　六三：未济，征凶，利涉大川。

　　　　九四：贞吉，悔亡。震用伐鬼方，三年，有赏于大国。

　　　　六五：贞吉，无悔。君子之光，有孚，吉。

　　　　上九：有孚，于饮酒，无咎。濡其首，有孚失是。

【导读】

《未济》与《既济》二卦互为补充，《既济》讨论的是获取胜利时应该注意的事项；《未济》卦则是还没有完成既定目标，甚至是遭受挫折时的指导。

《未济》卦辞首先从正面肯定，未济——还没到达成功的顶点，不是坏事。此时，保存实力最为重要。

各爻可谓处心积虑地从不同侧面进行教诲，全面论述了未济之时的行动指南。

初六爻说：要尽量减少损失。

九二爻对"曳其轮"的评价与《既济》卦相同，只不过教诲的语境发生变化了，在艰苦奋斗甚至于遭受挫折时，拥有核心竞争力是获取胜利的保障。

六三爻是说：没有足够的把握，不可远征讨伐，要先巩固根据地，解决最棘手的问题。

九四爻与《既济·九三》一样，也是以"高宗率领王师用多年的时间才使鬼方臣服"的战例说明：在未济时不能失去耐心，不要指望一蹴而就。要在确保核心利益安全的前提下（曳其轮），专心致志（征凶，利涉大川），用最小的代价换取最大的胜利（濡其尾，吝）。

六五爻是告诫：在"未济"这样的关键时期，要想受到拥戴，更需要守信，以德服人。

上九爻是说：未济之时，必须保持清醒头脑。如为了激励士气，兑现用酒犒赏有功之臣的承诺没有错；但切不能失控，过度饮酒既失体统，又可能误大事①。

【未济：卦辞解读】

［原文］**未济**⁽¹⁾，**亨，小狐汔济**⁽²⁾。**濡其尾**⁽³⁾，**无攸利**⁽⁴⁾。

［译文］如小狐狸过河，快接近成功彼岸，亨通。若把尾巴打湿，没有什么利⁽⁵⁾。

［解读］坚持不懈，方能到达胜利的彼岸。

【注】

（1）未济：卦名。事未成功。与上一卦《既济》相对。

（2）小狐汔(qì)济：小狐狸过河，快到对岸，是对"未济"程度的比喻。狐，狐狸。汔，接近，快要。济，渡过河。

（3）濡其尾：同《既济》卦初九爻之解，沾湿了衣服后摆，喻在登岸过程中的付出。

（4）无攸利：没好处。此为《周易》中常用的判语，在《蒙》《临》《无妄》《颐》《恒》《大壮》《萃》《归妹》等卦中多次出现。

（5）《既济·初九》中为"濡其尾，无咎"，而本卦则"无攸利"。同一件事，时空转换后，对其的认识也相应发生改变。前者是取得胜利后，要正确地看待为此付出的代价。而本卦是说没有胜利之时，要尽量保存实力，减少不必要的牺牲。

【未济：爻辞解读】

［原文］**初六：濡其尾，吝**⁽¹⁾。

［译文］初六：（河还未渡过）却把衣服下摆弄湿，难堪。

［解读］前途光明、道路曲折。

【注】

（1）濡其尾，吝：把衣裳的下摆弄湿了，麻烦。参见卦辞解。

［原文］**九二：曳其轮，贞吉**。

［译文］九二：拽住绶带（没弄湿），合于正道，吉利⁽¹⁾。

［解读］重要的东西要好好保护。

【注】

（1）与《既济·初九》中的"曳其轮"含义相同，但思考问题的情景不同。本爻是事前提

---

① 《尚书·酒诰》有言："祀兹酒。惟天降命，肇我民，惟元祀。天降威，我民用大乱丧德，亦罔非酒惟行。越小大邦用丧，亦罔非酒惟辜。"从中可知，当时，只有在祭祀等重大场合才能用酒，平时不能常饮……酒可乱行，无论丧亡的是小国还是大邦，无不以酒为罪。

醒,而《既济》卦是事后评价。

[原文]六三:未济,征⁽¹⁾凶,利涉大川。

[译文]六三:要确保实现到达彼岸的目标,这是大事,外出征伐必有凶险。

[解读]集中优势兵力,切不可贪多求全。

【注】

(1)征:讨伐。

[原文]九四:贞吉,悔亡⁽¹⁾。震用伐鬼方,三年⁽²⁾,有赏于大国⁽³⁾。

[译文]九四:路走对了,吉利,就不会遗憾。高宗父子讨伐鬼方,多年后才大功告成,使之臣服。

[解读]坚持不懈,才不至于前功尽弃。

【注】

(1)贞吉,悔亡:指坚持不懈的"涉大川""曳其轮",争取不"濡其尾",就能走向胜利彼岸而无悔。

(2)震用伐鬼方,三年:与《既济·九三》的"高宗伐鬼方"是说的同一个故事。在此用来比喻:高宗率部征伐鬼方,仍用了多年时间。以此例为"未济"者树立信心。震用,可能是高宗门下的两个官员。

(3)有赏于大国:原不顺从的"鬼方"被臣服,向殷王朝进贡并获取回赠。

[原文]六五:贞吉,无悔。君子之光⁽¹⁾,有孚,吉。

[译文]六五:路走对了,吉利,不会后悔。君子的光荣,重在诚信,吉利。

[解读]以诚服众,成功有望。

【注】

(1)光:光辉,荣誉。

[原文]上九:有孚,于饮酒,无咎。濡其首⁽¹⁾,有孚失是。

[译文]上九:讲诚信,赏赐(有功之臣)饮酒,没有咎害;但饮酒过度,则有失体统。

[解读]路漫漫其修远兮,不要被胜利冲昏头脑或在困难面前悲观失望。

【注】

(1)濡其首:酒后失态,弄湿了头。参见《既济》卦上六爻注。

参考文献

1. 李镜池.周易通义.上海:中华书局,1981.
2. 陆德明.经典释文.上海:中华书局,1983.
3. 高亨.周易古经今注(重订本).上海:中华书局,1984.
4. 朱伯崑.易学哲学史.北京:北京大学出版社,1986.
5. 李镜池.周易探源.上海:中华书局,1987.
6. 刘大钧.周易概论.济南:齐鲁书社,1988.
7. 黄寿祺,等.周易译注.上海:古籍出版社,1989.
8. 张其成.易经应用大百科.南京:东南大学出版社,1994.
9. 南怀瑾.易经系传别讲.北京:中国世界语出版社,1996.
10. 孔颖达.周易正义.北京:北京大学出版社,1999.
11. 李申,等.周易经传译注.长沙:湖南教育出版社,2004.
12. 廖名春.《周易》经传十五讲.北京:北京大学出版社,2004.
13. 高亨.周易古经通说.台北:华正书局有限公司,2005.
14. 李学勤.周易溯源.成都:巴蜀书社,2006.
15. 蔡尚思.十家论易.上海:上海人民出版社,2006.
16. 吴辛丑.简明周易读本.广州:广东高等教育出版社,2006.
17. 赵又春.我读周易.长沙:岳麓书社,2007.
18. 吴辛丑.周易讲读.上海:华东师范大学出版社,2007.
19. 杨军.周易文化大学讲稿.北京:中国人民大学出版社,2007.
20. 祁润兴.周易义理学.上海:古籍出版社,2007.
21. 王弼,孔颖达.周易正义.北京:中国致公出版社,2009.
22. 唐明邦.周易评注(修订本).上海:中华书局,2009.

后　　记

　　在我的履历中,上山下乡之后学习的专业是自然科学;1992年才开始转行营销管理,教学的同时兼两个校办企业的负责人,可谓把"双师型"做到了极致。直到2002年,我"迷"上了古老而又深邃的《周易》,于是,听各种《周易》研究讲座,买各种版本的相关书籍。笼罩在这部典籍上的光环让我对其传播者肃然起敬,甚至顶礼膜拜……

　　随着学习的深入,直至今日交付的书稿,其"反叛"的力度连我自己也吃惊。我曾不止一次地扪心自问,是否有语不惊人死不休、哗众取宠的潜意识?说包括《易传》在内的"易学"并没有很好地把握《周易》古经这部教科书的精髓是需要胆量的,这可是两千多年来被奉为至上的典籍!

　　感谢互联网!借助网络,可以恶补历史知识,查阅海量文献;借助网络,可以接触众多学者,了解三教九流的观点,从中汲取营养。在解释卦爻辞、肯定先贤准确判读部分的同时,对那些不着边际的"胡扯",则"大胆假设、小心求证",有时为了一个字、一句话而"卡壳"很久,每当自以为读懂或接近原作者的编写意图时都兴奋不已,当攻克了许多堡垒之后,我的自信倍增,有了按此架构出书的勇气。

　　书虽然付梓,但我深知,还有很多没有解决的问题,比如,在"象、数、理、占"中:

　　象:卦象到底与卦爻辞有什么关系?

　　数、占:从历史文献看,《周易》古经成书后,也有依据其占卜的记载;《易传》中所说的大衍之数,虽然看不出与《周易》古经的关系,离开朱熹的那套法则似乎也占不起来。但,其言之凿凿的依据在哪里?

　　理:《易传》无疑是最经典、最伟大的释《易》著作,如果没有《易传》,《周易》古经是否能流传至如今也未可知。如有可能,还应该认真研究《易传》与古经的关系,包括那些看起来与古经毫无关联的升华。

　　与一些活跃在培训、传媒上的易学"大师"相比,我没有也不屑搞一堆名头包装自己。作为业余研究者,我不是这个领域的学者,更不是趋炎附势之人,思想上没有任何禁锢,也不怕在文史专家面前献丑。借助于相对丰富的人生阅历、在营销与培训领域的实践和扎实的"将今论古"功底,苦苦思索、十年磨一剑,才有了这本书。谈不上是什么专著,顶多是一个"杂家"从一个全新的角度解读这部经典,借《周易》谈修养、说管理,分享学习心得而已。

  出版本书的唯一希望是还《周易》古经的本来面目,让读者"开卷有益"是我最大的满足!

尚晓春
2016年6月1日